四快®高效学习法（卓越版）

尚高科技/四快学堂　编

上　册

4Q

QUICK

读·写·算·记

图书在版编目（CIP）数据

新四快高效学习法：全2册：卓越版/尚高科技，四快学堂编. -- 北京：中国广播影视出版社，2016.9（2021.1重印）
ISBN 978-7-5043-7767-8

Ⅰ.①新… Ⅱ.①尚… ②四… Ⅲ.①中小学生－学习方法－研究 Ⅳ.①G632.46

中国版本图书馆CIP数据核字（2016）第240375号

新四快高效学习法（卓越版）
尚高科技·四快学堂　编

责任编辑　许珊珊
封面设计　陈春英

出版发行　中国广播影视出版社
电　　话　010-86093580　010-86093583
社　　址　北京市西城区真武庙二条9号
邮　　编　100045
网　　址　www.crtp.com.cn
电子邮箱　crtp8@sina.com

经　　销　全国各地新华书店
印　　刷　三河市悦鑫印务有限公司

开　　本　787毫米×1092毫米　1/16
字　　数　300（千）字
印　　张　24
版　　次　2016年10月第1版　2021年1月第2次印刷

书　　号　ISBN 978-7-5043-7767-8
定　　价　88.00元（全2册）

（版权所有　翻印必究·印装有误　负责调换）

SIKUAI GAOXIAO XUEXIFA

前 言

为孩子，创新在路上

2007 年，第一版四快高效学习法面世，至今已有 9 年的时间。

作为中国第一套系统全面的学习方法训练软件及丛书，9 年的时间，全国近 100 万用户使用软件进行学习方法的训练，成为风靡全国备受热捧的学习方法训练系统，很多中小学生因此而受益，考上了理想的学校。

9 年的时间，我们接收了大量的用户反馈：有的家长反映效果非常神奇，孩子更爱学习了，更爱阅读了，一天可以看几本书；有的同学只用 2 周的时间就提高了学习成绩；更多的同学从差生变成班级和学校的前几名，学习更加有自信了；也有学校校长把这套方法引入课堂，有老师把四快学习法买回去进行研究用到教学中去，提高了教学质量……他们反馈了在实践中存在的问题，也有家长反映同学们没有坚持训练，效果不是很理想的。总之，这些宝贵的意见让我们认识到以下两点：

一是四快高效学习法确实是一套有效的对学习帮助极大的学习方法，因为凡是认真训练过，特别是坚持训练过的同学，没有一个不说这套方法很神奇的。这让我们更有信心坚持把这套方法的推广工作做好。

二是来自用户的反馈意见提醒我们还要不断完善这套方法。这些非常好的意见让我们有了不断去创新、改进四快学习法的动力。

我们更是坚定决心要精心打造一套让每个中国学生都能够喜欢使用，并且能够更加系统、更加有效地提升四项学习能力的训练系统。我们坚信孩子的大脑是一个需要被点燃的火把，而四快高效学习法就是要点燃同学们的学习动力，成为同学们遨游在知识海洋的双桨，成为陪伴同学们放飞梦想的翅膀，让更多同学乐于学习，更加自信地面对考试，考上自己理想的大学。

为了不断优化四快学习法训练系统，为了让更多学生更好地掌握四快学习法，我们陆续举办了100多期周末和寒暑假四快高效学习法训练营，进行面对面训练和网络教学，大量的实践应用为我们积累了丰富的实践经验。

从2012年开始，我们着手进行软件升级和改进的研究工作，组织一支专业的队伍开展软件的升级工作，其中有专业能力超强的教育学博士、丰富教学经验的学校高级教师、国内顶尖的软件设计人员，经过四年持续不断的开发新功能、实践检验然后再不断改进的精心打磨，新版的四快高效学习法终于于2016年惊艳登场。新版的四快高效学习法一定会受到中小学生的喜爱，而且更快地见证训练的效果，将更为彻底地改变更多同学的学习模式。

那么，新版的四快高效学习法有哪些创新呢?

一是更能确保训练效果，软件快读、快写、快算、快记四大训练模块均量化训练指标，设计成通关模式，只有经过严格和持续的训练才能通关，只要能够通关就能保证同学们熟练地掌握了方法。

二是训练系统更好玩，符合中小学生爱玩的天性，真正实现一边玩一边训练，在玩的过程中就不知不觉地完成了训练任务，闯关模式的设计更是符合同学们好胜心强的天性，这样让同学们更加容易坚持训练。

三是融入了最新的独创的发明成果。在快速书写训练部分，国内第一个提出中小学生应该加强书写训练而不是书法训练的新观念。每个同学写

作业、记笔记、考试要大量地书写，不可能用书法来写字；用书法写字短时间难以写好，而且肯定写不快，这个问题非常严重。公司20多年研究硬笔和软笔书法的李来光先生通过比较中国古今的名家字体，创新研发出“四快作业体”，又创新设计新的字格进行“顶格练字法”训练，最后创新提出“三步练字法”，用最简单的方式和最快捷的方法可以让每个同学都轻松掌握，短时间写出一手既规范又快速的字，直接提高同学们的书写效率，改变作业拖拉的坏毛病。

四是融入了国际最新研究成果，在记忆训练中，借鉴了国际上流行的大脑潜能训练系统，把中小学生潜能训练与记忆术训练结合起来。打开软件就可以进行训练，简化了训练方式，通过快速记忆训练让记忆进入全脑模式，效果更加神奇，而且不仅仅停留在让同学们学会记忆，更为重要的是通过强大的训练系统，让同学们熟练地应用记忆方法，给学习带来更大的促进作用。

五是快速计算更实用，新版四快学习法升级到100以内加减法和20以内乘除法的见题报数训练，训练时可以根据自身的情况选定题库和出题速度。在更加具有针对性的同时增加了速算技巧和速算思维力训练功能，让同学们快算还会巧算。训练软件中还增加了小学一至六年级典型应用题的训练，一级一级通关，速算能力稳步增强，数学成绩提高看得见。

六是快速阅读扩展到90课，增加了海量的阅读训练素材，每天只要保证30分钟训练量，阅读的速度和理解力同步得到快速提升，软件训练诉求全部达标就可以达到每分钟阅读至少5000字的阅读能力。通过训练每个同学都可以达到每天用课余时间阅读3至5本书的能力，而且更喜欢阅读了，逐步养成阅读的习惯。

七是新版四快学习法训练软件整体设计更人性化、更多互动，一切从让同学们更好地训练、更好地熟练掌握四项技能出发：热身训练通过音乐、想象力训练和呼吸训练让训练者静下心来，学会调整学习状态，不仅

对训练有帮助，更对其他的学习带来促进作用；眼保健操带领同学们注意用眼，防止用眼过度，更加人性化；训练者闯关后身份自动晋级，更加有成就感；还可以在线提交训练成绩，可以让家长随时查看训练日志，了解同学们的训练进度，更好地帮助家长督促同学们养成新的学习习惯。

总的来说，新版四快高效学习法不仅仅是在原来的基础上升级、减少或增加部分功能那么简单，可以说是脱胎换骨的进化，这些进化来自我们大量教学的实践，也来自我们专注对中小学生学习规律的研究，还来自我们对国内外最新研究成果的关注与融合。

曾经有一个四年级同学的家长为了让孩子掌握四快学习法，自己先学习，然后盯着孩子练习，孩子当年学习成绩从班级后三名提升到班级前列，前几天孩子小升初，考取了当地的重点初中。所以要特别告诉阅读本文的家长，相信大多数家长都经历过艰苦求学的阶段，对学习都会有深刻的体验，完全可以判断四快学习法对孩子的学习有没有用，但是最关键的是，我们是否可以做到坚信并行动，这样才能真正地影响到孩子在中小学阶段打好基础，帮助孩子找到真正的学习问题解决之道。

四快高效学习法是否对孩子学习有帮助，或者有多大的帮助，我们希望更多的坚持训练的同学们用成绩来说话，也希望更多相信并引导同学们使用的家长来见证。我们接下来会以四快学堂的名义开展地面和线上的培训服务，目的只有一个，就是专注研究中小学生学习能力的提升训练，让更多同学们更好地学习，少年强才国强，为国家青少年的学习和成长尽微薄之力。

我们确信新版的四快高效学习法完全可以让天下父母为孩子学习少操心，帮助每一个同学在学习上少走弯路。

序言 1

学习是人的本能，是人的天赋，是与生俱来的一种能力。但是，人的学习能力是逐步进化的，从最初的观察到模仿、理解、表达、综合、分析、制造直至创造，是一个由低级到高级的发展过程。

人是怎样学习成才的呢？孔子曰："我非生而知之者，好古，敏以求之者也。"这说明，天地间不学而知者没有，不学而能者亦没有。这正如三国时的思想家和军事谋略家诸葛亮所说："才需学也，非学无以成才，非志无以成学。"

17 世纪法国杰出的数学家、哲学家笛卡尔说："最有价值的知识是关于方法的知识。"可惜的是，现在我国各类学校都是以传授知识为目的，而基本上不开设学习方法方面的课程，大多数教师也不向学生介绍学习方法的知识。正是由于这个原因，我国不少在校的学生视学习如畏途，对学习寡情少兴，学习负担超重，学得非常辛苦。他们大多都是死记硬背，不善于自学，不会独立思考，也缺乏创造性的能力。这是我国少有杰出人才的根本原因。

古往今来，研究学习方法的论著浩如烟海，学习方法派别林立。自 20 世纪 60 年代末，随着"知识爆炸"形势的出现，知识以前所未有的速度激增，同时又不断地被淘汰。为了应对"知识爆炸"形势的挑战，自 20

世纪 90 年代以来，有关学习方法的研究取得了重大的进展。在这些研究成果中，“自主学习”、“快速学习”、“超级学习”、“全脑学习”、“快乐学习”等方法占据了主导地位。虽然这些方法侧重点各异，但它们的共同点却是一致的，就是把学习者从“学习的奴隶”中解放出来，变为学习的主人，使学习变得更加轻松和更加有效。

令我十分高兴的是，近年来我国一些学习方法专家和教师，从长期的教学实践中总结和出版了不少学习方法的书籍。这是一件非常有益的事，是我国学术园地里盛开的绚丽奇葩。《四快高效学习法》是这些著作中比较突出的一部，是在研究和参考了许多学习方法著作的基础上编撰的，可以说是集前人之大成。

所谓“四快”，就是快速的读、快速的写、快速的算和快速的记，核心是快速，目的是提高学习的效率。国外学习方法研究者认为，学好学校里各种科目，都离不开读、写、算这三个要点（三会），即所谓的 The Three R’S（Read、Write、Reckon）。实际上，“四快”与“三会”颇有异曲同工之妙。

那么，一味地强调快速学习是否有科学根据呢？现代科学已经证明，人的大脑拥有 150 种细胞，含有 40 多种化学物质，细胞总数超过 1000 亿个，这些细胞延伸的分枝形成 10^{15} 对突触。也就是说，人的大脑相当于有 10^{15} 个开关的超级电子计算机。然而，人的大脑神经细胞只使用了 2% ~ 8%，即使像爱因斯坦这样旷世无匹的天才，也仅仅使用了 12%。也就是说，人的大脑的思维能力尚有 90% 没有开发，这就是人学习的巨大潜力。另一方面，人有耳、目、口、鼻、身体，无论是学习直接或间接知识，无不是通过这些。但是，平常人们学习习惯于只应用单一的感官。如果我们在学习时开动全部感官，那么其学习的效率就可以增加 10 至 100 倍。戈登·德莱顿和珍妮特·沃斯在《学习的革命》一书中，曾经介绍了用 4 至 8 周掌握一门外语和一天可以阅读 4 本书并记住的例子。这些都说明，只要

我们找到了激活沉睡大脑的方法，那么就可以达到快速学习的目的。同时，实践是检验真理的唯一标准，快速学习方法，也已经得到了许多教师的教学实践证明。因此，《四快高效学习法》的确是一部有实用价值的学习参考书，故特向广大读者推荐。

教育学上有句约定俗成的谚语：教无定法，学无定法。它说明，再好的教学方法，对某些人可能有用，而对另一些人可能就不太有用。因此，我们在学习《四快高效学习法》或是其他任何学习方法时，只能借鉴而绝不能机械地生搬硬套。正确的态度应当是，学习、借鉴、实践、总结、再创造，从中提炼出属于自己的学习方法，这才是对自己最有用的学习方法。须知，模仿是创造的敌人，也是学习的敌人，我们要永远走创新之路！

应编撰者之求，仅写以上赘语。是以为序。

原武汉大学校长：刘道玉

SIKUAI GAOXIAO XUEXIFA

序言 2

作为家长，你是否长期被下列问题所困扰——

孩子干什么都慢，写字慢、计算慢、阅读慢、记忆慢，别的孩子半个小时完成的作业，他得用三四个小时，学习效率相当低下；

孩子整天埋头苦读，夜以继日，甚至连身体都累坏了，可成绩总是上不去；

孩子脑袋挺聪明，思维也很敏捷，可就是不爱学习，一谈学习他就低头无语，家长没少操心，可孩子的成绩却总是居末流；

孩子学习差，请了家教，进了补习班，进了最好的学校，花了不少钱，可学习效果还是不理想；

……

哪个学生不想成绩拔尖，哪个家长不想孩子有一个好的前程？事实上，极少数家长能够如愿以偿，学习成绩差已经成为无数家长和学生心头难以挥去的隐痛！

为什么同在一个屋檐下，一样的老师、一样的环境，学生水平的差距就这么大呢？有的能轻松考出好成绩，有的费尽力气也考不好；有的能考上清华、北大，有的却名落孙山。作为家长，都想孩子能读好书，考出好成绩，考上好大学，他们千方百计、绞尽脑汁，请家教、送补习班，折腾来折腾去，孩子的成绩还是让人伤心至极！最后，他们开始怀疑自己的孩子是不是天生就“笨”，在学习上没有任何潜力可挖了。

其实，他们大可不必为此而徒生悲观，很多心理学家认为，人的大脑只使用了 3% ~9%，即使像爱因斯坦这样的旷世奇才，也仅仅使用了 12%，这说明人的大脑思维能力尚有 90% 没有开发。有关专家形象地说，假如一个人的潜能有 50% 得到合理的开发和运用，那么这个人至少可以获得 12 个博士学位，轻松学会 40 门外语，脑子里可以容纳 5 亿本书的知识和信息。可见，只要能发掘自身的潜能，人人都可以创造学习的奇迹。

那么，如何挖掘孩子的潜能，改变孩子长期学习效率低、成绩差的现象呢？答案就在于要让他们掌握一套科学的学习方法。教育专家称，学习的好坏，80% 取决于后天的学习方法。只有不学习的孩子，没有笨孩子；只有不会学的孩子，没有学不会的孩子。不会学习，没有掌握好的学习方法的孩子，即使整天抱着书本学，也不见得会有成效。

而现状又是怎样呢？由于受传统教学观念的影响，大多数教师在教导孩子的过程中，只知授之以鱼，而不授之以渔，即只教孩子知识，却忽略了向学生介绍学习方法，特别是家长，总是按照自己的思维和理解去教孩子，而不能传授一套独特、行之有效的学习方法，所以造成孩子学得苦、学得累，一谈学习就郁郁寡欢。

“四快高效学习法”——中国第一部全面、科学、系统地教会学生如何学习的丛书集及配套软件应运而生，为广大教师和家长拨开了重重愁云，给许多家庭带来了福音。它让孩子学得快、记得牢、考得好，让他们成为优等生不再只是梦。高速度、高准确度的读、写、算、记是四项重要的学习技术，是四把开启孩子智慧大门的金钥匙，是改变孩子一生命运的好方法。它让学习中的读、写、算、记这四个分解动作都快起来，在快的基础上再求准求好，以“玩”的形式来实施训练。熟练掌握了这样的技巧，书写速度可以提高 3 到 4 倍，运算速度可提高 4 到 6 倍，阅读和背记速度可提高 5 到 10 倍。

“四快高效学习法”是一套行之有效的好方法。这套方法简单易学好操作，不管是平时学习还是考试，学生都能从中找到相应的策略，这为当前的中小学生提供了一种四两拨千斤的学习技巧，可以化繁为简，化难为易，通过大幅度地提高效率，达到减负和增分的双重目的。

“四快高效学习法”的问世，顿时引起教育界的轰动，它是一部让老师、家长和学生受益一生的书。它与传统学习方法不同，没有枯燥空洞的说教，它更注重技术方法的传授。另外，它所配有的一套相关学习软件，更是增强了它的实用性和可操作性。这些都让学生在勤奋学习的同时，变苦学为乐学，变蛮干为巧干，学习效率大大提高，学习效果明显增强，是老师、家长和学生一辈子都要学习的一种创新学习理念和技术。

联合国教科文组织在其文件《学会生存》一文中指出：“未来的文盲不是不识字的人，而是不懂得学习的人”。高速度、高准确度的读写算记技术是一场真正意义上的学习革命，是中小学生的四项真功夫，要想真正体验它带来的神奇效果，就请走进这片天地，相信它带给你的不仅仅是高效，更重要的是学习中的快乐和成长！

四快学堂创始人　李来光

SIKUAI
GAOXIAO
XUEXIFA

目 录

01

第一章 四快高效学习法唤醒学习巨人

02

第二章 快速阅读训练指导

第一章

四快高效学习法唤醒学习巨人

第一节 唤醒学习巨人，学习原来是甜的

这是一个真实的故事！

"学习原来是甜的。"如果不告诉你，你绝对猜不到这是一个高中一年级因为厌学而休学一年的高中生说出的话。这是一位女同学，是一个非常文静、在家很乖很听话，在学习上从小到大一直很努力的孩子。妈妈说，在小学的时候孩子成绩非常优秀，从进入初中开始，成绩就一直排在班级后面。孩子非常想学好，想了很多办法，参加了各种补习班、辅导班，成绩一直不见好转。进入高中后，学习内容增多了，学习压力更大了。读完高一，孩子感觉很难坚持下去，所以选择了休学一年。

2014年暑假，休学一年快到了，妈妈带着孩子参加了四快高效学习法快速记忆和快速阅读训练营，没想到孩子一下子找到了学习的感觉：最开始觉得学习很好玩、很有趣，在记忆训练中，通过老师的训练，原来硬是记不住的词语和数字，结果使用老师的方法一下都记住了，通过把要背记的内容进行图像、联想、夸张等方法加工后再来记忆，不仅记得牢而且可以做到倒背如流。老师的鼓励和自己能力的提升极大地激发了同学的信心。

新学期开学后，妈妈说，很久都没看到孩子每天很期待去学校的样子了，以前是要去学校的时候磨磨蹭蹭，现在是高高兴兴。重新入学后，妈妈迫不及待地打来电话，而且是哭着说：孩子上学以来第一次获得学校"三好学生"的荣誉，成绩在班级上升到中等偏上，关键是孩子现在爱上

学习了。

这位同学告诉我们，从厌学到喜欢学习，通过四快高效学习法的训练，提升了学习能力，建立了学习自信心很重要。“现在在学习的时候，感觉学习是甜的。”

这个真实的故事是想告诉大家一个道理，当你发现学习的乐趣时，学习的动力和信心都会成倍加强。获得一个理想的学习成绩，其实是再简单不过的一件事情。

从小学到大学，每个学生都必须面对16年到20年的学习阶段，工作后还要终身学习，人的一生中又有多少个16年呢？如果我们发现了学习的乐趣，即使终身学习也是很快乐的一件事情；而如果是痛苦的、被动的学习，这样漫长的时间会让人很难受，难受的结果也未必很好！

所以，我们要大声地告诉每一位家长和每一位同学：不管你要不要练习四快高效学习法，重要的是你要主动去挖掘学习的乐趣。寻找学习的乐趣有很多种方法，而四快高效学习法通过提升学习能力，可以让每个同学学习更加轻松、更加高效、更加快乐。你相信，所以你能够拥有它。

当孩子觉得他能够做到的时候，他的动力就会猛增。道理很简单，在大多数中小学生学习的时候都是机械地学习，没有找到属于自己的有效的学习方法，当从小学进入初中甚至高中的时候，课程量的增加，知识难度的增加，导致很多小学阶段成绩很好的同学成绩跟不上。这是一种普遍的现象。

学习其实很简单，找对方法是关键。我们学习知识的过程就好比人吃食物消化的整个过程，当食物进入口腔的时候，我们开始将食物进行咀嚼，然后再进入胃里进行消化吸收，最终转化为营养和能量。决定一个人消化能力好的主要因素是牙齿好和肠胃功能好。

学习知识的时候，我们很多同学没有进行咀嚼，也就是没有进行知识的整理，然后直接囫囵吞枣地把知识装进大脑。这样学习当知识量增加的

时候，我们学习起来就会很困难。四快高效学习法解决的核心问题就是知识的整理和大脑消化吸收知识的能力。把这两个大问题解决好了，学习起来不就很轻松了吗！

第二节　提高学习效率，让孩子少走弯路

一万年太久，只争朝夕。 ——毛泽东

不管饕餮的时间怎样吞噬着一切，我们要在这一息尚存的时候，努力博取我们的声誉，使时间的镰刀不能伤害我们。 ——莎士比亚

不要老叹息过去，它是不再回来的，要明智地改善现在。要以不忧不惧的坚决意志投入扑朔迷离的未来。 ——朗费罗

不要为已消尽之年华叹息，必须正视匆匆溜走的时光。 ——布莱希特

当许多人在一条路上徘徊不前时，他们不得不让开一条大路，让那珍惜时间的人赶到他们的前面去。 ——苏格拉底

敢于浪费哪怕一个钟头时间的人，说明他还不懂得珍惜生命的全部价值。 ——达尔文

看了这么多名人对待时间的态度，你对待时间的态度是怎么样的呢？

这个世界太公平了，不管你是谁，不论你贫穷或富贵，也不论你社会地位高低，更不管你年龄大小，每个人每一天都有 24 个小时，也只有这 24 个小时！

但不同的人，在同样的 24 个小时里面，每个人的时间价值却千差万别。有的人 1 个小时可以做别人几个小时做的事情。每个人都可以通过提高学习或工作效率来提升你的时间价值。

四快高效学习法就是帮助学习者提高学习效率的方法。

快速书写提高书写效率。书写规范很重要，但是四快学堂告诉你书写速度也重要。我们上课记笔记要不要快？考试写作文答题书写要不要快？每天写作业快一点完成，我们就可以做自己喜欢的事情。如果通过快速书写训练帮助同学们每天节约 30 分钟，一年下来减去周末时间，大概可以节约出 150 个小时出来！谁能够告诉我 150 个小时价值多少吗？答案是无法估量的。

快速阅读提高阅读效率。中小学生即使是大多数成年人，如果没有经过快速阅读训练，99% 的人阅读速度只有每分钟 500 字左右。我们来计算一下，一本 20 万字的书籍，按照这个速度，需要 400 分钟，也就是 6 个小时 40 分钟。我们一般很难集中这么长的时间来阅读。所以阅读一本书要花上几天的时间。我们每天拿出 1 个小时的时间来阅读，也要花上 6 天多的时间。如果通过训练提升至每分钟阅读 3000 字，那么只需要 66 分钟就可以读完，也就是用一天的空闲时间阅读一本书。换个角度，就是训练后我们可以 1 天阅读过去 6 天看的书，也就是说别人读一本书的时间，我们可以阅读 6 本书，我们的时间效率就是过去的 6 倍。如果每个人每天花同样的时间来阅读，我们的阅读量是别人的 6 倍，长期积累下来就是一笔非常可观的成果。关键是通过快速阅读训练，我们的阅读理解能力也得到快速提升。

快速计算提高计算效率。快速计算是在算的准确基础上算得快。算得快不仅培养了我们的数感，让我们不再害怕数学，而且通过训练，别人算一道题的时间，我们可以算 3 ~4 道题。在小学阶段快速提高数学成绩的同时，平时做作业、考试都会为我们节约大量的时间。特别在写作业的时候，节约的时间，我们可以做我们喜欢的事情。时间是挤出来的，这样我们每天都可以节约一点点时间。长期下来，养成了快速高效的学习习惯，也节约了大量的时间。

快速记忆提高记忆效率。记忆是在学习中最为重要的学习能力。没有

经过训练之前，我们大多数同学采用的是死记硬背的方式，在背记课文或其他知识的时候，一方面要花费很长的时间才能记忆；另一方面是死记硬背的方式会导致很快就会忘记。我们知道传统的左脑记忆是短时记忆，右脑的记忆能力是左脑的100万倍。一个曾经接受过快速记忆训练的五年级同学这样描述：上课时老师让背下来世界排名前20名的博物馆及相关知识，同学们用一节课的时间，我只要用10分钟的时间，这样学习太有意思了。从小学到大学，我们学习和生活中要记忆的知识太多了，怎样才能记住不忘记呢？快速记忆训练可以解决大部分同学这个苦恼。

通过读写算记四项训练，综合提高学习者的学习能力，从而提高学习效率。最重要的是一方面非常好地完成了学习任务，一方面节约了大量的时间。而时间是我们人生中最宝贵、最值得珍惜的。我们认为更为重要的是，当同学们具备这样的学习能力后，通过在学习中的运用，会感觉到学习很好玩，学习很轻松，开始主动地找书看，主动地去学习，从根本上解决了学习的问题。

第三节 明确个人目标，持续训练见神奇

在此，要告诉每一位拿到四快高效学习法的训练者，如果你一旦决定开始，那首先要知道你在做一件什么样的事情，你打算达到什么样的目标。

高尔基说过：一个人追求的目标越高，他的才力就发展得越快。这句话告诉我们做任何一件事情，越早树立目标越好！

下面有一个故事和一个实验，相信可以给我们更多启发。

一个关于目标的故事：

20 世纪 50 年代，一位女游泳运动员给自己确定了一个目标：要在退役前完成横渡英吉利海峡的壮举，成为世界第一人。为了完成这一目标，她不断地进行着周全的准备和刻苦的训练。在一个非常好的天气里，这位自信心十足的女运动员，站在大海边，回过身来向注视她的观众挥了挥手，然后一跃跳入大海中，奋力地朝对岸英国的方向游去。刚开始的时候，由于体力充沛，而且天气条件特别好，她前进的速度很快，她的心情也很兴奋。就在这次横渡接近尾声的时候，意外出现了：海面上突然大雾弥漫。面对恶劣的天气条件，加上体力

的过度消耗，她还是拼尽全力向前游着。坚持了一阵子之后，她感觉精疲力尽了，于是被迫终止横渡行动。当得知自己离对岸只有几百米的距离时，她的心理不平衡了：我之所以放弃，是因为我看不到即将到达的目标。

一个关于目标的实验：

美国耶鲁大学进行过一次跨度20年的跟踪调查。开始时，这个大学的研究人员对参加调查的学生们提了一个问题："你们有目标吗？"90%的学生回答说有。研究人员又问："如果你们有了目标，那么，是否把它写下来呢？"这时，只有4%的学生回答说："写下来了。"

20年后，耶鲁大学的研究人员跟踪当年参加调查的学生们。结果发现，那些有目标并且用白纸黑字写下来的学生，无论是事业发展还是生活水平，都远远超过了另外的没有这样做的学生。他们创造的价值超过余下的96%的学生总和。那么，那96%的学生今天在干什么呢？研究人员调查发现：这些人忙忙碌碌，一辈子都在直接或间接地帮助那4%的人在实现他们的理想。

以上一个故事和一个实验，告诉我们一个道理：在做一件事情或者在人生的道路上，越早为自己定立目标越容易成就自我。

在开始训练四快高效学习法之前，你应该给自己确定一个目标。相信每个同学都想成为学习高手，但这是一个非常模糊的目标。四快高效学习法让我们知道学习的四项基本能力是每个学生应该具备的，获得这些能力让我们终身受益，而不应该是家长强加给孩子的，是我们自己发自内心想去拥有的能力。所以我们必须确定明确的目标。

四快高效学习法作为基础学习能力训练软件，提出了非常明确的训练标准。训练者通过闯关的形式达到训练标准，即可以说明熟练掌握了四项

技能，软件设定的标准为：

快速阅读：5000 字/分钟

快速记忆：1 分钟记忆 30 组词语、1 分钟记忆 20 个数字

快速书写：在规范书写的前提下，达到书写 30 字/分钟

快速计算：50 道 100 以内加减法和 20 以内乘除法 50 秒完成计算

以上的标准是每个智力正常的同学都可以达成的目标。达成这个目标，我们认为训练者就可以把这种能力很好地运用到学习中去。而且一旦真正具备了这种能力，将会终身受益；反之，如果训练者掌握得还不够熟练，运用起来不够熟练，长期下去慢慢放弃，也就没有充分发挥这套方法的功效。

如果同学们觉得这个还不够，可以通过持续训练去挑战更高的目标。

第四节 熟练才能生巧，掌握四快成绩好

北宋时期，有个人叫陈康肃，号尧咨，他从小就喜欢射箭，整日练习，所以他的箭术十分精湛。他因此非常骄傲，常常夸耀自己的本领。

有一天，尧咨练习射箭。只见他举起了弓，搭上箭，一连发出十支箭，每支箭都正中红心。旁观人见他有如此高超的射箭本领，无不拍手叫好。尧咨自己也很得意。他环顾四周，发现一个卖油的老头只是略微地点了点头，有些不以为然的样子。尧咨心里很不舒服，不客气地问他："喂！你这个老头也会射箭吗？你看我射得怎样？"老人很干脆地回答："我不会射箭。你射得还可以，但并没有什么，只是手法熟练而已。"

尧咨听了有些恼火地说："老头，你敢小看我射箭的本领，难道你有什么更高超的本事吗？"老人笑着说："这射箭的本领我可没有，不过我可以倒油给你看看。根据我卖油的经验，知道你的射箭本领也是熟能生巧而已。"说完老人拿了一个盛油的葫芦放在地上，又在葫芦口放了一枚有孔的铜钱。然后舀了一勺油，眼睛看准了，油勺轻轻一歪，那油就像一条细细的黄线，笔直地从钱孔流入葫芦里。倒完之后，油一点儿也没沾到铜钱。

老人谦虚地说："这也是一种平常的技术，只不过是手法熟练罢了！"尧咨听了十分惭愧，从此更加努力地练习射箭，再也不夸耀自己的箭术了。

有句话说得好：三百六十行，行行出状元。指的是在每一个行业中，

总有人因为长期用心地去做这件事情，最终成为这个领域的专家和高手。学习也是一门技术。我们每个同学每天面临的最大任务就是学习。知识有很多，但是学习知识的方法可以不断训练，让我们熟练到学习起来非常轻松。

方法掌握不熟练，等于没有方法，因为不能运用自如，也就没办法发挥方法的功效。

熟能生巧也正是四快高效学习法训练成功的秘诀。世界上最高深的武功绝对不是一看就会的，所有的高手都是历经很长时间的磨炼才能成为高手的。同样，四快高效学习法必须经过持续的训练，同学们才能真正地掌握，并且能够熟练地应用到学习中去。

检验训练者对方法掌握的熟练程度最好的指标就是效率：一分钟阅读多少字？越多越熟练。记忆30组词语用多长时间？用时越短说明方法越熟练。一分钟能够规范书写多少字？写得越多就说明我们的手腕灵活度、运笔的姿势都非常好。计算50道题用多长时间？越熟练用的时间就会越少。所以，四快高效学习法训练系统为训练者提供了一个训练平台，只要持续坚持训练就可以做到熟练掌握。

每个人都可以熟练地掌握四快高效学习法，获得打开学习之门的四把金钥匙。唯一需要训练者做到的是：一旦开始，坚持下去直到达成训练目标为止。

第五节　调状态有妙招，训练效果见奇效

学习状态是一个人学习时心态、身体、学习方法等综合作用下所处的状况。

每天有效学习时间、每次最长学习时间、学习强度、大脑清晰度，是学习状态的四大指标。

训练四快高效学习法是否有效果，或者说效果是否明显，最重要的一个训练要素是：在训练之前进行充分热身，让身心进入最佳训练状态，我们通常称之为“警觉性放松”状态。这个状态下身体非常放松，意识非常清醒，注意力高度集中，大脑被激活，进入接受信息的最佳状态。

长期进行热身训练，对于训练和学习其他知识和技能都会有很大的帮助。

四快高效学习法在训练中要求训练者调整好最佳训练状态，也为训练者提供了三种调节训练状态的方法。在每次训练之前进行有意识的训练，可以让训练者进入最好的训练状态，从而收获最好的训练效果。

1. 腹式呼吸

取仰卧或舒适的坐姿，放松全身。保持自然呼吸一段时间。右手放在腹部肚脐，左手放在胸部。吸气时，最大限度地向外扩张腹部，胸部保持不动。呼气时，最大限度地向内收缩腹部，胸部保持不动。循环往复，保持每一次呼吸的节奏一致。细心体会腹部的一起一落。经过一段时间的练

习之后，就可以将手拿开，只是用意识关注呼吸过程即可。

呼吸过程不要紧张也不要刻意勉强。如果是初学者就更应该注意练习的过程和对身体的影响。吸气时，感觉气息开始经过鼻腔、喉咙充分地集中于肺部，当肺部容积逐渐增大，而保持胸廓不动，就会迫使横膈膜下沉，同时腹略向外鼓起；呼气时向内收回腹部，横膈膜向上提升，使大量浊气呼出体外。

把腹部当皮球，用鼻吸气使腹部隆起，略停一两秒后，经口呼出至腹部下陷。每分钟大约有五六次即可。一般每日两次，可选在上午10时和下午4时，每次约10分钟。

腹式呼吸的关键是：无论是吸还是呼都要尽量达到“极限”量，即吸到不能再吸，呼到不能再呼为度；同理，腹部也要相应收缩与胀大到极点，如果每口气直达下丹田则更好。

练腹式呼吸，由于其吸入的氧量高于正常情况下的两到三倍，因而对身体健康也非常有帮助。

2. 阿尔法波音乐

阿尔法（ALPHA）脑波音乐不同于普通的古典音乐，是用来开发大脑、激发潜能、协调身心的。从脑科学来讲，不是所有的古典音乐都能激发美好的阿尔法脑波，甚至在同一首曲子中，也不是所有的乐章都能使人身心放松、精力充沛，所以就存在选择的问题。只有节拍在60~70，频率在8~14Hz范围内的音乐才是真正的阿尔法脑波音乐。

阿尔法脑波是四种基本脑波之一。在大脑中有时出现，有时消失，它并不总是存在。例如，在深睡情况下没有阿尔法脑波；如果一个人在激动状态下，或恐惧、愤怒时，大脑中也没有阿尔法脑波。它可以减少紧张感、压力和焦虑，这样也可以提高人的免疫能力。如果你想提高大脑工作效率，做有创造力的人，在众人面前使自己表现出色，无论是运动表现还是其他方面的表现，都更应该借助阿尔法脑波的帮助。听阿尔法波音乐的方法可以提高大脑中阿尔法脑波。

潜能存在于人的右半脑中，右脑的活动脑波呈α（阿尔法）波状态，所以，α音乐是潜能音乐。无论是大人或小孩长期听α脑波音乐，大脑脑波就会保持在α波活动状态，深埋在右脑当中的潜在能力就会被源源不断地引发出来。脑内神经递质呐腓肽增多，这时人就会充满旺盛的精力：做事情就会处于高度的专注状态；想问题时思维敏捷，思路开阔；记忆东西，过目不忘，轻松自然地就记住了；脑波处于α波的人会有无穷的想象力和超出寻常的创造力，大脑反应速度加快，阅读水平提高，因而学习能力大大提高；全身放松，心态平和，脑波平稳，睡眠质量提高。另外，脑波处于α波时，大脑内化学物质发生改变，血液循环畅通，促进人体内消化系统的改善，促进食欲改善；长期处于α脑波状态的人，容易与人和睦相处，容易理解他人的喜怒哀乐，因而情商在不知不觉中得到了提升。

在学习和训练的时候通过阿尔法波音乐可以成倍提升学习和训练效率。

3. 想象引导训练

坐下来，放松身体，跟着音乐和引导词开始进行想象训练。

想象你来到一个一望无际、美丽的大草原。蓝蓝的天空中，一片片的白云在蓝天上慢慢地飘过。就在这充满明媚阳光的天空下，你一边躺在柔软而舒适的草地上，一边享受着美妙而清新的空气，和煦的阳光温暖地洒

在你的身上，包围着你的全身，你感觉非常温暖非常舒服。远处徐徐吹来的微风，一阵阵传来，还带着青草的香气，现在请你深深吸一口气，你似乎已闻到了远处传来花儿的芳香。那沁人心脾的芳香，令你感到前所未有的轻松，感到前所未有的舒服。

现在的你就躺在这美丽辽阔的大草原。不远的地方有一群绵羊正快乐地吃着草。几个放羊的牧童在调皮嬉戏。还有远处一群美丽的骏马在满足地吃着青草。不知什么时候，草丛中飞来几只靓丽的蝴蝶，扇动着那色彩斑斓的翅膀在晴空中自由飞舞。天的那边是红红的太阳正缓缓升起，你感到大自然的一切是那么和谐、宁静、美好。不知不觉中，你的呼吸也变得越来越缓慢而均匀。你感到内心越来越安详，就像回到母亲的怀抱一样，无忧无虑，自由自在。

以上是四快高效学习法热身训练中的“美丽草原”场景想象训练的引导词。除此之外，还有“金色光芒”、“秘密花园”、“快乐学习”共四个场景的引导想象训练。

想象训练类似冥想训练，可以让训练者进入安静的状态，对于开发训练者的潜能和专注力都有非常神奇的效果。

在进行想象训练的时候，大脑里面所呈现的图像越清晰越好，颜色越鲜明越好。最开始的时候可以跟着引导词来想象，随着训练的深入，训练者可以开始在场景中增加一些物体和色彩，自由变化所想象的场景。

以上是四快学习法中常用的三种调整训练状态进行热身训练的方式，训练者也可以学习其他调节方式，总之让大脑和身体进入最佳的训练状态，训练效果才会好。反之，如果在训练之前没有调整好状态，训练中很浮躁不专心，效果出不来，长期下去，训练者就会放弃训练。所以我们非常强调要学会调整状态的重要性。

这几种方式不仅仅在训练时可以使用，在同学们日常学习中和考试的时候都可以使用，对学习帮助很大。

第二章

快速阅读训练指导

第一节 开篇测试

准备好计时器，用自己习惯的方式阅读下面的文章，阅读完毕请记录阅读文章所用的时间，不要重复阅读，然后计算出每分钟阅读多少字。

接下来根据理解和记忆回答 10 道问题：总分 100 分答对一道题获得 10 分，获得的分数为训练者的对文章的理解率；最终计算出阅读效率 = 阅读速度 × 理解率得分/100。

他们都是速读高手

世界上很多卓越的政治家、文学家、军事家乃至企业家，他们往往都有阅读的习惯，而且还是速读高手，也正是大量的、广泛的阅读成就了他们非凡的事业。

马克思是个名副其实的速读高手，他读书的速度奇快：为了写《资本论》，他阅读了 1500 多种书，在书中引用了十几个学科、数百个作者的观点，留下了 100 多本读书笔记。勤奋是一方面，但假设没有高超的速读能力，完成如此艰巨的工作几乎是不可能的。可以说正是由于他异乎寻常的速读能力，使他有可能在所研究的每个领域都涉猎了无数有用的资料。他有极为丰富的哲学、政治经济学、历史、法律等社会科学知识。对文学艺术也有极高的修养，海涅、歌德、但丁、巴尔扎克、莎士比亚等作家的作品，他如数家珍，随口吟诵。他几乎能掌握欧洲一切国家的语言，能用流畅的英语、法语著书立说，对自然科学也有很深造诣。他运用快速阅读的

方法，在头脑里储存了取之不尽、用之不竭的信息和资料，使他的头脑成为一艘升火待发的战舰，随时准备开往任何一片思想的海洋。

列宁看书习惯于一目十行，是与他读书过程中的专心致志分不开的。他读起书来，对周围的一切就理会不到了。有一次，他的几个姐妹恶作剧，用 6 把椅子在他身后搭了一个不稳定的三角塔，只要列宁一动，塔就会倾倒。然而，正专心读书的列宁毫未察觉，纹丝不动。直到半小时后，他读完了预定要读的一章书，才抬起头来，木塔轰然坍塌。他在《列宁全集》中引用自己看过的书竟达 16000 多册。他在研究帝国主义这个专题时，读了 148 本书，49 种期刊中的 232 篇文章，写下 60 多万字的札记。

斯大林也是一位速读能手。1938 年夏，几位苏联红军将领来到斯大林的住宅，看到办公桌上堆着一大摞印刷厂送来的新书，大为惊愕。斯大林笑着说："无论如何，我每天一定要读完 500 页书，这是我的定额。"

法国的拿破仑就是一个酷爱读书、有惊人的记忆能力和快速阅读能力的人。他能在一天内读完 20 本书，即使外出或率军队远征，也要让人带几十箱书籍来供他阅读。在一次和俄国沙皇作战时，拿破仑被打得落花流水，他的书也被俄军缴获。回国后，拿破仑凭记忆开出清单，派人重新购置，当人们将清单和上次的书单核对时，发现竟然一模一样，无一差错和遗漏。

大发明家爱迪生在研究打字机的一个部件时，有一次和制造商们约好某一天把各种打字机的样子都送来，在客人们来的前一天晚上爱迪生集中精力将有关这个部件的书全部看了一遍。第二天，爱迪生就对客人们头头是道地讲起来。事后，他的助手把他那天晚上读过的书借来通读一遍，结果用了 11 天才读完。

文学家高尔基，也是具备令人吃惊的快速阅读能力的人。他看书不是从左向右来读，而是从上往下看，像下楼梯一样。后来，苏联学者研究出来的垂直阅读法，可能就与这些记载的线索有关。

美国第35任总统肯尼迪，40多岁就当选此职，是美国最年轻的总统。他每分钟能阅读1200多个英文单词，而一般美国人的阅读速度仅为200多个英文单词。肯尼迪的阅读速度是一般美国人的五六倍。他曾提出过“平面凸现”的阅读方法，即眼睛就像照相机镜头一样，可以一次阅读整整一页的内容。另外一名美国前总统罗斯福也是一个快速阅读的高手。据记载，他常常是眼睛一扫，就可以看完一段文章；一坐下来，就看完一本书。美国前总统卡特在当选之后，专门抽出两个星期的时间，请专家来为他传授快速阅读，以便到白宫后能及时处理由总统签发的堆积如山的文件。像肯尼迪、布什等美国历届总统大多数都是速读高手，甚至是速读协会的成员。中国也不乏快速阅读的高手，联想集团的主席柳传志每天要进行约十万字的阅读，以便及时把握IT行业的高速变化。

这些中外名人之所以都掌握快速阅读的能力，并不是一个偶然的巧合。它恰恰说明了阅读是一种非常重要的成功技能。尤其在进入信息时代之后，这个能力的重要性就进一步地突显出来了。

本篇文章字数：1560字，

阅读时间：________________ 分钟

阅读速度：________________ 字/分钟

考高分上名校　学习方法最重要

回忆刚才阅读的文章，请回答以下10个问题，每题10分，共计100分。

1. 文中列举了几位速读高手的典型事例？

A 9　　B 10　　C 11　　D 12

2. 谁在使用“平面凸现”的阅读方法？

A 布什　　B 斯大林　　C 肯尼迪　　D 高尔基

3. 谁在快速阅读的时候使用“垂直阅读法”？

A 布什　　B 斯大林　　C 肯尼迪　　D 高尔基

4. 1938年夏，斯大林说自己每天要定额阅读多少页的书？

A 400　　B 500　　C 600　　D 700

5. 本文中，提到有几位美国总统也是快速阅读的高手？

A 4　　B 5　　C 6　　D 7

6. 本文中提到：马克思读1500多种书，在书中引用了十几个学科、数百个作者的观点，留下了多少本读书笔记？

A 100多　　B 150多　　C 200多　　D 250多

7. 本文中的《资本论》是谁写的？

A 马克思　　B 列宁　　C 斯大林　　D 拿破仑

8. 本文中，谁用一天晚上读的书相当于他助手用了11天才读完？

A 爱迪生　　B 马克思　　C 高尔基　　D 列宁

9. 本文中，肯尼迪的阅读速度是一般美国人阅读速度的多少倍？

A 5~6倍　　B 6~7倍　　C 7~8倍　　D 8~9倍

10、本文中，柳传志保持每天要阅读多少字的习惯？

A 10万　　B 8万　　C 11万　　D 12万

你对文章的理解率：__________分

你的阅读效率：__________字/分钟（阅读速度×得分×100%）

答案：C C D B A A A A A A

第二节　阅读是人生中最重要的学习习惯

1. 小学阶段培养阅读能力比分数更重要

看到这个题目，请不要误会，并不是说小学的成绩不重要，而是说小学的成绩对于一个孩子的成长，实在是不重要，家长千万不可过分重视这个分数的高低。

从理论上讲：0 ~6 岁阶段，是儿童的良好习惯（包括心理习惯和行为习惯）形成的关键期，同时也是儿童各项能力的发展黄金期，其中最为重要的就是学习能力的发展。这种看似复杂的学习能力，却可以用一种能力的发展培养出 90% 以上，即“阅读能力”。

但是阅读能力，需要两种条件才能发展起来：

第一是持续性和连贯性，即阅读习惯的培养：要每天固定有阅读时间，而不可以喜欢就读读，不喜欢就不读了，这样不会有好习惯的养成；

第二是阅读量的累计，一般幼儿一年的阅读量要达到 50 万 ~100 万字才可以使这种能力萌芽。

（1）6 ~12 岁是阅读能力长足发展的最黄金时期

这六年，可以说，什么都没有海量阅读、大大提高阅读能力的发展更为重要。一个孩子的聪明才智，如同种子，需要条件才可以发芽生长。这个条件就是海量阅读和动手动脑的游戏方式。

如果一个孩子从没有读过一本好书，甚至从没读过一本超过 10 万字的

书，而是把大量时间都投入到学校课本和大量作业里去了，那么这个孩子的天赋就被扼杀了！

一般而言，一、二年级孩子每年阅读量不能低于100万字（正常是100万~200万字之间），二、三年级每年不能低于200万字（正常是200万~300万字之间），四、五、六年级每年不能低于300万字的阅读量（正常是300万~500万字之间，有的阅读量大的孩子可以每年达到1000万字以上）。

6~12岁小学阶段的孩子，不可以把主要精力都投入到课本和作业里，是因为小学课本的单一性和肤浅性，远远不能满足一个孩子的大脑成长的需求。只有博览群书、海量阅读古今中外的名著经典，广泛涉猎百科常识书籍（如天文、地理、历史、物理、化学、生物、哲学、艺术等等百科知识），才可以让孩子的智慧不断成长，最终形成一种强大的发展能力。

（2）不要被作业耽误了阅读

孩子本已经全天在学校跟着老师听课、做题，晚上还要加班完成大量的作业，这样的时间和精力投入，如同大海捞针，实在得不偿失。而“读万卷书、行万里路”，遍读名著如同满山种树，最后收获的是一片森林，其效果远高于大海捞针，即便捞到了也只是一根针。

之所以说，小学阶段成绩具有很大的欺骗性和虚假性，是因为孩子把全部时间都投入到课本和作业里去了，自然就没有时间大量读书，而这如同丢了西瓜捡芝麻。这样的投入即便考了高分哪怕是满分，对孩子的未来而言都是一种巨大的损失。

这种损失到了初中就开始显现出来。很多中学老师都知道一种奇怪现象：那些小学阶段单单靠投入全部时间和精力夺来高分的孩子，升入初中后成绩下降神速，这些孩子越学越累、越学越不会学了；恰恰是那些小学阶段成绩平平、但博览群书、见多识广的孩子们成绩上升力量强大，后发制人，潜力无穷。

高中这种情况更为严重。进入社会后，当需要工作能力而并非成绩单来评定一个人的发展时，这种分化就更到了不可同日而语的程度了！

所以，很多家长在孩子小学阶段很看重孩子的成绩，甚至被老师每天都在强调的分数所迷惑，不舍得孩子花更多的时间去读书和玩，认为是浪费时间。可是，当孩子如同小苗一般营养不良而缺乏成长力量，到了中学阶段前进乏力时，家长只会抱怨孩子如何如何，却不知道正是自己一手造成了孩子的“短命高分”和“智慧营养不良”。

（3）阅读习惯关系孩子一生

小学阶段的成绩一定要平静一些，不要过于追求分数的高低，要更看重为孩子后面的成长做好充足的准备。学习如同花朵，小学阶段是成长刚打花苞（打基础），初中是含苞待放（努力发展），高中才是怒放的阶段（冲刺高考），大学却是新的更高一轮的成长过程。

博览群书和广泛参与社会公益活动（打下进入社会的基础），20~30岁走向社会后，拔节成长、刚打花苞（做社会的学生），30~50岁是含苞怒放（经验丰富、精力旺盛、创造社会价值，把灿烂和芳香绽放出来），50~70岁是结子阶段（人生的收获季节）！

所以，为了孩子的长久发展和未来更大的成长力量，请不要过分在意孩子小学阶段的成绩，而是要把目标放在孩子的基础发展和能力、习惯的培养上，才会真正事半功倍，并让孩子受益终生！

2. 阅读是孩子一生中最重要的学习习惯

现在的孩子报的兴趣班很多，家长培养孩子的爱好也很多，而阅读是

一种很重要的爱好，是现代社会做任何事情都需要的一种能力。它看似平常，却是构筑孩子精神世界最重要的活动之一。阅读可以使孩子更智慧，帮助他们更加了解自我、了解人性、了解身处的这个世界。简单地说，要判断一个人是怎样的人，看他读的书和身边的朋友就知道了，因为，一个人的精神发育史就是他的阅读史。

（1）一个精神世界丰富的人，一定是大量阅读的人

“读史使人明智，读诗使人灵透，数学使人精细，物理使人深沉，伦理使人庄重，逻辑、修辞使人善辩。”因此，父母一定要慎重对待阅读这件事，让孩子广读书，读好书，在家中创造浓浓的书香气，从小熏陶孩子的书卷气，培养孩子的阅读习惯。

经常读好书的孩子是学不坏的，他们从书中就会悟出为人处世的道理。养成阅读习惯的人一辈子不寂寞，因为书是益友、是知己，是深入人心的慰藉。如果孩子养成了阅读的习惯，就具备了自我教育的能力。

（2）越早养成阅读习惯越好，千万不要错过孩子的阅读黄金期

阅读越广博越好，孩子饱览群书，勤于思考，身上早晚会显示出底蕴深厚的优势来。习近平主席接受俄罗斯记者专访，回答“你个人有哪些爱

好”时，习主席说：“爱好阅读、看电影、旅游、散步。”其中着重讲了爱好读书的道理。作为国家主席，日理万机，能坚持读书，这种精神值得大家学习。

大文豪莎士比亚说过：“书籍是全世界的营养品，生活里没有了书籍，就像没有了阳光；智慧里没有了书籍，就像鸟儿折断了翅膀。”列宁说过：“书籍是巨大的力量。”这些名人名言都充分表现了书对人类的重要性。作为学生，更应多读些有益的书籍，这样不但可以开阔眼界，增长知识，提高写作能力，还可以陶冶情操。多读一本书，多活一个人生，多一份智慧，多一分力量。

（3）读好书让孩子一生受益无穷

“腹有诗书气自华。”读书，培养人的气质和品质，爱读书的孩子不容易学坏。当下，科技发展飞速，电脑和网络在社会生活中的作用显而易见。但是纸质的图书，仍是我们生活中的营养品。读书，家长要和孩子一起亲子阅读。家庭中最好有个亲子阅读的固定时间，亲子阅读不仅仅是妈妈的事情，父母都应参与其中，读书、聊书，坚持下去，受益无穷。

世纪老人冰心说过：“读书好，好读书，读好书。”

首先，读好书要读经典、读名著。经典和名著都是经过时代检验的，被大多数人认同的。经典名著中都有许多文化的积淀在里面，需要我们揣摩，学习。

第二，读适合自己年龄段的书。建议低年级多读一些绘本，亲子阅读比较好；中高年级可以根据兴趣爱好有选择地读科普、历史、文学类的书籍。

第三，读书落实在笔头上更好。低年级段的绘本阅读之后，可以想象续编、创编绘本故事；低中年级的可以积累好词佳句、背诵经典片段；中高年级的读书笔记、读后感都是阅读的积累与沉淀。孩子们把读书当成了生活中不可或缺的部分，通过读书提高了阅读能力，培养了优良品质。

3. 课外阅读到底有多重要?

（1）课外阅读可以娱乐身心，满足需要

课内阅读和教学毕竟是有限的，学生为了拓展自身的知识面以适应当今社会的要求，必须进行课外阅读。课外阅读的范围相当广，如学生可以依据自己的兴趣进行选择性阅读，其身心将受到一次大的洗礼，心情自然会愉快，在增长见识的同时又娱乐身心，何乐而不为呢。

（2）课外阅读有利于小学生发展个性

扩大孩子的课外阅读面可以使孩子的个性健康、顺利地发展，阅读好的书刊、作品可以陶冶一个人的思想情操，提升一个人的素养和修养，开阔一个人的视野，塑造一个人的个性，使人的心理品质比较健全。而整天埋于题海，不关心世事的孩子其个性往往比较忧郁、孤僻。每个学生都有自己的个性，因此在教育教学中必须学会因材施教，扩充孩子的课外阅读量，尊重孩子的个性发展，使每个孩子都有自己最独特的个性，以适应社会发展的需要。

（3）课外阅读有利于学生思想品德素质的提升

大多数学生都会在自己心中树立一个英雄形象或学习的榜样，而老

师、科学家、军人、医生、工程师等这些崇高的职业人士往往会成为他们学习和模仿或崇拜喜欢的对象。相当一部分学生是通过阅读各类书籍认识到这一点的，学生在阅读时会潜意识地将自己的思想和行为与书中所描述的人物形象进行比较，无形中就提高了自身的思想意识和道德素质，并积极地履行到自身的思想及行为方式上。

（4）课外阅读有利于提高学生的语文水平

课外阅读是语文教学的课外拓展和延伸，是课外语文活动中最重要的内容，是课内阅读的继续与扩展，是阅读能力必不可少的重要组成部分。尽管课内阅读对提高小学生的语文水平和获取知识经验所起的作用相当明显，但如果没有课外阅读的辅助，不管课内阅读的效率有多高，都不会收到明显的成效，甚至会造成事倍功半的效果。要训练和培养学生阅读的熟练技巧，形成较强的阅读能力，只有通过有计划的、大量的阅读，以及进行多种阅读方式的训练。课外阅读可以拓宽学生的视野，丰富学生的知识，使学生具备较广阔的知识背景和认知能力。当新的学习内容呈现在他们面前时，他们就会比别的学生学得更好、学得快。由于学生把广泛阅读积累的大量词汇和写作方法迁移并运用到自己的学习与写作中，语文能力便会得到很大程度地提高。正如吕叔湘先生说的一样："语文水平较好的学生你要问他的经验，异口同声说的是得益于课外阅读。"

（5）课外阅读有利于各科的学习

课外阅读不仅有利于语文水平的提高，同时对其他学科的学习也有很多正面影响。课外阅读不仅可以使学生开阔视野，增长知识，培养良好的阅读能力，还可以进一步巩固学生在课内学到的各种知识，学生会将自己从课外学到的知识融汇到他们从课内书籍中所获得的知识中去，融会贯通，形成一种良性的循环，使知识更加牢固。这对于学生的认知水平和其他学科的学习都起到了极好的互助作用。

(6) 课外阅读有利于智力的开发

课外阅读可以扩大学生们的智力背景，书读得越多，知识面就会越开阔。同时会让学生在阅读中丰富头脑，使他们的思维更活跃更具有灵活性。在遇到问题思考时不会特别费力，他们会从自己以往积累的知识财富中去探索，解决问题的方式也会比其他孩子多样。广泛的课外阅读是学生搜集和汲取知识的一条重要途径，通过这条途径学生的知识面开阔了，思维也相对灵活起来，这就为学生提供了丰富的智力来源。

第三节　每个人都应该学会快速阅读

信息时代，只有具备了比别人学得更多更快更好的能力，才能保持不变的竞争优势。一份研究资料显示：在知识更迭日益加快的今天，一个本科生走出校门两年内，一个硕士研究生毕业三年内，一个博士生毕业四年内，如果不及时补充新知识，其所学的专业知识将全部老化。按照知识折旧定律：如果一年不学习，你所拥有的知识就会折旧80%。其实，就一个人一生所学的知识来说，在校求学阶段所获得的知识充其量不过是他一生所需的10%，而另外90%以上的知识都必须在以后的自学中不断获取。

1. 这是一个知识大爆炸的时代

在知识大爆炸的时代，如果你还不具备快速阅读的能力，那么你将被时代所抛弃。综观世界历史，我们不难发现：

仅仅在19世纪初，人类的知识还以每50年翻一番的速度增长。

到了20世纪初，这一速度变成每10年翻一番。

20世纪80年代，人类的知识每3年翻一番。

20世纪末，人类文明发展的前4900年所积累的文献资料，还没有现在1年的文献资料多！

进入21世纪，知识老化速度不断加快。学科与学科之间，界限不断突破，渗透和融合不断进行，大量的边缘学科和交叉学科不断涌现。到目前为止，仅自然科学的类别就已超过2000门。

2. 这是一个阅读速度决定未来的时代

时代发展一日千里，现在全世界每年有80多万种不同的书籍问世，如果你每天读一本，需要2000多年；要读完一年的刊物、报纸、网络信息等，又要耗尽几千年！

在这个速度决定着一切、影响着一切的时代里，人们的生活、学习、工作正在发生着深刻的变化。火车在提速，飞机在提速，计算机在升级，生活讲节奏，工作讲进度，学习讲速度，就连吃饭都要吃快餐，然而唯有读书没有提速。今天，我们当中的大多数人仍然停留在农耕时代老祖宗所使用的阅读方式，这不能不让人感到悲哀与叹息！

在知识信息更迭速度不断加快的今天，即使是精读也需提速，那种蜗牛式的阅读方法已经与时代的发展格格不入了。

3. 汉字的特点有利于快速阅读

汉字读物有许多独具的特点和优点，尤其有利于快速阅读。

第一，汉字信息密度大，阅读省时；

第二，汉字形体各异，个性突出，视觉分辨率高，感知快捷；

第三，汉字稳定、持久、易记，汉语固定词组简短、量多、易识；

第四，汉字的图像信号主要由右脑分管，可不经语言区而直接进入思考区，加之汉字属表意文字，可直接从图像获取意义信息，较少牵动语音纽带，节省阅读时间。

阅读的最大成本是时间，快速阅读的最大价值在于帮助我们节约时间、提高效率。在生命长度不变的情况下，如果我们每个人的阅读效率提高5~10倍，那么阅读量也将增多5~10倍。

快速阅读从方法上来说无疑是一场革命，阅读效率的提高能够给中国人带来效率及民族素质的提高。推荐阅读的确能够为人们提供一定的选择性空间，但是如果仅仅依靠推荐来决定阅读内容，那么大多数人的阅读能

力都只能维持在一个水平，因为他们阅读的内容相差无几。数字化背景下人们需要的是更具个性化的阅读方式。

4. 快速阅读风靡全球

快速阅读确实是我们现代人必备的学习技能，在欧美等发达国家，快速阅读正成为通向21世纪继计算机、英语、汽车驾照后的第四本护照，人们把是否拥有快速阅读的能力作为衡量现代人素质高低的一个重要标志。所以，联合国教科文组织教育局局长保罗·朗格朗在《学会生存》一书中指出："未来的文盲，不再是不识字的人，而是没有学会怎样学习的人。"

美国学习专家希拉·奥斯特兰德曾说："在信息高速公路上，那些仍然坚持用马拉松式学习方法的人，如果不被碾死，也会被猛推一把。"

美国孩子阅读能力达不到及格线的也有一半以上。美国政府认识到问题的严重性后，于2002年，由布什总统提出、美国国会通过了一项决议，从2004年到2008年，政府为提高学生的阅读能力投资50亿美元，用于促进8~16岁的孩子广泛地提高阅读能力。

奥地利专家理查德·巴姆贝尔博士是国际阅读协会维也纳研究中心主任，他在论述阅读的本质时曾说："人们通过视觉器官认识了语言符号，反映到大脑中转化为概念，许多概念又组成为完整的思想，然后发展成为复杂的思维、联想、评价、想象等。"

巴尔扎克曾对快速阅读做过详细的观察和细致的描写，如他在《路

易·拉别尔》一文中写道："在阅读过程中，他吸收思想的能力是罕见的。他的目光一下能抓住七八行，而且他的智力理解意义的速度与眼睛的速度相等，往往是一个唯一的词便能使他掌握全句的意义。"这就是说，对文章的内容不是读懂的，而是看懂的。

我国著名科学家钱学森曾经深有感慨地说："我当研究生时，搞超音速空气动力学，那时敢说全世界的有关论文我都看过了，因为一共也没有多少。而现在，有关的论文我搬都搬不动，更别说看了。"

德国未来学家哈根·拜因豪尔慨叹道："今天，一个科学家即使夜以继日地工作，也只能阅读本专业全部出版物的5%。"

英国商人、研究员科林·罗斯——曾著《快速学习》并创编了数个外语速成课程——举了一个例子，说明大脑的不同部位能够以综合方式共同协作。"如果你听一首歌，左脑会处理歌词，右脑会处理旋律。因此，我们能轻而易举同时学会流行歌曲歌词，这并不是偶然的。你没有必要花很大力气去做。你很快学会，是因为左脑和右脑都动员了起来——边缘系统中大脑的情感中心也加入了。"

美国最初在举世闻名的哈佛大学开办了第一期快速阅读训练班。在其带动下，这种训练班很快在各地的大、中、小学校中普及，国家和各种基金会纷纷投资，集中一批专家学者专门进行研究和推广，并创办学校，出版专著，设立学位，使这一新学科很快茁壮成长起来。现在，美国有专门研究和传授快速阅读的速读学院，可以为学习者授博士学位。现代化的计算机、多媒体技术，也在快速阅读训练中发挥其作用，使训练的过程更富于趣味性，更多姿多彩，也更易于见成效。

目前，美国80%以上的高等院校都开设有快速阅读课程，许多中小学校都把快速阅读列入教学计划，使学生尽早掌握这种高效率的学习方法和工作方法。由此可见，快速阅读这一新兴学科在美国已经得到社会各界的广泛认同，并已具备了相当高的学术地位。

5. 教育部对于在校学生阅读量的要求

一个人要读完全国每天出版的报纸，要一年的时间。所以知识爆炸的信息社会，即使是优秀学者，以传统的阅读方式获取信息，也如井底之蛙一样而孤陋寡闻。

现代中国，一个合格学生在初中三年中，要看420万字的教科书和300万字到420万字的课外书。在高中三年中，要看780万字的教科书和600万字到900万字的课外读物。而中学语文教学大纲规定，初、高中学生的阅读速度分别要达到每分钟500字和600字。实际上达到这一速度的学生只占5%。许多好学生的代价就是，因无时间锻炼体质差，因拼命看书视力差。

快速阅读并非只有超常人所能，任何一个具有小学四年级文化的人只要在阅读中，以一种全新的阅读方式，代替传统的阅读习惯即可。因为人本来就具备这种能力，只是此前无人开发。

第四节 揭开快速阅读的神秘面纱

1. 传统阅读法的主要缺点可以归纳为如下五点：

（1）发音影响

从表面上看，默读时人的嘴唇、舌头和其他发音器官都没有动。实际上，所有这些器官都处于一种潜动状态。这种发音器官的潜动程度首先决定于阅读力的高低和文章的难易程度。默读的习惯越差（小孩就是这样），文章的难度越大，那么，发音也就越响，潜语也就越强。

所谓潜语，就是一种无声的思维语言和自我对话语言。这种语言是在我们默读的情况下产生的。在这种情况下，我们像平时一样，是通过自我对话时的那种潜语进行思维的。

由于表现程度不同，可以把潜语分成两种形式：扩展语和缩略语。在

慢读的情况下，就会出现扩展语。这是一种特殊的潜语，其速度大体上同放声朗读时一样。

打个比方来说，采用这种方法，与其说是用眼睛看，不如说是用“耳朵和嘴”念，因为有用的信息是在经过言语听觉系统加工之后才传递给大脑的。众所周知，言语听觉系统的灵敏度比视分析系统低得多。

有意识地控制读书声，可以使潜语大大缩减。读者在这种情况下就有了回旋的余地，他可以不采用所读材料的全部词汇，而只选用其中的某几个词，甚至只是一个完整的形象。只有采用经过压缩的潜语，才有可能快读，才有可能一下子就把握住全文的思想。

我们的实践表明，照词宣读，这是多数读者的习惯，成人、小孩无一例外。这种习惯是人从幼年开始学读书时就养成的。小孩开始读书时，先是一个字一个字地念，结果，在用眼睛看还是用嘴读之间就形成了一种条件反射关系和难以改变的习惯：先是高声读，再是低声读，最后改成默读。

同任何习惯一样，这种习惯也是十分顽固的。有的读者一再宣称，他读书时一点也不出声，可是，只要用仪器一查，就发现事实并不是这样。在一次实验中，科学家用 X 光照像术检查了阅读过程中的音量变化。照片有力地说明，甚至那些阅读速度很快的人，喉咙里也有声音。这便是影响阅读速度的各种结果要素中最严重的一条。与此同时还必须说明，想克服这条缺点是很不容易的，因为它已经形成一种条件反射。

因此，多数教育专家往往提出一些毫无作用的建议：“读，尽可能地快读，这样就会自然而然地克服发音毛病。”在这里，只能影响到结果要素，而影响不到缘故要素。因此，对这种建议持怀疑态度者不乏其人。

（2）视野狭小

所谓视野，就是看书时目光一次所控制的接收面。采用传统阅读法，眼睛所看到的只是几个字，充其量也只是两三个词，足见视野是多么狭

窄。由于这样，眼睛要做多次不必要的跳动和停顿，这就叫作目光分散现象。视野越大，眼睛在停顿时所接收的信息也就越多；视野越大，目光在一篇文章中所停顿的次数也就越少，因而阅读的效率也就越高。善于快速阅读的人目光撒下去所接触的不是两三个词，而是整整一行，完整的一句，甚至是整个一段。

整句整句地阅读是一种非常有效的方法。这不光是从快速一个角度来看问题，还因为这种方法能够深刻地、准确地理解所学的课文。之所以这样，原因就在于，一目十行的方法能为全面深入地了解课文大意提供一个总的概念。通俗读物中往往把它说成是视觉问题。这种说法是错误的，因为决定视觉的只能是眼睛的光学属性，而不会是练习方法。

严重影响阅读速度的还有目光从文章的前一行末尾移向后一行的开头所见的无效劳动的多少。一页有多少行，就会有多少次无效转移（即眼睛的无效运动）。这样浪费的不仅是时间，还有人们的精力。在快速阅读的情况下，眼睛的运动量会大大减少，因为目光只是一种垂直运动，是沿着文章的中心自上而下运动。

（3）重复阅读

重复阅读意味着，目光在回头寻找未弄懂的单词和句子时做了无效劳动。要找到这些词和句，就得一段段地再看一遍。同一行内的重读造成了目光的逆运动，而不是初始运动。虽然距离近，但是目光只是局限在预想的特定范围内，只是局限在刚刚读过的一个没有准确理解的单词上。

这是一种普遍的缺点。据我们观察，一些读者为了加深印象往往无意识地对所有的文章（不论是容易的，还是复杂的）都要读两遍。

在慢读的情况下，重复阅读是一种常见现象，重读现象在只有 100 个字的一段文章里往往会出现 10 次至 15 次。不言而喻，目光如此频繁地来回波动，必然会严重影响到阅读速度。

慢读除了产生重复阅读现象之外，还会引起目光的逆运动，这种现象

是在文章内容复杂的情况下引起的。这种逆行现象是传统阅读法的另一缺点。如果经常阅读，就会减少疑难问题，因而也会使回行现象变得没有必要。但是，还有一种重复是在出现新思想的情况下产生的，因而视为必要重复。某些专家把有意识地重读不叫做重复，而称为再获取。就其实质而言，如果把重复看成是一种不自觉的、机械式的运动，那么，再获取便是一种有意识地、有目的地、因而是有根据地重读。再获取的主要目的无非是为了更深刻地理解已经读过的文章。快速阅读法只是主张在读完全文之后再进行重读。

（4）缺乏灵活性

上面谈过的那三大缺点都是属于所谓的结果要素。实际上，语言的结构和眼球的运动都是属于结果要素，因而，必要的锻炼是要强调的。但是，这种锻炼并不能决定阅读的速度。在这里，最重要的是改变缘故要素，也就是说，要改变控制阅读过程的大脑机制的工作。

俄罗斯列昂季耶夫教授在他的作品中指出，对于快速阅读问题来说，重要的与其说是个速度问题，不如说是个可能性问题，也就是说，是个通过正确选择理解课文的可行方案，以达到获得大量信息的有效性问题。很显然，这种或那种速度、这种或那种方法归根到底都服从于读者为自己提出的目的、任务和方针。因此，只有练出一套运用自如的方法，只有善于针对具体情况灵活地采用具体的手段，方能提高阅读力。

必须指出，没有正确的阅读方法，害处是很多的。通过初步实验已经证明，哪怕掌握一种最简单的方法，如整体阅读规则，就能使阅读速度提高一倍，阅读效果也提高一倍。

（5）注意力不集中

大量观察表明，阅读速度慢的原因往往是思想开小差，注意力不集中。多数读者的读书速度大大低于他们思想集中时可能达到的程度。读书速度慢的人一拿起书马上又想到别的事，思想一不集中，读书兴趣也就下

降，因此，虽然看起来读了一大片，实际上，书中的思想并没有理解。这种人每当思想开小差时，总是乱翻书本。

综上所述，这种读者读起任何东西来总是一种速度，不管是故事书，还是有吸引力的小说，或者科学论文，都是一成不变。阅读速度快的人却能根据材料的难易、阅读的目的以及其他因素来灵活地改变阅读方法，把精力用在所读的材料上。

2. 应该被抛弃的逐字阅读

首先，我们来了解一下自己的双眼在阅读过程中的运动方式。

读者想象过自己的眼球在阅读时是如何运动的吗？大多数人都以为自己的视线会随着阅读的进度一直匀速移动，看完一行后，马上跳到下一行的开头，如此推进。如果把这个路径画出来，就会得出一条均匀平滑的曲线。

但这其实只是我们大脑的错觉而已。要想看清一个物体，首先我们的视线必须停止跳跃，停留在某一点上，然后像照相机一样开始调整焦距，直至生成清晰的图像。如果我们试图看清的物体正在移动，那么我们的视线就必须以同样的速度移动，与之处于相对静止状态，眼睛才能顺利对焦。换句话说，我们的视线在阅读的过程中其实是处于跳跃状态的。我们

可以看出具体的模式：我们的视线焦点首先落在第一个字上，视线停止移动、眼球对焦、读取信息，然后再跳到下一个字上，重新对焦、读取信息，如此推进。

了解了这个极为重要的原理以后，让我们一起来看看逐字阅读法最常见的三大问题：低效阅读、无法集中注意力及视线的下意识游移。

逐字阅读和多行多字阅读

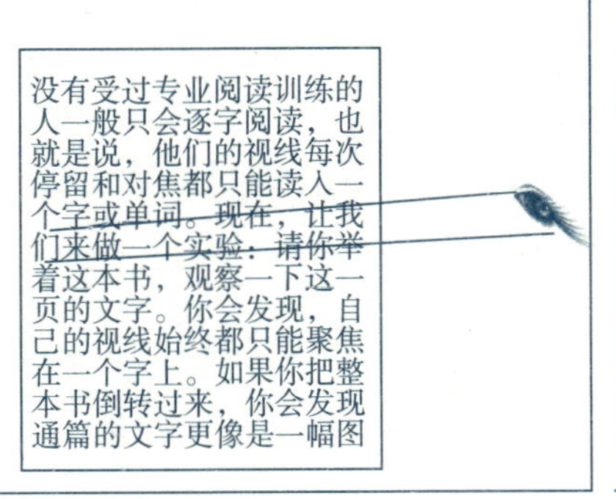

逐字阅读(训练前)

多行阅读(训练后)

（1）低效阅读

没有受过专业阅读训练的人一般只会逐字阅读，也就是说，他们的视线每次停留和对焦都只能读入一个字或单词。现在，让我们来做一个实验：请你举着这本书，观察一下这一页的文字。你会发现，自己的视线始终都只能聚焦在一个字上。如果你把整本书倒转过来，你会发现通篇的文字更像是一幅图像，一行行黑色的线条，白色的页边，还有每段前后的空白部分。可是只要你把书本再调转过来，用正常的角度去观察时，你的眼睛又会马上回到阅读文字的状态，一次只能读入一个字。

究其原因，这是我们大多数人根深蒂固的习惯。在刚开始认字的时候，小朋友们总会从字母开始，将字母作为认字的最小单位，因此起步阶段的阅读速度也非常低，更谈不上对文章的整体理解。下一个阶段就是以字词为单位。遇到较长的句子，我们先得分辨出其中的字，依次读出，才能最终理解这个词语的意思。小时候，我们并不会发现这种阅读方式有任

何问题，毕竟一个小学生或者中学生需要阅读的材料或书籍并不多。可是上了大学或是开始工作以后，这种低效阅读所带来的问题就逐渐明显了。讽刺的是，越是读得慢的人，理解就越不充分，而且不少阅读速度较慢的成年人还仍然保留着这个习惯，一遇到长句子的时候就会不自觉地把它拆成几个字词来读，试图以这种方式来促进信息的读取与理解。

除了拖慢速度，逐字阅读的方式还会引发一系列的麻烦。在准备阶段，你只需知道阅读速度受限是众多问题中最明显的一个，阻碍理解和记忆才是最严重的问题。比如，你的眼睛首先看到了“一个”这个词，一个孤立的词显然无法传递任何整体的信息。1/4 秒后，你的视线跳到了下一个字上：小。这时，大脑会自动把这两条信息叠加在一起。但显而易见，我们还是没能得出结果。大家千万不要小看这个简单的叠加步骤，大脑完成这个运算需要上百万次化学反应，只可惜如此巨大的运算工作还没换来任何有用的信息。接下来再看一个字：青。现在，我们的大脑一共读入了三条信息，完成了两次叠加运算后是“一个小青”，但却仍然没能理解信息的意思。

不要忘记，在逐字阅读的过程中，我们的大脑不仅要不断叠加读入的信息，完成运算工作，还需要随时记忆。上面的例子只有 4 个字，当然没有问题了。可一旦句子长了，我们就很可能像熊瞎子掰苞米一样，读完了最后一个字，却已经把句子的开头忘得一干二净了。最后，让我们再回到同一个例子上来，看看最后出现的一个词：苹果。大脑在经过了上千万次化学反应之后，终于得到了一个有意义的短语：一个小青苹果。随着“苹果”这个中心词的出现，我们的右脑终于生成了相应的图像。要知道，大脑生成图像的过程只需不到半秒钟，可事前的准备工作却如此烦琐。

阅读高手之所以能够达到常人难以想象的阅读速度，就是因为他们找到了最合适的语义单元来读入信息。所谓语义单元，就是由几个字词共同构成的表达某个完整意思的词组或短语。高手能够在阅读的过程中快速识

别出几个相互关联的字词，找出语义单元，并且下意识地将其看作阅读的最小单位。他们的视线每次都会停留在整个语义单元上，并且只需定焦一次就能捕捉属于同一个语义单元的所有字词，将其作为一条完整的信息输入大脑。这样一来，视线跳跃的次数就少了，对焦所需的时间也缩短了，右脑只需接收一次信息即可生成“一个小青苹果”的形象，左脑自然就不必辛辛苦苦地事先叠加、运算和记忆了。真正的阅读高手只需对焦一次即可读入4~5个字。也就是说，一个有10个字的句子他们只需定焦两三次就可以顺利读入了。相应地，他们的大脑也只需运算一两次就可以获取整句的意思了。没有了多余的定焦，没有了毫无意义的反复叠加运算，不仅省下了大量的时间，阅读这件事情本身也会变得更加轻松、更有乐趣。

下面，请大家来读一下林肯的这句名言：

如果给我5个/ 小时的时间来砍倒/ 一棵树/ 我会先花/3个小时/来磨快我的/斧头。

怎么样？阅读起来是否有点吃力？下面让我们换一种排版方式，试着按照读取语义单元的方式进行阅读：

如果给我5个小时的时间/来砍倒一棵树/ 我会先花3个小时/ 来磨快我的斧头。

要知道，逐字阅读的方式会导致许多问题，而其中最严重的问题之一

就是我们接下来要讨论的。

（2）无法集中注意力

除了拖慢速度、影响理解，逐字阅读还会影响我们的注意力。如果你还以为放慢速度能够帮助自己集中注意力，那就请回想一下自己是否有和我类似的经历。当我们还是学生时，就经常痛下决心要好好读书。大好的周末，我推掉所有的约会，老老实实地待在图书馆里。我拿起一本书，开始一字一句认认真真地阅读，心里还一直跟着默念。我当时觉得自己简直就是全世界最勤奋的学生！但每隔一段时间，我都会发现自己的思绪早就飘到了九霄云外。明明觉得自己在聚精会神地读书，可再瞄一眼前两行的内容，却好像从未见过一样。没办法，只能从第一行开始，再读一遍……

我相信，这个情景对于大多数人来说都不陌生。这其实不算太糟糕，至少我们到了一定的时候还能清醒地意识到自己走神了。实际上，我们在潜意识中开过的小差根本数不胜数。我们只会伸个懒腰、晃晃脑袋、揉揉眼睛，继续读下去，对几分钟前做过的白日梦全然不觉。运气好的话，我们在无意中掠过无关紧要的部分，可万一那本书是备考的教材，而用来做白日梦的那段时间又恰恰错过了考试重点，那麻烦可就大了。遇到这种情况，我们只能把刚才错过的部分重新读一遍，而且在读第二遍的时候，我们还时常会感觉眼前的文章简直太陌生了，完全不像几分钟前才读过的。

其实，我们在阅读时之所以难以集中注意力，很大程度上是逐字阅读的坏习惯造成的。

现在请你放下手上的书，观察一下周围的环境。你根本无法想象，你的大脑在这不到一秒钟的短短时间里接收了多少信息，处理了多少关于图像、色彩、运动、气味的神经刺激。其实，人脑的信息处理能力比世界上任何一台计算机都要强大，但我们却一直逐字向它输入信息。试问我们的大脑又怎能吃得饱呢？

诺贝尔生理学奖、美国神经生理学家罗杰·斯佩里（Roger Sperry）教

授的研究成果表明，人脑每秒钟有意识处理的信息量约为 126 个神经比特。但一般在阅读时，我们调动的资源却只相当于每秒 40 神经比特，这就意味着大脑每秒都有高达 80 神经比特的闲置空间。或许你会认为这是件好事。大脑有了空闲不就正好可以休息一下吗？其实不然。人脑是一台异常勤奋的计算机，一旦出现资源过剩的情况，它就会在后台自动调用闲置空间来处理其他的信息，这就是我们先前提到的白日梦出现的原因。换句话说，如果你的阅读速度赶不上大脑处理信息的速度，过剩的资源非但不能节约下来以备日后之需，反而还会被用到其他无关紧要的地方，阻碍注意力的集中。而且，在绝大多数情况下，我们胡思乱想的内容都与当时的阅读内容无关。我们要么回想上个周末出去玩时的快乐时光，要么回忆昨天晚上一件有趣的事情。

（3）视线下意识地游移

其实，人眼生来就不善于捕捉静止的影像，因此阅读对双眼来说是一项极不自然的活动。不管是大脑还是双眼，人体的每个器官的原始功能都是为了维持生存，而不是帮助我们学习更多的知识、通过考试或是赢得升职的机会。所以，眼睛始终对运动中的物体最为敏感。阅读的时候，我们必须时刻强迫自己将视线停留在静止的文字信息上面，才能完成阅读这一项非本能的任务。难怪各种各样的白日梦会乘虚而入，阻碍阅读进度。其中，当属潜意识的视线游移对阅读的影响最大。一旦其他感官受到外界的刺激，我们的眼球就会马上离开书本，去寻找移动的物体。由于这种动作往往是意识不到的，所以我们只能事后再把视线重新“拽”回书本上，花时间补进度。

人体的各个器官看似各司其职，实际上却只是为了一个最单纯却最根本的共同目标——生存。假设你现在突然听见身后传来一声树枝折断的声响，那么，还不等你反应过来，你的耳朵就已经接收到了声音信息，并且将其传递到大脑，而你的脑袋已经下意识地转了过去，眼睛也开始环顾四

周，搜索声音的来源。同样，如果双眼突然见到灌木丛在摆动，它们也会立即把这个信息传递给大脑。这时，缘脑会充当信息过滤站的角色。如果它分析出灌木丛后面隐藏着的是一只野兽，就会马上指挥我们的大脑停止思考，直接指挥四肢做出本能反应，或是逃跑，或是反击。如果我们运气好，刚才的运动物体并未对我们构成生命威胁，缘脑就不需要阻断大脑的思维功能，我们的双眼就会在极短的时间里重新聚焦到其他运动的物体上面。

由此可见，双眼天生的工作模式确实不适合一行接一行地阅读静止的文字。在换行的时候，我们的眼睛经常会不自觉地跳到其他地方。下面这个小实验就可以让大家更加直观地体会到自己双眼视线的移动轨迹。不过，在开始实验之前，你还需要给自己找一个实验助手。

现在，请你和你的实验助手面对面坐下。首先请他用眼球在空中画一个圆圈，你在对面仔细观察其眼球的运动轨迹，看看是否能做到想象中的匀速圆周运动。然后，请你们互换角色，由对方来观察你的双眼。通过观察，你会发现无论多么努力地控制自己的眼球，实际结果充其量也只会是一个近似圆形的多边形。最有可能出现的实验结果，就是一种毫无规律可言的封闭图形。

通过这个实验，我希望大家明白两个道理：第一，这是人眼与生俱来的工作机制。我们的“裸眼”在没有外界辅助的情况下，是无法画出一个完美无缺的圆的；第二，我们是根本无法有意识地感知到自己确切的眼球运动轨迹的，尤其是眼球在1%甚至1‰秒的时间里的运动轨迹，我们只能凭想象胡乱猜测而已。

或许你从来都不曾意识到，换行也是阅读过程中比较困难的一个环节。实验证明，眼球寻找下一行的第一个字所花费的时间，占阅读总时间的1/3。也就是说，我们每阅读3个小时，就浪费了整整一个小时来换行。有时候我们的视线会跳到同一行的开头，有时候又会一不小心就跳过了下

一行。被这种与阅读内容毫不相关的小事不断干扰，试问阅读速度怎能上得去，理解程度又怎能提高得了呢？如果每一行的第一个字都会自己伸出一只小手，向我们的眼睛示意，那该多好啊！

3. 眼睛的秘密——信息的接收系统

让我们来深入了解一下阅读中最主要的器官——眼睛，让我们了解其构造特征及运动规律，并在阅读训练中加以最大限度地利用。

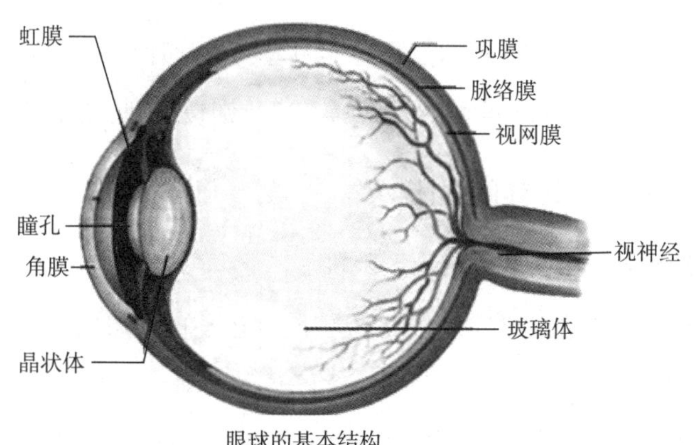

眼球的基本结构

人类能够快速阅读首先基于人自身的生理基础具备速读的各种条件，即人的视觉器官具有快速阅读的能力。人的眼睛，是一个生物工程的奇迹。在每一只眼睛背部，有一块指甲盖大小的地方，它包含着 15000 万个独立的光感受器，这些光感受器每秒钟可以处理亿万个光子。英国作家和心理学家东尼·博赞认为：“像大脑一样，眼睛的力量比我们所觉察到的要强得多。我们现在知道每只眼睛有 15000 万个每秒钟能接收数万亿光子的光感受器，仿佛‘砰’地一下，我看见了一座山的景色，我能在一秒钟内把它整个摄入。因此，普通书本中一页内容就更简单了。只是我们没有学过怎样将这些同样的视觉技能应用于阅读。”

每只眼睛都是最令人感动和吃惊的光学仪器，它甚至使最先进的天文望远镜也相形见绌。每只眼睛有 1.3 亿个光接收器，每个光接收器每秒可

吸收5个光子。瑞士的一家科学实验室估计，建造一台与眼睛完全一样的机器，造价将达7000万美元，并且将有一栋房子那么大。眼睛的瞳孔会根据光的强度与物体远近调整其大小，并且当眼睛看到特别感兴趣的事物时，瞳孔会自动增大，所以我们在阅读时的兴趣与动机大小就将直接影响到我们阅读的速度。

当由视网膜光接收器解码而得的非常复杂的图像，被沿着光神经传送到大脑的可视部分——枕骨叶片时，阅读的效果产生了。所以中国传说中的“脑后长了眼睛”是有科学根据的，因为枕骨叶片位于大脑后部。眼睛在书页中捕获信息的是大脑的枕骨叶片，这一知识是训练的理论基础。

4. 原来我们是这样阅读的

（1）关键词：阅读的过程——眼跳

眼睛在阅读时是规律性地“跳跃”成行运动的。眼睛从左到右移动，做偶尔的停顿。运动规律是移动——暂停——移动——暂停。它总是暂停期间吸收信息，时间大约为每次四分之一秒到一秒半。我们完全可以通过缩短每次停顿时间的方式提高阅读速度。实践证明，阅读慢的人总是经常重复性地回跳阅读。而实际上，他们想通过回跳倒读增加理解程度是无必要的，因为他们已在阅读下一句前吸收了要吸收的信息。

绝对不要纵容这种导致你的阅读速度急剧降低的错误习惯与行为，你可以计算一下放任这习惯所浪费的时间，你一定会震惊万分的。数字是最具说服力的，而真正对此规律有深刻认识与体会的读者，只是在这项利用眼睛的技巧上稍作调整，便将比平常速度提高300%。

（2）关键词：接受信息——注视

看书，是阅读的前提和基础。但这种“看”绝非随便看看，而是一种凝神注视，在看的过程中眼睛对文字符号进行感知，然后再由传导神经把信息传达到大脑，在大脑皮层的神经网络中进行复杂的分析、综合活动。

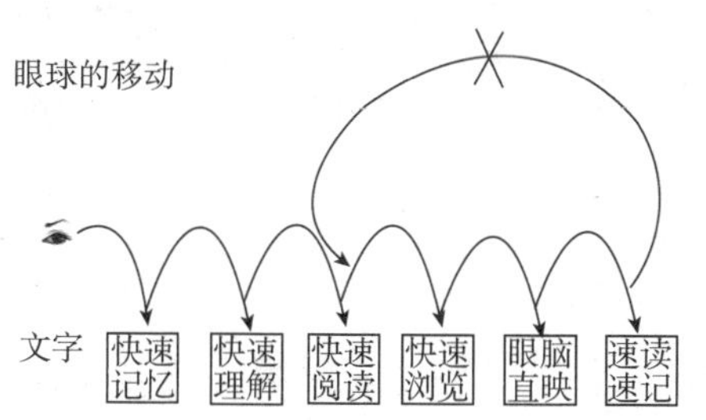

眼球的运动与消除回跳

而且，这种凝神注视既不同于仔细观察一幅画，也不同于全神贯注地看电影、电视。因为观察图画，对象不动；看电影、电视时眼睛是被动的，只要跟着就是了。而在看书时，眼睛不但要盯着不放，而且要以一定的速率往前移动，只有在移动和中止的不断变换过程中，才能把文字符号转换成为“声音”、“图像”、“人物”、“事件”和“道理”。为了更好更有效地做好这种转换，读者既可以重复读，也可以暂停片刻，并且可以根据需要掌握一定的“看”的速度和频率，随时做灵活的或快或慢的调整。因此，分析阅读过程中“看”的各种因素，就成为提高阅读效率、改善阅读技巧的重要理论课题之一。

视觉器官的生理功能正常（包括近视、远视、散光等眼疾经校正之后）是阅读的前提和基础。阅读时，首先要用眼睛摄入文字的光学信号，进入眼睛的光线由晶状体聚焦在视网膜上。视网膜的中心位置叫作中央凹，落在中央凹的影像比落在视网膜的其他位置都更敏感和清晰。视网膜是大脑皮层的延伸，视觉信息以极快的速度就能传达到大脑进行处理。

根据观察和眼动仪的测试，阅读时人的眼球并不是连续不断地移动，而是做不均匀的忽动忽停的跳动。这种快速的眼球运动叫作“眼跳”，在迅速的跳动中间，存在着时间稍长的停顿。这种停顿在阅读学上称作“眼停”，也叫作“注视”。这些现象，法国眼科专家儒伐尔在1906年以前就已经注意到了。

（3）关键词：眼停的时间决定阅读速度

因为纸上的文字是静止的，所以人们看书的时候眼睛必须保持相对静止。但是，看书时要连续看许多文字符号，眼睛又不能不动。这显然是个尖锐的矛盾。只有按照动、静的顺序合理安排眼睛的动作，才能解决矛盾。为了看清楚一个文字符号或一个词组，眼睛必须静止；然后必须迅速转移，以便看清楚下一个文字符号或词组，看时又要静止，如此循环往复。因此，眼睛必须接受一定的训练，不是间断地去看，而是动静结合地有效运动。

阅读时，读者依靠眼球跳动看书，是阅读过程中视觉过程的基本特征。根据眼球测动仪的测定，阅读中眼跳持续时间约为0.02～0.05秒，其中，在一行之内的眼跳时间约0.02秒，这样，整个阅读过程中95%左右的时间，眼球是不动的。也就是说，只有在跳动之间的注视间歇里，才能接收到信息。这一瞬间，犹如照相机开启快门的曝光，注视点放在什么地方，注视时间控制在多长的时间内，注视焦点和范围与意识焦点和范围是否同步，是设计所有阅读技巧在视觉方面的基础。

眼停的次数多寡和每次注视时间的长短，与阅读能力、读物难易程度以及阅读的要求（略读、精读或浏览）有关。如果阅读能力强、读物浅显或只需记取读物的内容大意，注视的次数就可以少，注视的范围就可以大，注视的平均时间也就可以较短。反之，如果阅读能力差、读物艰深或要求较高，就必须有意识地延长注视的时间，增加注视的次数，缩小注视的范围。

有关汉字阅读的研究还表明，在阅读时，每次眼停最多可见6～7个字，最少的不到一个字，因为有时一个字要经过两三次注视才能感知。而每篇文字的第一行，眼停次数和注视时间均较以后部分略多，这是由于刚刚开始阅读时，心中无数而造成的。到后面时，由于对读物的难易程度、作者的语体风格已经比较适应，自然可以加快速度了。

（4）关键词：提高阅读速度的因素——有效视野

快速阅读的能力还包括一个与视觉有关的重要方面，就是尽量扩大每次注视时的视知觉范围，有的阅读学专家又叫作扩大视读野。这是从眼球内部来研究阅读过程中的生理机制。

从生理学角度来看，人的视觉感受器官的外围感受器是人的眼睛。它由角膜、虹膜、水晶体、玻璃体、网膜、巩膜等组成，外表大体为球形。人眼的特点是神经细胞高度发达，具有较完善的光学系统以及各种使眼睛转动并调节光学装置的肌肉组织。来自外界物体的光线，经过角膜以及水晶体折射后，在网膜上成像，使视神经细胞受到刺激，而产生视觉。当注视某一物体时，眼睛依靠它外部肌肉的牵动，能自动使该物体在眼里成像。人眼的视觉对光的强度有极低的感觉阈值，也就是它的感受性是非常高的。

（5）关键词：降低阅读速度的因素——回视

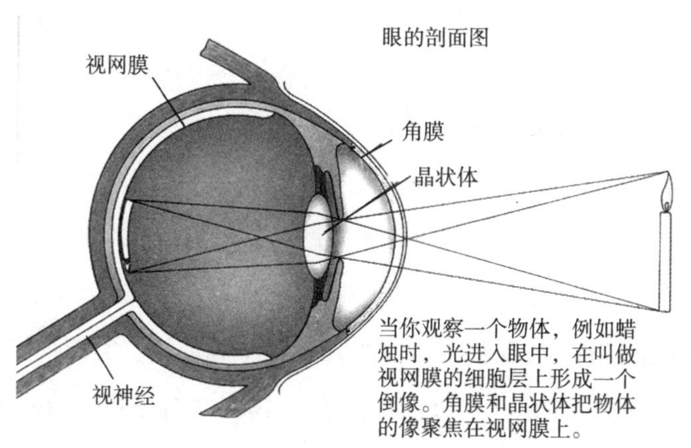
眼的剖面图
视网膜
角膜
晶状体
视神经
当你观察一个物体，例如蜡烛时，光进入眼中，在叫做视网膜的细胞层上形成一个倒像。角膜和晶状体把物体的像聚焦在视网膜上。

在阅读过程中，眼睛的注视不仅从一个定点移到另一个定点，有时因意义不明了，或未看清楚，也会倒退到原定点或者前定点，以便对不同位置上的字、词进行综合的理解、记忆，或寻找遗漏的信息。这种逆向的返回运动，阅读学上叫作“回视”或“回跳”。回视次数越多，注视次数和耗费的时间也必然越多。

显然，回视的次数与读者的阅读能力、读物难易程度和阅读要求有关，不熟练的读者，不仅注视次数多，每次注视所覆盖的字、词少，回视次数也必然高，约占注视的 30% 。而阅读能力强的读者，则不仅注视次数少，每次注视所覆盖的字、词多，回视次数也只占注视次数的 10% 。

与回视相近似的情况，还有扫视，又叫作“行间移动”，是眼动的特殊情况。阅读时的扫视，是从一行文字的末端移至下一行文字的开端的眼动。刚开始学习阅读的小学生反复扫视的运动较多，而且容易发生串行或反复寻找的情况。初步掌握阅读技能的学生，反复扫视的现象会逐渐减少，但扫视时，视线从上一行文字末端跳到下一行文字的开端，一般都是跳得很近，往往需要短距离地再跳一次。

（6）了解左脑与右脑——信息的处理系统

据维也纳大学康斯坦丁·冯·爱克诺博士计算，大脑皮层中有 40 亿个脑细胞，包含小脑在内的整个大脑的脑细胞则有 1500 亿个。爱克诺博士说，一般人只使用了这些脑细胞的 3% 。这可以从不同脑细胞中伸出来的枝和枝之间的连接情况判断出来。脑细胞受到外界刺激后会长出脑芽，脑芽又会长大成枝，和其他脑细胞中伸出来的枝连接起来，形成突触。脑细胞之间通过突触联结起来，并随着联络网的发展打开信息网路，这是脑细胞成长的方式。大脑分为左脑和右脑，人们通常只使用被称作“语言脑”的左脑，而被称作“想象脑”的右脑几乎得不到使用。美国加州工业大学的乔治·博根斯这样说：“以前的教育只教育左右脑中的一个半球（左脑），而对另一半置之不理。”

传统教育忽视右脑能力的教育问题。右脑是天才脑，它隐藏着神秘的能力。这一点可以通过 PET 装置（Position Emission Tomography）将大脑活动用颜色显相来证明。将拥有天才能力的人的大脑状态用 PET 来显相，可以确定他们是在使用右脑。

如果用 PET 来显示普通人使用大脑时的状态，就会发现他们用的是左

脑。所以如果说普通人和被称为“天才”的人有什么不同的话，也就在于是否使用了右脑。

人类一直误用大脑，所以虽然每个人都拥有可以发挥出天才能力的右脑，却只使用左脑，让右脑一直沉睡。左脑和右脑的机能完全不同，左脑工作节奏非常缓慢，右脑节奏却是光速，能够超高速地处理进入大脑的信息，具有自主性。

左脑的创造力非常贫乏，真正的创造力存在于右脑之中。创造力与速度及想象有关。

例如，用左脑、也就是用文字看完一本书要花好几天，但是用右脑、也就是用想象看完一本书只要花很短时间。这两者有什么不同呢？用左脑的方法是一部分一部分地通过理解来记忆，在此过程中最开始看过的部分逐渐就淡忘了。

但是用右脑看书的方法是先迅速地用眼睛扫一遍书，这样就获得了一个整体印象，部分与部分之间也可以一眼就比较对照出来。

（7）关键词：快速阅读是每个人都具备的潜能

我们在读书时，文字是以光波的形式反映到视觉神经上面的，因此适宜的视力是快速阅读的重要条件之一。大多数人的视力是在1.0～1.5之间，患近视、远视或散光等眼疾的人也多数都能矫正到这一范围内，所以，绝大多数的人视觉是能够满足快速阅读的要求的，只要有意识地进行正确的训练，都是可以进行快速阅读的。

我们在前面已经谈到，在阅读过程中，注视时间约占95%，而眼跳的时间仅占5%左右，由此我们可以知道，阅读速度快慢与眼跳的时间关系不大，而主要取决于在一次注视时间内所感知字数的多少。如果一次注视感知的字数多，阅读速度就快；反之，如果一次注视感知的字数少，阅读速度就必定会慢。对于快速阅读来说，扩大视知觉范围要比加快眼球运动速度更为重要，如果这两个方面经过正确的训练，同时提高，就可以得到

事半功倍的效果。

阅读学家多年研究证明，造成阅读速度慢的主要因素中，有关眼球运动的有三点：一是注视的次数过多，二是注视的时间过长，三是回视过多。有效地避免这三方面的因素，就能够进一步提高阅读速度。

快速阅读的能力还包括一个与视觉有关的重要方面，就是尽量扩大每次注视的视知觉范围。又叫作扩大视读野。人眼的灵敏度之高是我们常人难以想象的。快速阅读法讲究整体式感知，即一次注视一个短语或一个句子，整体地理解它的意思。这种方法减少了注视的次数，也加快了理解，还使视觉接受信息的节奏和大脑接受信息的节奏趋于协调，记忆效果亦增强。这才是真正符合人的生理特点的阅读方法。

那么，人的视觉范围到底有多大？有多少潜力可以挖掘呢？实验结果表明，在0.1秒时间内，成人一般能够感知6～8个黑色圆点或4～6个彼此不相联系的外文字母，也就是说，一分钟可以感知到4200个点。如果我们把一个字看作一个点的话，那么，一分钟就可以看到4200个字。这也是一般未经过系统速读训练者完全可以具备的能力。

如果经过训练的话，一分钟达到10000字以上也是可以做到的。

（8）关键词：阅读想象力——全脑阅读

在快速阅读过程中，阅读想象的充分发挥，也是与形象记忆和形象思维密切相关的心理过程，对增强理解和记忆效果起着重要的作用。阅读想象，是指阅读中对语言符号所唤起的表象进行加工改造，进而创造新形象的过程。

在阅读活动中，根据文字材料的描述而进行再造想象，是阅读理解不可缺少的一环，而创造性想象则是主动阅读、活化信息、形成新见解的必要条件。再造想象，是根据语言的描述，在头脑中形成相应的新形象的过程。在再造想象中形成的新形象，都是别人想象过的事物，通过自己的想象活动“再造”出来的。我们快速阅读训练的实践也证明了以上的心理发

展规律。

在同一个训练班内，年龄越小的学员，训练时见效越快，成效越好，其原因就是较好地发挥了他们右脑的形象记忆和形象思维功能正处于高峰期的优势；而年龄越大的学员，由于过去他们在传统教育模式的规范下，长期依赖抽象思维，则大大压抑了大脑右半球形象思维和形象记忆的功能，训练时见效越慢，成效越差。因此，在学习快速阅读的过程中，一定要注意这一规律，努力调动感性生活的形象储备，充分发挥形象思维和形象记忆的能力，这样才容易收到事半功倍的好效果。

第五节　快速阅读基础训练

1. 阅读前的准备——学会放松

很显然，如果阅读者处在焦虑或者注意力不集中的情况下，很难大量地吸收书本上的知识。只有当身心处于彻底放松状态下，我们才能实现真正的快速阅读。在进行放松训练时，我们可以参考以下方法：

首先选择一个安静、舒适的环境，然后坐在椅子上，闭上双眼，尽量不做思考，让全身放松。

以下每种肌肉拉紧的动作大约维持5秒，放松约10秒，重复2～3次。

手——将双手向前伸，水平地放置，用力握紧拳头，然后放松，重复数次后将双手垂下，感受肌肉的放松状态。

额头——把额头用力往上扬，让肌肉拉紧，然后放松，重复动作。

脸——将眉头、鼻子和嘴往中间拉紧，然后放松，重复动作。

牙齿——用力咬紧牙齿，然后放松，重复动作。

嘴——用力张开嘴巴，把舌头抵住下面的门牙，然后放松，重复动作。

头——坐直身体，将下巴抵住胸前，两手向后用力伸，使胸膛向前挺，然后放松，恢复原来坐姿，重复动作。

腰——坐直身体，向后弯腰，然后恢复原来坐姿，重复动作。

深呼吸——做两个深呼吸。

脚——将两脚用力向前伸，达到水平位置，拉紧肌肉，然后放松，重复动作。

全身放松——让全身放松约 5 ~ 10 分钟。

整个练习大约需要 15 ~ 20 分钟完成。每天练习 1 ~ 2 次，逐渐能使技巧纯熟；在熟练后，甚至可以在没有确定的动作时，仍然能将整个身体自然地放松下来。

2. 阅读前的准备——腹式呼吸

前面讲到腹式呼吸的概念，现在让我们来了解一下训练技巧。腹式呼吸法是这样来进行的：吐 5 秒钟的气，吸 5 秒钟的气，憋 5 秒钟的气。随着我们习惯了这一系列的动作以后，就把每个动作都延长到 10 秒钟、15 秒钟、20 秒钟。

（1）首先我们先来深深地吐一口气。（5 秒钟）

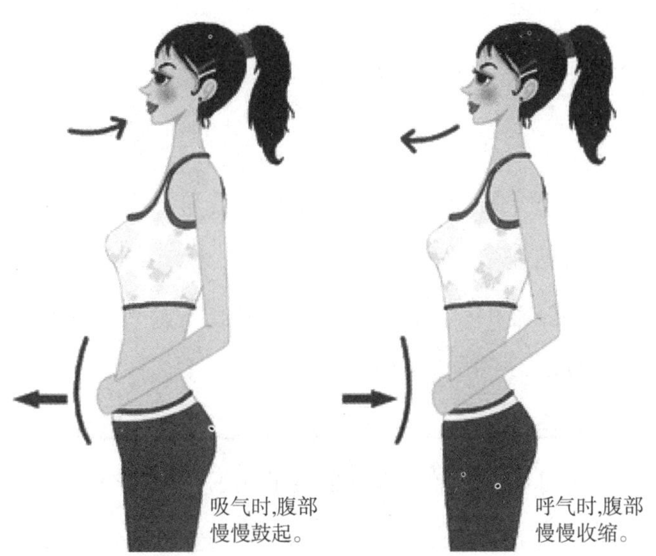

吸气时,腹部
慢慢鼓起。
呼气时,腹部
慢慢收缩。

（2）接着吸一口气。（5 秒钟）

（3）然后把肺部吸的满满的气体挤压到丹田部位。（5 秒钟）

（4）把气吸入腹式，使腹式变得硬邦邦的。

反复地练习上述动作。一次练习要做10分钟以上，通过练习，你的精神能够得到令人惊异的集中。人的腹部里面有一个自律神经集中的地方，这种自律神经又被称力太阳神经束。如果朝这个神经束输送气体的话，全部内脏就会兴奋起来，并且还可以恢复肝脏机能。你腹部的血液流动会变得很好并恢复活力。

我们要记住最重要的一点是，这种呼吸是想象呼吸。如果每天都坚持练习这种呼吸的话，我们的精神就会变得很安定，并目，还能练就强有力的集中力，如果我们继续练习腹式呼吸的话，头脑就会变得非常轻松，身体里面的能量就会涌出来，这能给我们带来自信和勇气。

我们还可以通过呼吸来调节我们的精神。所谓的精神能量，指的就是集中意识，我们如果学习意识的集中法，就能发挥出我们强有力的潜在能力。所谓的坐立不安，无法集中注意力，其实就是欠缺精神能量，坚持呼吸法的训练是大有裨益的。

3. 阅读前的准备——神奇音乐

前文已讲过阿尔法波音乐的概念，需要强调的是阿尔法波音乐贯穿整个训练，对训练效果至关重要。α 音乐是潜能音乐。潜能存在于人的右半脑中，右脑的活动脑波呈 α 波状态。无论是大人或小孩长期听 α 脑波音乐，大脑脑波就会保持在 α 波活动状态。深埋在右脑当中的潜在能力就会被源源不断地引发出来，脑内神经递质吶腓肽增多，这时人就会充满旺盛的精力；做事情就会处于高度的专注状态；想问题时思维敏捷，思路开阔；记忆东西，过目不忘，轻松自然地就记住了。脑波处于 α 波的人会有无穷的想象力和超出寻常的创造力，大脑反应速度加快，阅读水平提高，因而学习能力大大提高；全身放松，心态平和，脑波平稳，睡眠质量提高；大脑内化学物质发生改变，血液循环畅通，促进人体内消化系统的改善，促进食欲改善；长期处于 α 脑波状态的人，容易与人和睦相处，容易理解他人的喜怒哀乐，因而情商在不知不觉中得到了提升。

常听阿尔法波音乐，大脑清醒且放松，注意力集中，情绪稳定愉悦，记忆力、专注力、创造力、想象力明显提高，直觉越来越准确，灵感越来越多。

4. 阅读前的准备——注意力训练

舒尔特表可以通过动态的练习锻炼视神经末梢。心理学上用此表来研究和发展心理感知的速度，其中包括视觉定向搜索运动的速度。

舒尔特表能培养注意力集中、分配、控制能力，拓展视幅，加快视频，提高视觉的稳定性、辨别力、定向搜索能力。

练习的时间越长，看表所需的时间会越短。随着练习的深入，眼球的末梢视觉能力提高，不仅初学者可以有效地拓展视幅，加快阅读节奏，锻炼眼睛快速认读；而且对于进入提高阶段之后，同时拓展纵横视幅，达到一目十行、一目一页非常有效。

舒尔特表每表按字符顺序，迅速找全所有的字符，平均 1 个字符用 1 秒钟成绩为优良，即 9 格用 9 秒、16 格用 16 秒、25 格用 25 秒。

练习开始，达不到标准是非常正常的，切莫急躁。应该从 9 格开始练起。感觉熟练或比较轻松达到要求之后，再逐渐增加难度，千万不要因急于求成而使学习热情受挫。

5. 阅读前的准备——右脑想象力训练

想象训练有助于注意力的训练。训练时，请静静地坐下，将注意力集中于自己的呼吸。随着空气从鼻孔中出入，人会沉浸在自我感觉中。任凭思绪涌入脑海，又轻轻将其拂去，呼吸，拂去。研究发现，这样训练三个月，大脑分配注意的能力将得到大大提高。

要想开发右脑形象思维能力，需要进行想象训练。放松、集中和暗示使心情放松后，脑波降到 α 波，在容易出现想象图像的地方施加暗示，想

象图像就容易出现。

（1）图像想象训练

在这种状态下练习画出想象图像，能够提高想象力，使速读变简单。最有效的想象训练是在效果音或音乐伴奏下施加暗示。

听着适当的音乐来想象，例如想象自己站在煦暖的春天的原野里。在脑子里面描绘花开蝶舞的风景，并想象自己身处风景中感到无限欣慰。想象自己没有愤怒，没有不安，没有不满，心和风景融为一体，悠闲轻松。

这个时候，不只能看到一望无边的广阔绿野，还能够听到远处传来的牛叫，闻到凉爽的风吹来的草的气息，感到蝴蝶飞到鼻子上，痒痒的。从篮子里拿出三明治来吃，嘴里充满面包、火腿和鸡蛋的香味……

像这样把看、听、触、尝、闻五感全部使用上的想象很重要。

（2）小人想象训练

右脑开发训练中少不了“小人想象”。小人想象训练的做法如下：

① 呼吸，使身心放松。

②暗示训练者的身体逐渐变小，比米粒和沙子还小，变成了肉眼看不见的电子一般大小的小人，能进入任何地方。

③让练者想象自己走进合着的书里面，看看书里面写的什么故事，画着什么样的画。

6. 基础训练一：眼部肌肉运动

阅读速度与眼部运动密切相关。快速阅读要求必须能够进行右脑阅读，为此，正确的视读方法就变得尤为必要。下面介绍的眼睛训练能够改善眼球肌肉的机能。

通常，我们阅读的视野只集中于中心位置，离中心越远，我们所看的对象就越难进入视野。眼睛训练可改善眼球的机能，使视野变大，扩大可将瞬间看到的物体收入视网膜的范围，可以在速读时提高一眼读取内容信息的能力。

眼睛有 6 种眼肌：上直肌、下直肌、内直肌、外直肌、上斜肌和下斜肌。“贝茨理论”认为这 6 种眼肌共同作用，使映像正确成像于焦点。训练这 6 种眼肌正确发挥作用，能够扩大眼睛视幅，培养“照相记忆”——一眼就能够看到一整页书的内容并记忆下来的能力。

（1）眼肌训练：上下运动

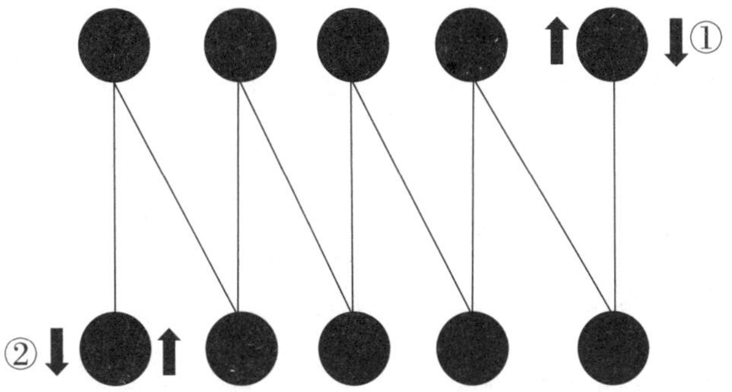

准备“上直肌、下直肌训练卡片”。沿着箭头的方向，从上到下地看卡片上的线。这时候脸不要动，只让视线移动。时间为 10 秒。从①出发，向着②的方向上下移动视线，到达②之后再沿着相反方向，从②向①移动视线。再到达①的时候再次沿着相反方向移动视线。10 秒钟时间可以来回做多少次呢？至少要做 3 次。可以先来回做 2 次，在此基础之上再增加次数。每次 10 秒，每天做 1 次就可以了。请不要多做。长时间练习会使眼肌

疲劳，起到相反效果。

（2）眼肌训练：左右运动

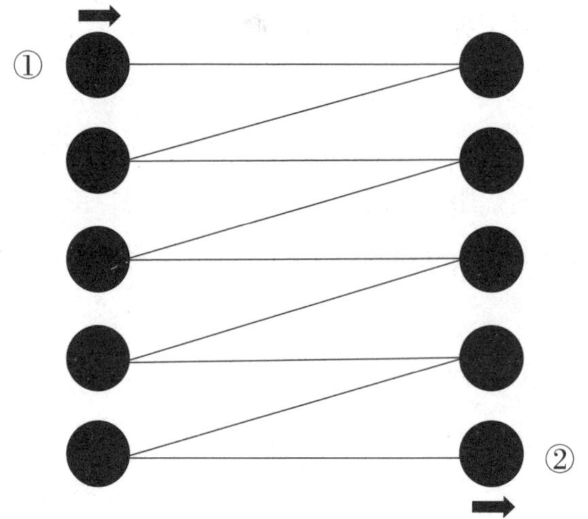

准备“内直肌、外直肌训练卡片”。从①出发，沿着箭头朝着②的方向左右移动视线，头部保持不动。到达②之后，再次返回左上①处，沿着和刚才同样的路径移动视线。这个训练和训练 1 不同，不要在到达②时顺着箭头逆向向①移动视线。这个训练也是每次 10 秒、每天 1 次就足够了。10 秒钟内做几次呢？每天训练，争取做到 10 秒钟内可以重复 5 次。

7. 基础训练二：视福扩展

扩展视幅，主要有通过锻炼眼肌和舒尔特表来实现。

视点移动训练对于增强眼睛灵活度，培养定向搜索能力，改善大脑对眼肌的调节能力具有非常好的效果，必须坚持每天训练。

（1）舒尔特表的练习

上文提到通过舒尔特表训练可以增强专注力，舒尔特表可以通过动态的练习锻炼视神经末梢。练习的时间越长，看表所需的时间会越短。随着练习的深入，眼球的末梢视觉能力提高，不仅初学者可以有效地拓展视幅，加快阅读节奏，锻炼眼睛快速认读；而且对于进入提高阶段之后，同

时拓展纵横视幅，达到一目十行、一目一页非常有效。

11	20	5	14	9
16	23	7	17	19
10	4	15	12	3
22	1	25	18	21
8	24	6	13	2

训练方法：

保持端正的姿势，视线垂直于训练图，眼睛与图保持30厘米左右的距离。将视点放在整张表的正中心，使所有文字尽收眼帘。按预先规定的顺序寻找文字，找到一个就立即寻找下一个，直至全部完成。完成后可适当休息眼睛，单击鼠标则重排整张表。每表按字符顺序，迅速找全所有的字符，平均1个字符用1秒钟成绩为优良，即9格用9秒、16格用16秒、25格用25秒。

（2）直读法扩展视幅

用书本进行练习扩展视幅，训练时可以不追求理解率。

方法：将注意力集中在书页第一行的正中间，在有效视幅的基础上，不移动眼球，用余光努力看清视幅之外的汉字，每行停留两秒钟左右，即便看不清也要直接进入下一行，保持视线垂直移动。每天做半个至一小时左右的练习。一段时间以后，发现视幅会明显扩大，并且理解率也会有所提高，通过此方法练习，可以达到一目半行的初步效果。

（3）三维立体图扩展视幅

第一步：有效充分利用三维立体图扩大视幅，首先要会看三维立体图，利用三维立体图开发杆状细胞。三维立体图每天至少要保证半个小时左右的训练时间，目的主要是让三维立体图对杆状细胞进行充分刺激，以起到激活杆状细胞的作用；形成软眼看法，这对于熟练欣赏三维立体图，包括视幅扩展，整体感知能力的培养都具有非常好的效果。

第二步：把三维立体图慢慢放大来看，直到眼睛不能承受看不到里面的立体效果为止。采用这种方法看图短时间内眼睛便会有明显的胀痛感，证明眼肌的调节活动非常明显，对于眼肌的锻炼具有非常好的作用。三维立体图经放大之后，眼睛注意到的立体图像也随之放大，眼睛要适应新的画面层次，而不得不断调整眼肌，放大的立体图像会拉动视幅的扩大，一旦眼肌松弛，眼睛不得不重新调整眼肌以看清楚图片中的立体图像。当一张图像被放大到眼睛刚好无法再分辨里面的立体图像时，保持15秒，用同样的方法看下一张。

该方法的要点有三点：开发杆状细胞；眼肌的强度调整；立体图像拉动视幅扩大请参照软件进行训练。

第六节 快速阅读实战训练

1. 阅读节奏训练

这里所说的节奏，是指快速阅读时眼球运动的移动和中止相互交替的、有规律的进程。

由于快速阅读时，要在不降低理解和记忆水平的前提下，几倍、十几倍、几十倍，乃至上百倍地提高阅读速度，所以，必须防止因左脑语言中枢进行习惯性的、单方面的理解和记忆，以及进行对理解和记忆与否的核实，而降低了阅读速度。

我们在训练中强行让眼睛采用一定的眼跳节奏（适应之后，强制感就会渐渐消失），视读应该感知的范围内的文字（或者极少有人能够认识的冷僻汉字），来抑制左脑语言中枢的活动，以利于开发右脑所固有的形象思维和形象记忆能力，养成左右脑在阅读过程中的综合协调能力，使大脑两半球在快速阅读过程中配合默契，密切合作。

阅读节奏训练方法如下：

第一步：选择一个合适的视野的范围，刻意选择8字、10字、一行文字来进行训练；对这个范围要能用双眼将其作为一个整体来进行一次性的摄取，使其清晰地映入视觉并印在脑海中。要整体性、一次性地摄取，不要刻意理解文字的内容。

第二步：调节好文字出现的频率，也就是眼跳的频率，然后初期仍然

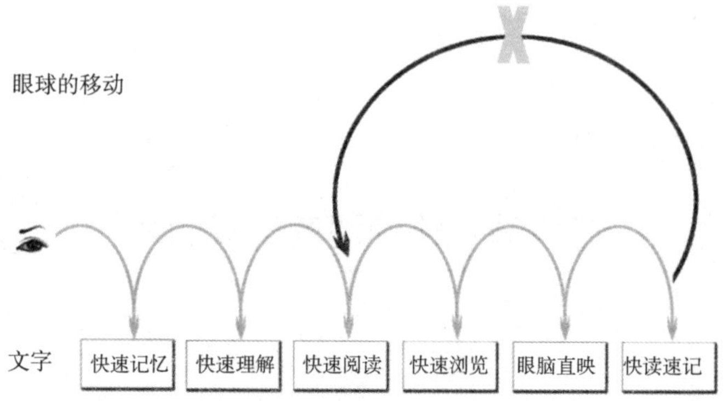

眼球的运动与消除回跳

可以听着节拍器的声响来进行，等到能够比较有把握地完成时，应该逐渐争取脱离节拍器的声响，直到养成阅读的眼跳习惯为止。这项训练刚刚开始的时候，仍然不要求大家理解和记忆文字的内容，只要能按规定的时间流畅地、均衡地、印象清晰地视读完规定的数量就行了。

第三步：随着训练的深入，在训练者能够有把握地完成以后，就应该争取不仅能够读完，而且能够读懂和记住文章的内容。

注意：节奏训练过程中，保持自然呼吸，尽量不眨眼睛。

2. 眼脑直映与无声阅读训练

（1）“眼脑直映”含义解读

①“眼脑直映”看书线路最短，信息接收速度最快

传统阅读者的阅读路线往往是由视觉中心传至说话中心，经发音器官发出声音传至听觉中心，再由听觉中心传到阅读中心，最后才达到理解文字意义的过程。这样的过程曲折迂回路线太长，不仅费精力、易疲劳，而且直接影响到理解和记忆的效果。而“眼脑直映”式的阅读，由眼睛识别文字再到大脑的思维反映直线快捷。

②“眼脑直映”阅读效率最高，是高效的无声阅读

“眼脑直映”的阅读习惯是培养读者直接把视觉器官感知的文字符号

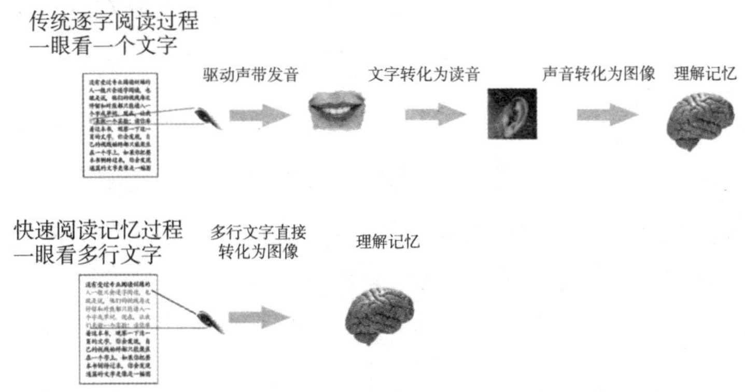

转换成意义或图像来阅读，直接消除头脑中潜在的发声现象，缩短大脑中的反映过程，扩展图像化理解记忆范围，直接形成眼脑直映，从而实现阅读速度和理解效率的双飞跃。

③“眼脑直映”阅读思维最快，是文字图像化的最佳模式

读者在阅读过程中的主要任务是理解，即掌握文中表达的观点、要旨、意图、情趣等。“眼脑直映”消除了文章中的多余“水分”，抓住阅读目的相关的主题词、关键字、关键词、关键段，尽可能地按照文字内容的叙述实现图像化的理解和记忆，从而高速有效地完成阅读理解任务。

人类为什么能够做到“眼脑直映”的依据主要有两个方面：

一是人的语言识别与语音表达的不一致性。即人在看到文字语言时的速度远快于人用语音反应文字语言时的速度。这种不一致性就必然会要求快速阅读必须克服音读对阅读速度的影响，如一般人看书时：眼睛看——嘴巴念——耳朵听 ——头脑想。这样一个过程，由于人眼的反应快，口耳反应较慢，于是发音器官、听觉器官就阻碍了眼睛的识别和吸收，同时导致大脑的多次间接反映，拖慢阅读速度。眼脑直映并没有读的意思，它是经由眼睛直接反映到大脑，阅读速度才快。

二是语言表达与大脑理解思维的不一致性。语言一般习惯于明确的、线形的、连贯的语言表达，而人的思维活动却经常是片状的、块状的，并具有极大伸缩性、跳跃性和概括性。读者在看文字时，往往是按照文字内

容的顺序、线性、连贯及分步式合成式地阅读。人的大脑在理解文字时则是按自己的思维习惯和内部“语言”进行理解、归纳。最后导致“阅读过程中经常出现理解速度大于视觉速度，而视觉速度又大于听觉速度的三级跳的现象”，而要克服这种三级跳现象最好的办法就是运用视觉器官与大脑思维同步的阅读方式“眼脑直映”，读者可熟练地将阅读时的文字内容图像化理解和记忆，达到高效阅读的目的。

（2）无声阅读

无声阅读是相对于有声阅读而言的。它与默读有关，但二者并不完全相同。默读是速读的起点，它也不出声。虽然不出声，不少人心里却在念，有的还唇动、舌动甚至喉动。无声阅读时，这些毛病都应克服。不然，就会妨碍读速的提高。默念心读最难克服，因为它是内心的一种自言自语，尽管自念自听却难以觉察。无声阅读则要求眼脑直映，是一种纯粹的视读，它不需要将文字转换成声音。如能练好无声阅读就能逐步掌握快速阅读法了。要控制无声阅读中的发音，可用上下齿轻咬舌尖或口中含块糖。

用限制音量来提高阅读速度，不仅不会降低读者接收信息的质量，而且可以更好地帮助读者掌握文章的内容。实践证明，所有的快速阅读者都是用无声阅读法。这种方法是把内语言压缩到最大限度的条件阅读。在这

种情况下，内语言变成了能够反映文章内容的一系列的关键词和概念。“此时无声胜有声”，是对无声阅读法的形象说明。有声阅读速度慢，无声阅读速度快，所以：“此时无声胜有声”！无声阅读法能提高阅读速度，是一种快速阅读方法。

无声阅读的特点，当然就是不出声了。不过，还有一点需要强调：就是不出声的仍然有声带系统活动的潜读也不行。另有一点还必须提到，就是无声阅读主张用内语言说话。所谓内语言，是认知文字信息的一种新的编码，由语言神经将内语言送到大脑指挥部由其进行处理，引起大脑思维活动。

实现无声阅读的关键，是在于如何迅速有效地彻底关闭有声阅读和潜读。我们先分析一下各种潜动阅读情况，这些潜动阅读情况主要有：

“唇动”：嘴唇轻轻启动，发出非常微弱的人耳听不到的声音。

“舌动”：这种情况更不容易察觉。想都难以想到，当我们将嘴闭合的时候，舌头是静止的。可是，当我们开始阅读的时候，舌头仍然处于静止状态，我们都会认为它没有别的动作，没有再出声。可是，舌头底下有块肌肉却没有停止活动。它在微微颤动，而且很“忙乎”，上下急速地颤动着。它在干什么呢？那是它与喉部声带一起在偷偷念书呢！我们却毫未察觉。

“颏动”：这也是在偷偷发声，发出我们人耳听不到的声频参与阅读，降低了阅读速度。

“喉动”：它与舌头底下那块肌肉一道，在偷偷地参加，随着阅读活动的进行，扩音器里才能传出轻微的声音。

这些不易察觉的潜读动作都是需要纠正的。否则，就会影响快速阅读。克服的方法如下：

① 整个喉咙部分的肌肉全部放松。

②把嘴唇合上并含上一粒糖，它能帮助消除舌头下方肌肉偷偷参加阅

读的动作，动作消失了，就可以不必再含糖看书了。

③我们可以用一个十分简单的办法检查喉咙部位是否还在潜动阅读：把双手轻轻地放在喉咙部位，阅读中它如发生任何轻微的、带有一定节奏的颤动，那就说明它还在进行潜读。这时候，你就可以继续想办法加以克服。

④ 克服颏动及膈肌颤动的办法是保持正确的阅读姿势。同时，要学会做腹式呼吸，快速阅读的高速度并不意味着呼吸速度也要加快，这样做，不利实施快速阅读。快速阅读时，大脑处于高度集中注意状态，而身体器官，不是要紧张，而是要放松。学会腹式呼吸，有利于全身肌肉和其他器官的松弛，有利于克服颏动和膈肌颤动。

为了更有效地读书，或者读更多的书，无声阅读可掌握这样5个要诀：

① 带着问题去读书。在读书之前，思考一下自己从这本书中需要了解什么，得到什么。然后一边阅读一边寻找自己想要得到的信息，快速找到自己需要的内容，其他的便一带而过。

②从感兴趣的章节开始读。枯燥的、不感兴趣的地方，跳过去，从自己感兴趣的精华、精彩处看去，从作者正式阐明的观点、自己想了解的内容入手，然后紧紧抓住其主要部分进行精读。从感兴趣的地方读起，可节约时间，多读些书，还可以避免一下子遇到过难的内容，半途而废。

③重点地方夹张纸条。夹纸条省力省时，下次翻到那一页时，想想当初为什么在此夹纸条，容易加深记忆。

④ 训练默读。有人喜欢出声读书。其实，人说话的速度再快，一秒钟也不能读10个字。超过这个界限，就听不懂读的是什么了。视觉接受的信息速度快而且量大，最高每秒20多个字。要是边读边理解，每秒只能记住5个字。默读的方法可以大大提高阅读速度。默读不是在心里一字一句地读，而是用眼追逐文字的同时，理解其中的意思。

⑤多读推理小说能训练阅读速度。推理小说故事吸引人，进入大脑的

单词量比内容深奥和陌生的书要多一些。像这样的书在休息时或睡觉前读一些，钻进文字堆里，不但不是负担，还能使你掌握速读方法，对阅读其他书籍大有帮助。

3. **阅读的路标**

文章思路和汽车行驶的公路一样，在一些重要处或有变化的路段旁，必然会出现一定的标记，以指示读者前进的路线，提醒读者思考何时直驶，何处有急转弯，好让你事先有所准备，及时迅速地调整自己的方向，以适应文章思路的发展变化。因此，要保证迅速而又稳妥地到达阅读的终点，就必须按照作者的思路来进行阅读，十分留意文章中的路标，这样才能读得既快又好。

那么文章中的“路标”都有哪些呢？经总结有如下九种：

（1）标题“路标”

标题又叫题目，是一篇文章的眼睛，最能传神。文章《比卓别林还卓别林》的标题，可能引发两条思路：一是有人超越了卓别林，应为之庆祝；一是把不如卓别林的人看成了卓别林，那就闹了笑话。本文写的比赛会，是比谁最像卓别林，评出的结果居然有人比卓别林更像卓别林，这就闹了笑话。

文章并没有写“第一名”如何“比卓别林还卓别林”，而是借用卓别林的回信告诉大家：“世界上只有一个卓别林”。由此，我们从这题目的“路标”上就可以感受到一种讽刺意味：这种模仿比赛的不足取与评委评比中的荒谬。

（2）标点“路标”

相同的标点用在不同的语言环境中会有不同的修辞效果，它甚至可以使句意发生完全的变化。例如，引号用在不同的语境里会有强调、反语、引用、特殊意义等作用。

（3）关键词、句“路标”

一篇文章总有涉及主旨的“关键句”。抓住了“关键句”，便会快速地领会到作者的写作意图及观点。

（4）关联词“路标”

关联词表达的是一种“选择”关系。

（5）中心句“路标”

一篇文章，其“关键句”有多个，但其中心句往往只有一个。“中心句”大多在文章的开头或结尾，也可以在文章中间。找到了“中心句”，便知晓全文的主要内容了，当然就可以提高阅读速度了。

（6）寓意句“路标”

在阅读一些寓言或比较含蓄的散文时，我们往往会碰见颇有深意的语句，它们大多用各种修辞方法来表达内容。这些修辞方法有：象征、比喻、拟人、双关等。运用上述的修辞方法来委婉诠释句意或哲理的语句被称为寓意句，这些寓意句表达出了文章的主题。很显然，抓住、理解这些寓意句能帮助我们快速、正确地理解文章内容。因此，在阅读这类文章时，可以将这些寓意句作为“路标”，使我们对文章的内容做出迅速的放映，从而加快阅读的速度。

（7）过渡句“路标”

过渡句在文章结构中的作用是承上启下，从而将文章中的两个乃至多个片断内容有机地组合在一起，使前后内容不发生脱节。快速阅读中往往有可能出现前后阅读脱节的情况，过渡句能帮助我们理顺阅读思路，提高阅读速度，在复读时仔细审视一下过渡句，便会加深你对文意的理解。

（8）对比句“路标”

对比，可以使一个方面更突出，也可以让两个方面互为辉映。遇到有对比的句子就像遇到“路标”那样确定一下阅读思路，肯定是会大有裨益的。

（9）独立段“路标”

文章中往往会出现“独立段”。这种段落本来放到上面文字中或下面文字中都可以，却偏要单独形成一段。它很可能就是关系到全篇文章思路的“路标”。

现在，你应该明白并且熟悉了这么多文章中的“路标”吧！那么，就在读书中好好利用他们吧！经过反复实践，你就会懂得，留意文章中的“路标”是一种高效读书的好方法。

4. 固定程序阅读法

人的大脑有一种特性：在接收信息时具有明显的选择性，在处理信息时能够遵守严格的程序。利用大脑的这一特性，我们在阅读前有意识地“编制”一个简便有效的“程序”，以提高阅读速度和理解率，这就是固定程序阅读法。“程序”的含义是，这种快速阅读法是按一定的程序步骤读书，目的性明确。

马克思曾经说过：“最蹩脚的建筑师从一开始就比最灵巧的蜜蜂高明的地方，是他在用蜂蜡建筑蜂房以前，已经在自己的头脑中把它建成了。”有目的、有针对性地读书，正是人们阅读过程中的高明之处。“固定程序”包括这样两个含义：一是这种阅读法有七个相对固定的内容，二是掌握这七项内容的顺序具有相对的确定性。阅读时，应按七点内容对所需信息进行选择；阅读后，应有自己的心得体会。

固定程序阅读法的步骤：

（1）书名（或文章标题）

（2）作者

（3）资料及数据

（4）基本内容、题材

（5）事实

（6）所述材料的特点、争议和批评意见

（7）所述材料的新思想和在实际工作中加以贯彻的可能性

我们在前面谈到，掌握这七项内容的顺序有相对的确定性。上表依次所列的内容即是这种确定性的表现。这只是一般的阅读程序，在有些情况下，可以变通掌握，七项内容中前四项内容一看即明，不需要解释；第五项内容意味着在阅读中要积累事实并从意义上加以理解；第六、七两项则要求我们在阅读中进行积极的思维活动。

固定程序阅读法的训练及注意事项包括以下内容：

首先，固定程序阅读训练的一般做法及要求：

① 依次牢记各项内容及要求。开始时可将各项内容写在纸上，放在书

旁，以作提示。

② 对照各项要求，把所需要的信息全部接收过来。注意不要遗漏。

③ 阅读时精神应高度集中，自始至终对文章内容持一种分析的态度。注意材料中的新观点和新思想。

④ 读完全书以后，要按照固定程序阅读法的各个项目进行检测。检测过程即是分析和总结的过程，它对掌握全书的内容是至关重要的一步。

⑤ 为了养成和巩固按固定程序阅读的良好习惯，在训练时，必须遵守一条基本的原则：不论文章难易，只能阅读一遍，回头看的现象也应杜绝，阅读完毕后，即应按照七项内容逐一检测，检测结束后，才能重读原文或阅读其中的某些部分。

其次，在实施固定程序法过程中需要应用研究一种特殊的训练方法——视觉形象法。前面已经谈到，要想掌握固定程序阅读法，不仅要牢记它的各项内容，而且还要能熟练自如地运用。而视觉形象法则正是将二者结合起来，统一加以解决的一种较好的方法。所谓“视觉形象法”，是将七项内容（或内容要点）按一定顺序写在一个特定的图形中，借助视觉形象来帮助记忆、理解的阅读法。

例如，有人将程序阅读法的视觉形象画成一个六角形，并把它比作一个足球场。他说：“首先我要按步骤把球踢进前三个角：标题、作者、数据。然后，随着阅读的深入，再把球踢进另外三个角。最后一个角就是心得体会，这是我射门的中心点。有了这个图形，我读书时精力集中，总觉得‘脚下有球’，并知道该往何处踢。训练一周之后，我感到自己像个优秀的足球运动员似的，可以毫不费力地把球踢到各个方位。”视觉形象可以表现为多种形态，如金字塔形、阶梯形、三角形和七色彩虹形等等。你觉得哪种形状更便于记忆，就可采用哪种。视觉形象作为一种辅助方法，只在最初时起积极作用，以后就会被习惯所取代。这种习惯就是我们所说的“定势”。

固定程序阅读法，是同学们感到收获很大的一种方法。有的同学说：

"根据我的经验，掌握快速阅读法，只要熟练地掌握程序阅读法就够了。"尽管这种说法不够全面，但由此可见此法的效果。掌握程序阅读法的关键是熟练，只有达到运用自如的程度才会有明显的效果。我们曾在一个班进行这种快速阅读记忆训练的实验。开始时，同学们只是"懂"了，但不能熟练运用，所以多数同学的阅读速度提高不快。针对这一情况，我们用了八周时间，反复练习这种方法。最后，大多数同学将这七项内容形成了"定势"，阅读速度和理解力显著提高。

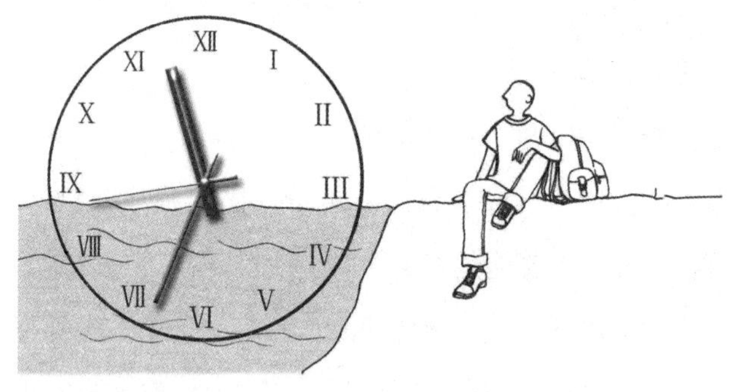

5.3－2－1 计时阅读训练

为了培养和提高快速阅读的能力，必须进行一系列科学、严格的训练。训练的方法多种多样，计时训练法，即是其中一种被广泛采用的简便易行的训练方法。这种方法借助计时手段，通过快速阅读练习来校正不良习惯，逐渐扩大瞬间"视幅"，以达到获得快速阅读能力的目的。

（1）扩大阅读的语义单元

我们了解了快速阅读的原理，知道了眼停和眼跳的快慢决定了阅读的速度，而中间在眼停的时候，每次能够注视多少字，对于阅读的速度影响尤为重要，也就是我们所说的"一目十行"的阅读方式。在阅读的过程中不能以词为单位来阅读，而应在瞬间把握住较大的意义单位，一组一组地去读。如这样一个句子：

①（通过）（实践）（证明）（每个人）（都）（可以）（掌握）（快速）（阅读）（的）（方法）（提高）（阅读）（速度）（5 到 10 倍）（是）（完全）（可以）（做到的）

②（通过实践证明）（每个人都可以掌握）（快速阅读的方法）（提高阅读速度 5 到 10 倍）（是完全可以做到的）

比较以上两种读法即可看出，第一种读法识别间距小，表明阅读能力较低。第二种读法把 19 个词合成 5 个意群来阅读，识别间距较大，阅读速度就要快得多。阅读时识别间距的增大，一方面减少了眼停的次数（由 19 次减少为 5 次），因而直接提高了阅读速度；另一方面由于把句子划分成为数不多的意群，也就更便于把握词与词之间的语义联系，因而有利于提高理解率和阅读效率。

人们的阅读过程，并非简单的眼睛运动，而是一个“阅读领悟过程”。这种“阅读领悟过程”是一种思想或心理的现象。能够阅读得快，一眼看了两个词或三个词，固然是重要的，但更主要的还在于我们阅读时的思想过程——在快速阅读的瞬间把握住词语的相互联系。因为思想过程是将这些词作为一个有意义的整体来领悟的。比如“挨了假洋鬼子打的阿 Q 越想越气，毒毒的点一点头：‘不准我造反，只准你造反？’”这句话中，作者要传达给读者的意思并不能从单个词中去领悟。句子中有些词意义比较实，如“阿 Q”；而有些词意义较虚，像“毒毒的”、“越”、“造反”等等。但无论虚与实，它们都难以表示明确的意义，只有将它们组成词组一类较大的单位时，意义才比较明确。最后，再由它们相互组合，才能共同表达特定的意思。

心理学家告诉我们，人的头脑是按照意义单位去工作的，如果我们要从文字材料中去寻找作者告诉我们的意义，就不能从单个的词中去寻找，而要从词组、句子和段落这些单位中去寻找。这样才能领悟作者在这些文字中所要表达的主旨。

我们要想提高阅读能力，就要设法在原有的基础上提高一步，提升整体感知，驾驭更大一些的语义单元。你驾驭的语义单元愈大，阅读速度就会越快，理解率和阅读效率就会越高。其实就是要训练一目十行的阅读能力。

训练一目十行的阅读能力，应当先从阅读简易读物做起，熟悉书面语言中常使用的比较简单的句式类型。这些简单的句子类型熟悉了，再逐渐加大难度，去掌握比较复杂的句型。一旦我们掌握了较多的句式类型，我们就能够在快速阅读中迅速判明各类句式的含义，从而有利于阅读速度的提高。我们来看这样一个较长的例句："瞿塘峡西口原有一横亘江心的巨礁，名叫滟滪滩，使船只经常遇险，这巨礁现在已被我们的航道工作人员用炸药炸掉了，往日的险情不存在了。"这个长句意思比较复杂，对阅读能力不高的人来说，很难一下子就把握住它的全部意义。长句由七个短语组成：①瞿塘峡西口有一巨礁；②这一巨礁横亘江心；③巨礁名叫滟滪滩；④滟滪滩过去经常使船只遇险；⑤巨礁现在已被炸掉了；⑥巨礁是我们的航道工作人员用炸药炸掉的；⑦巨礁炸掉以后，往日的险情不存在了。

在平时的练习中，对这几种简单的句子类型要能够熟练地掌握。要想提高阅读速度，必须循序渐进，逐渐培养驾驭更大的意义单位的能力。

（2）快速阅读 3－2－1 训练方法

3－2－1 计时训练是一种非常实用的提高阅读速度的训练方式，具体训练方法如下：

① 训练者最好准备挑选一本用来做快速阅读训练的书籍，做好阅读训练的准备工作后，选择一个起点开始阅读。

②用正常的阅读速度开始阅读，计时 3 分钟，记下 3 分钟的阅读进度，做好标记。

③回想一下阅读的内容，接下来必须用 2 分钟的时间去完成刚才 3 分

钟阅读的内容，那么训练者要估算一下，第二次阅读要比上一次阅读的速度更快，要么调整眼跳的速度，要么开始比上一次每次看到的语义单元要更大。开始计时2分钟阅读，训练者要用心体验这种感受；2分钟结束时，训练者要完成3分钟阅读的内容；如果没有完成，必须重新训练。

④ 当我们完成2分钟阅读后，回想一下刚才阅读的方式和阅读的内容；接下来，要挑战用1分钟的时间去完成刚才3分钟阅读的内容。

⑤计时完成1分钟阅读后，开始复述一下所阅读的文章内容，尽可能把每个细节都复述出来。

3-2-1计时阅读训练要求训练者在训练中三次都阅读同样的内容，很多训练者说都看过的内容再训练是不是达不到训练的效果，其实不然，实际训练中训练者选择熟悉的材料来训练效果更好。在训练中要体验扩展视幅和加快眼跳频率的感受；不要刻意地理解所看到的内容。重复这样的训练，就会产生奇迹。

（3）计时快速阅读训练的注意事项

训练时所选用的阅读材料，内容要通俗易懂，语言要流畅易读。

阅读材料的内容虽然简单，但对初学者来说，有利于掌握句型，同时由于心理迁移作用的结果，这种在浅易材料训练中所获得的能力，对阅读内容较复杂的材料，也会起一定的作用。

我们所说的快速阅读，是在理解基础上的阅读，如果抛开了对所读材料的理解，阅读速度再快也是没有意义的。因此，我们在进行快速阅读训练时，一定要处理好阅读速度与理解率的关系。

所谓"理解"，是指两个方面的内容。一是通过阅读，了解文章所写的全部客观事实，即文章中说了些什么内容。二是在获得"客观事实"的基础上，达到更高一级的水平，即获取作者从客观事实的描述中透露出的"主观信息"，以及把握客观事实之间的内部联系。倘若我们读一本"寓意深刻，发人深省"的小说，虽然小说上没有写着这些文字，但我们应从小

说所写的人物、情节、环境中得到这样的感受。获得“客观事实”和“主观信息”、“言外之意”，是快速阅读过程中的两个要求。前者是基础，后者是提高；而后者又是阅读的主要意图，是必须在快速阅读训练中解决的。

为了同时提高两个方面的阅读能力，在快速阅读训练中，测试的题目大致分为两类。一类题目侧重于测试学生对客观事实的掌握程度，另一类题目重在测试学生对文章中透露出的“主观信息”、各项事实之间内部联系的理解程度。在对“主观信息”的理解上，有时会出现认识上的分歧，这是正常的。可以组织讨论，各抒己见，最后求得比较一致的意见。这样做，不仅可以加深学生对某一篇文章的理解，而且还可以提高学生的分析能力和理解能力，而后者对快速阅读本身又会起促进作用。在理解基础上的快速阅读，有两个要点，一是快速，二是理解。这就需要辩证地处理好两者之间的关系：既不能只追求速度而忽视理解，也不能为了理解而不顾及速度。

快速阅读训练中的理解率应当达到一个怎样的水平呢？一般来讲，正常的理解率大约是70%。如果以一个班为单位来训练，那么，全班学生的平均理解率应在70%左右。有的同学的理解率过高，甚至达到90%以上，这就要引起注意。一种可能是过于注重理解，而忽略了速度。另一种，理

解率保持在90%左右，但阅读速度并不比其他同学慢。这是否正常呢？从速读训练的要求看，这也不正常。这说明阅读者还有潜力进一步提高阅读速度。实践证明，70%左右的理解率，在通常情况下即能达到较理想的阅读效果。比如，每分钟阅读400字，理解率为70%，常常要比每分钟阅读200字，理解率为90%更有成效（对需要100%理解的阅读材料，另当别论）。在一般情况下，我们的阅读材料都没有100%理解的必要。试想，作为一般性的阅读，谁会要求自己100%地理解、掌握报刊上一般文章的内容呢？

所以，在速读训练中保持阅读速度和理解率的适当比例是至关重要的。为了便于衡量阅读速度与理解率是否适当，我们就要用到"阅读效率"这个概念。阅读效率的计算很简单，只需将阅读速度和理解率相乘就可以了。只有阅读速度与理解率比例适当，才能有真正的阅读高效率。综上所述，我们可以得出这样一个结论：速读训练的目的是提高阅读效率，而提高阅读效率的关键，在于处理好速度与理解率的关系。为此，在训练中应兼顾速度和理解率这两个方面。

（4）要尽量克服影响阅读速度的常见毛病

① 出声阅读：阅读时读出声音来，是影响速度的一种常见毛病。人们的阅读过程一般有两种：一种是出声阅读，即看到文字，读出声音，再由声音在大脑中唤起意识，达到理解；另一种是默读，就是由看到的文字直接在大脑中唤起意识。两相比较，出声阅读的速度比默读要慢得多。一些同学往往借助于朗读，或者是小声读，所以阅读速度很慢。

②阅读时摆头：在阅读过程中，有的人由于情绪紧张，或由于苦思苦索而不得其解，出现不自觉的头部摆动现象。这种多余动作，不利于提高阅读速度。因为一个人的眼部肌肉完全有能力使眼睛在字行上不停地扫描，而无需借助于颈部肌肉的运动。相反，头部的摆动如同用手指指着字阅读一样，只能影响阅读的速度。

③用手指指着读：在第一节中我们已经谈到，识别间距的大小，决定阅读速度的快慢，而用手指指着阅读则无法增大识别间距，其结果必然严重影响阅读速度。因此，必须克服这个毛病。

④ 复视：所谓“复视”是指在顺着一行字阅读时，眼睛常常往回看。这一动作表明他正在理解一个词或一个短语，而不是理解全句。一般来讲，复视是阅读能力差的表现。复视的出现，有时是由于遇到了一个生词或不太懂的短语，需要回过头来再看一眼，这是情有可原的。但如果过分依赖复视，以致成为一种阅读习惯，那就势必大大影响阅读速度，所以应尽量避免。

第七节　快速阅读实践

1. 快速浏览

浏览法能扩大视野，丰富知识。有些文章不需深钻细研，有些书只需要知道个大概内容即可，有些书只需从中选择一些有用的资料而已。这时阅读的主要方式是浏览。浏览也是初读，是精读的准备，以便在通读的基础上选择精读的内容。通过浏览，读者可以丢开一些书中不值得读的部分，这样就省下了时间细读真正需要的学习材料。

（1）浏览阅读的四个方面

①推敲篇名。篇名（包括书名）往往概括了文章的主要内容，或者揭示了文章的基本论点、论述的范围，只要对篇名稍加琢磨就可以对文章有初步的了解。

②浏览序、目录、提要、题解、要点、索引。

序（包括跋、后记）有自序，他序之分。自序偏于说明作者宗旨、撰写经过、编写体例等，还可就书中的重点和难点做简要的阐述。他序常常对作者、作品做介绍和评论，或对书中的观点做引申和发挥。序能帮助读者了解书中的主要内容。

目录，是书的纲要。从目录中看到章节的大小标题，读者能了解到全书涉及哪些主要问题。目录不仅仅是供检查哪章内容在哪页上，它还从整体结构上显示内容的总轮廓。浏览目录，有助于决定进一步的阅读方式，或全读，或选读，或不读。

提要，即内容提要，又称内容简介。它是关于图书内容及其特点的简明扼要的介绍文字。它能帮助读者概括地了解书的内容和把握书的要点。浏览内容提要后还得看看书的其他部分，才能获得客观的结论。

题解，多是就文章的题目对内容进行概括的解释。一般是介绍作品的背景、意义、影响、作者的基本情况、作品最初发表的时间和刊物的名称等，有的还对作品做出评价或按读者对象的不同做一些具体的分析。题解一般用在文选等比较严肃庄重的著作中，有的放在文章的后面，有的是题目的同一页正文后面加线条用小字号表明。题解能帮助读者正确理解与把握作品的内容。

要点，有些书写有要点，这是各章节的提要，它概述各个章节的论述要点。看要点，能了解作者在各章节中表述的基本思想。

索引，一般作为附录出现。浏览索引能了解书中接触的人名、地名或问题，能看到作者写这本书的主要材料来源和根据，了解这本书的大概内容。

上述要浏览的几个项目，除目录外，不一定是每本书都有的，如果有，都应该浏览，通过浏览这些内容，对全书的概貌就有了比较概括的了解。

③浏览正文。首先要读开头的一部分，这一部分往往是文章的引论部分。作者在这里提出论题、论点以及研究本课题的意义和目的，或者指出

本文的叙述纲要和叙述方法。了解这些可以对后文的内容进行判断，对理解全文有重要作用。其次要读中间部分段落，章节中的主题句。最后，要读结尾部分。结尾部分有时以结束语的形式单独列段。作者在这一部分对全文论述的问题加以简明扼要的归纳总结，是作者展开论证的结论。读结束语应细心，如果与开头部分加以对照读，印象会更深。

④浏览完毕，要合上书回忆所得，形成总的印象。如果发掘有值得深究的问题，应及时捕捉，或做卡片记下，或进一步阅读。

由上可见，浏览是一种很重要的学习方法。在一定时间内要使用很多书，而又不能把它们细读的情况下，可用浏览法；阅读与自己专业毫无相关的其他书，可用浏览法。浏览可以开阔眼界，扩大知识面。要想有广博的知识必须学会浏览法。

（2）不同类型的浏览方法

浏览是一种多方面应用的技巧。

浏览的速度必须适应读者的目的。下列各种类型的浏览，阅读时，每一种都要求不同的速度和中心。

① 教科书：在学期正式开始前将教科书总的浏览一下，随后对轮到指定阅读的每章也浏览一下，为更快、更仔细的阅读打基础。

②报纸：报纸的新闻编写是为了便于浏览。新闻标题就是结论。第一段就是摘要。后续各段的报道内容是按重要性递减的顺序排列的。阅读一张报纸可先读大字标题和每篇文章的第一段，然后浏览其余各段，只需要在感兴趣的地方读得较仔细一点。

③小说：浏览一本小说有种实际用处，尤其当你把小说当成课程，不是作为消遣时更是如此。如果你选定了一本小说，你可以从头到尾浏览一遍，看故事，找情节，找背景，找人物刻画，找结论。你甚至可以从第二遍、第三遍浏览中得到益处。一遍为了进行默想和构思，一遍为了进行评价和批评。

(3) 浏览应该注意的问题

① 根据不同的内容选择不同的读书方式。书籍、文章有重要次要之分，一般作品可供浏览，只对于其中精彩片断进行精读；重要著作，一般应该精读，但其中部分章节浏览即可。可视不同的内容和需要灵活掌握。

②浏览时，速度应适中。如果没有一定的速度就不能用较短的时间阅读广泛的内容。但另一方面，如果一味走马观花，追求速度，结果必然会印象模糊。因而，既不能太慢，也不可过快。

③浏览，并不是马马虎虎、随随便便地看看。同样应该开动脑筋，边想边读，使记忆积极活动。浏览时，涉猎东西多，重复的机会多，许多知识自然而然会变成自己的库存，但不要忽略主动地、有意识地留下记忆的痕迹。

④ 除了勤于动脑之外，浏览时也要勤于动笔。把有用的资料保存下来以备不时之需。

总之，精读时固然要下功夫，浏览时也不可忽视，不要粗心大意。

2. 主动阅读与被动阅读

(1) 主动阅读，积极思考

要想在阅读和学习过后的一段时间内还能适时地回忆起自己所需的信

息，我们就必须学会主动阅读，而不是一味被动地接受书里的知识。主动阅读是什么意思呢？

学习新知识前先激活既有的知识网络。

每个运动员在比赛之前都需要热身，在进行主动阅读前，我们的脑细胞也同样需要这样一个准备过程。在此之前，首先向大家介绍一下大脑存储信息的基本规律。接下来，将学习到如何将这条规律运用到实际的阅读当中。

基本规律是：要想记住一条信息，必须将其与既有的知识网络结合在一起。否则，再多的信息也只能在我们的脑海里毫无章法地飘来飘去，用在学习上的时间也就白白浪费了。

我们的知识网络也同样如此。织得密密麻麻的地方相当于我们相对熟悉的领域，说明我们已经掌握了一些具体的知识，在那个特定领域的知识最丰富，处理问题的能力也最强。这些部分可以是每个人的专长，也可能是一个长期的兴趣。有了较多的基础知识，既有的可供连接的基数就更大，我们在这些领域就能够更加轻松地学习新知识，并且将其结合到既有的知识网络当中。与之相反，织得疏松一些的地方代表着我们在这个领域

的知识仍有较大的漏洞，甚至连最基本的常识都尚未掌握。这种情况的出现，多半是因为这部分知识和我们的学习或工作的关联不大，或者是我们对该领域毫无兴趣。由于已有的丝线实在少得可怜，那么就算我们阅读了大量新知识，也很难找到落脚点，将其固定于既有的知识网络上。这就解释了为什么我们每涉足一个新的领域，都会感觉尤其困难、力不从心。

（2）积极提问，双向阅读

假设你手里捧着一本新书，并且做好相关知识和整书的视觉卡片了，那么，接下来还需要做什么准备工作吗？是的，向自己提出各种各样的问题。我究竟为什么要读这本书？我希望从中找出哪些信息，学到哪些知识？我希望继续深入哪几个领域？

这个步骤最重要的作用在于避免被动阅读。很多人都认为，阅读只是一个单向吸收信息的过程。我们通过眼睛这个媒介读入文字信息，再将其传输到脑部。但大家都不知道，在这个传输信息的过程中，我们只调动了自己的左脑。要想提高阅读效率，我们必须把消极被动地接收信息转变成积极主动地阅读信息。而这个转变的关键在于给我们的学习过程添加另一条途径。我们不仅要自下而上地从文本中吸收信息，更要自上而下地把自己的思考融合到书本中去，实现双向阅读和双向学习。

在阅读的时候，我们的思维必须始终走在作者的前面，并且将每一条读到的信息与自己既有的知识相比较，进而将两者融合以实现记忆。我们可以问自己，如果我是作者，我会不会用另外一种方法来讲解这个知识点？作者在这个地方是否遗漏了某些信息？

积极提问其实就相当于隔着文本与作者对话。有了这种互动，我们不仅能够更好地集中注意力，获得更大的阅读动力，记忆效果也会明显提高，因为我们已经通过自己的积极思考把书中死板的知识转化成了自己肚里的墨水。而要做到这点，最重要的就是学会激活既有的知识网络，尽量提出有意义、有深度的问题。

（3）合理计划阅读进度

为了在阅读整本书的过程中始终保持积极主动的态度，不被厚厚的书本吓倒，最有效的技巧就是提前把整本书划分成几个部分，计划好阅读进度。我相信大家都有过类似的经历，抱着厚厚的课本，每看完几页就数数页数，看自己还剩下多少内容要啃。如果你有这种习惯的话，那你肯定知道，在刚开始阅读的时候，那种遥遥无期的感觉多么令人难受。

划分部分完成之后，我们还要计划一下，自己究竟需要在多长的时间内读完整本书。研究证明，人脑在预先知道时间有限的情况下会自动提高工作效率，以便更好地利用有限的时间。至于每个人在客观上有多少空余时间可以用来阅读，显然是不能一概而论的。等讲到时间管理时，我们再来讨论这个问题。

接下来，我们要计划好每部分内容所需的阅读时间。如果我们时刻盯着面前的大部头，每隔几分钟就琢磨着还有 300 页…200 页…100 页，那当然没有办法集中精力理解书里的内容。与其从刚一开始就想着一整本书，倒不如一步一个脚印往前走。每读完一部分的成就感都会使我们获得更大的阅读动力。当然，我们也可以用那种便笺纸来记录下自己读过的每个部分，这种做法除了有自我激励的作用外，还能让每天的阅读进度变得一目

了然，让时间管理变得更加轻松。

阅读一本书就好比一场马拉松比赛，再专业的运动员跑完30公里以后也难免会产生疲劳感。可是快到终点时，哪怕再疲惫，运动员也可以加快速度，全力冲刺。这就是确定目标的神奇作用。懂得了这个道理，我们就要把这种“马拉松效应”应用到阅读上面。按照作者的设计，每本书都只有一个终点。而当我们将几百页的内容自行分成几部分以后，就无形中增加了许多临时终点，从而不断地体会到在终点前冲刺的快感。当然，由此而产生的阅读动力也是不容忽视的。

既然必要的准备工作已经就绪，我们现在可以开始阅读了。你不仅会学到提高阅读速度的技巧，还能够在高速阅读的过程中理解得更加透彻，记忆得更加深刻。这种改变不仅能够为你节省大量的时间，还会在将来的阅读中给你带来越来越多的收获。在哈佛商学院，速读类的课程早已成为十分热门的必修课。肯尼迪和尼克松等历届美国总统都特意训练过自己的阅读技巧，白宫、美国空军以及美国航空航天局现任的许多工作人员也不例外。多国统计成果都已经证明了，高收入人群的年平均阅读量大都在20本书以上。全球政界与商界的高层也几乎无一例外都能在短时间内阅读大量资料。难道阅读能力可以决定事业的成功吗？

其实，这两者之间的关系十分微妙。一个饱读诗书的人往往能够在他人面前表现得更有魅力，从而在职场上及人际交往中变得无往不利。曾经有一项研究试图找出人际交往的秘诀所在，究竟是哪些因素令我们在与人交谈的过程中感到愉悦。研究结果显示，交谈双方首先需要拥有共同话题，并且在某段特定的谈话中有机会就双方都认为十分重要的话题进行交流。

由此可见，一个人的阅读量越大，知识面越广，那么他在与其他人交谈的时候自然就更容易找出双方共同的兴趣点。这听起来的确很吸引人。掌握了正确的方法，你不久以后也能快速浏览大量报刊和书本，成为同学

和同事圈子里最受欢迎的交谈对象。

美国前总统罗斯福就是一个很好的例子。他在每次重要会晤之前都会想办法找出对方最感兴趣的话题，然后在正式会晤前不到一个小时的时间里通读一本甚至几本相关书籍，以保证交谈的顺利进行。在这个方面，这位著名的总统无疑是速读领域最杰出的代表之一。

相信大家都熟知英国哲学家培根的这句名言：知识就是力量。在我看来，在所有知识中最有力量的当属引导大家高效获取信息的知识了。从今以后，请大家把阅读当作获得信息的最佳途径。此外，随着训练的增多，你的沟通能力也会在不知不觉中得到提高，因为在高效阅读的同时，你的词汇量自然会增多，语言表达能力也会提高。

第三章

快速记忆训练指导

第一节　开篇测试

第二节　揭开快速记忆的神秘面纱

第三节　唤醒大脑的记忆潜能

第四节　全世界都在用的记忆方法

第五节　记忆方法的实战应用

第六节　学科知识记忆方法

第一节 开篇测试

测试前准备：

在测试之前，请准备好秒表，白纸，笔

测试开始要记录时间，记忆完毕，开始按顺序默写记忆的内容

记忆用时 = 用秒表记录完成记忆所用的时间，以秒为单位

记忆正确词语必须满足：内容与顺序同时正确

测试一 按顺序记忆以下 30 组词语，并计算记忆时间：

花园 铅笔 兔子 蜗牛 空调 森林 贝壳 台灯 老鹰 电脑

小鸟 海水 房子 芒果 大树 椅子 狐狸 火车 窗户 蝴蝶

老师 天空 武汉 金鱼 玫瑰 轮船 手表 道路 烧烤 童年

记忆用时：____________秒 正确词语数量：______________个

测试二 按顺序记忆 60 位数字，并记录记忆时间：

6 5 8 9 4 2 5 3 5 8 8 5 8 4 9 6 7 1 5 8

9 7 9 3 2 3 8 4 6 2 6 5 4 8 9 3 2 8 9 6

6 4 3 3 8 3 2 7 9 5 2 8 6 3 4 7 9 5 8 6

记忆用时：____________秒 正确数字数量：______________个

备注：以上两组测试，对于一个从来没有训练过记忆方法的人来说，可能会花很长的时间去记忆，而且会记住后面的忘记了前面的；但对于一个训练过四快高效学习法的人来讲，分别用 1 分钟按顺序记忆是完全没问题的。

第二节 揭开快速记忆的神秘面纱

1. 90%的学生天天在“死记硬背”

(1) 记忆不用方法就是“囫囵吞枣”

“死记硬背”是指不用理解而一味死板地背诵书本的一种记忆方式。它是一种逐字逐句的、机械的记忆方式。在学习上，死记硬背是一种低效的方法。它仅仅用一种方式不断地在你的头颅里面“砰砰”地重击，将同一种知识重复上几十次。

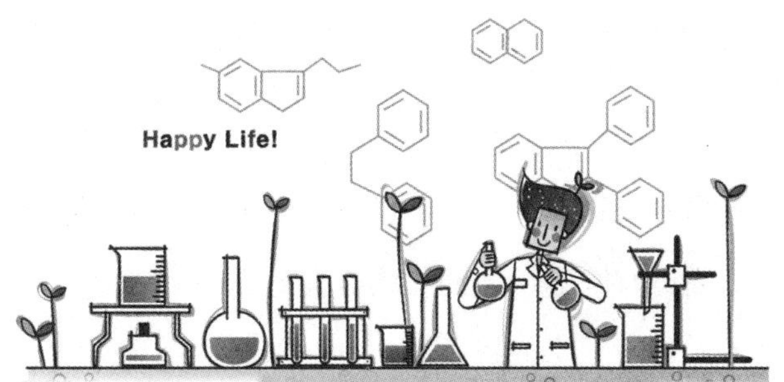

(2) 死记硬背方式的实质是什么

死记硬背的实质是什么呢？可能许多人没有思考过这个问题。

我们在这里要告诉大家的是，死记硬背的实质是声音记忆，也就是以声音作为记忆材料。

为什么说死记硬背方式的实质是声音记忆呢？

我们可以回忆一个比较熟悉的电话号码，这个电话号码是139开头的，你自己的电话号码或你熟悉的电话号码之中，有没有139开头的，有的话请你把这个完整的电话号码回忆出来。回忆的时候你留意一下，这个时候在你脑海中出现了什么？是不是出现了对数字的读音？是不是有声音在脑海中回响？这个就是声音记忆。

当我们记忆数字的时候，例如让你记忆这组数字：376652498935，你用传统记忆方式来记一下，你有没有发现你反复记的就是这些数字的发音？无论你是读几遍或默读几遍，你所记忆的都是这些数字的发音。

记数字用的是声音记忆，记英语单词的时候就更是如此了。例如记忆memory这个单词，无论你是反复把这些字母读几遍，还是按照发音来读几遍，你所记忆的，无非就是一些声音组合。

即使是在记中文信息，我们通常在反复背诵的时候，用的也更多是声音记忆。假设让你记忆这句话：模以辛权卡法莱澳听深。如果你要一字不漏地记住这句话，请问你会怎样记？是不是很拗口地反复读来读去？这个时候脑海中恐怕除了声音之外就什么都没有了。

（3）“死记硬背”的困境

“死记硬背”的两个困境，第一是记得慢，第二是忘得快。死记硬背把记忆和理解割裂开来，降低了复习的效率，对于复习考试是不利的。我们复习考试的时间是有限的，人的精力也是有限的，这两个“有限”就决定了考生必须考虑复习效率的问题。

2. 学习成绩上不去的真正原因

大凡学生都希望自己的成绩是优秀的，但往往发现相同的老师、相同的作业、相同的试卷，学生的成绩却是参差不齐的。

有些学生轻轻松松学习成绩就能名列前茅，而有些学生埋头苦读成绩却停滞不前；有些学生说自己复习过的内容没考到，而没复习到的内容却

偏偏考到了；上课时我能听懂老师讲的内容，可自己做题时就不会了。这些问题的主要原因就在于方法不当，不是别人的方法就适合自己的。

学习是一门技术，一旦离开了方法是非常可悲的，它犹如健全的你吃饭时要父母来喂一样。那么方法由何而来呢？它是由学习过程和学习内容决定的，即怎么学、学什么的问题。学生学习过程中关键的是要掌握文章的重点、难点和疑点，要学会当天事情当天完成，上课时没有真正弄明白的题要在课后作业前先解决好，正确的方法会使学习变得轻松而有效。

而对于很多认真学习、刻苦学习但成绩却上不去的学生来说，方法显得格外的重要，尤其是记忆的方法。

众所周知，做一件事情没有科学方法就不可能合理高效地达到目的，学习更是如此。正确的学习方法和记忆方法是保证成绩优秀的最根本因素。每天做作业之前应该养成复习的习惯，如若将当天的单词、语法、公式等都已熟记于心，做作业时又何须翻书抄答案呢，事半而功倍。

我们要想改变孩子的学习成绩，必先改变孩子的学习过程，相同的过程会得到相同的结果，而不同的过程才能得到不同的结果。而改变孩子的学习过程又先从改变孩子的记忆方式开始，希望所有的中小学生朋友们发挥自己的学习潜力和记忆潜能，相信长风破浪会有时。

3. 头顶上的宝藏——了解神奇的大脑

人类的大脑是世界上最复杂、也是效率最高的信息处理系统。别看它的重量只有1400克左右，其中却包含着一百多亿个神经元，在这些神经元的周围还有一千多亿个胶质细胞。大脑的存储量大得惊人，在从出生到老年的漫长岁月中，每秒钟大脑足以记录1000个信息单位，也就是说，我们能够记住从小到大周围所发生的一切事情。

（1）大脑具有超强的记忆力

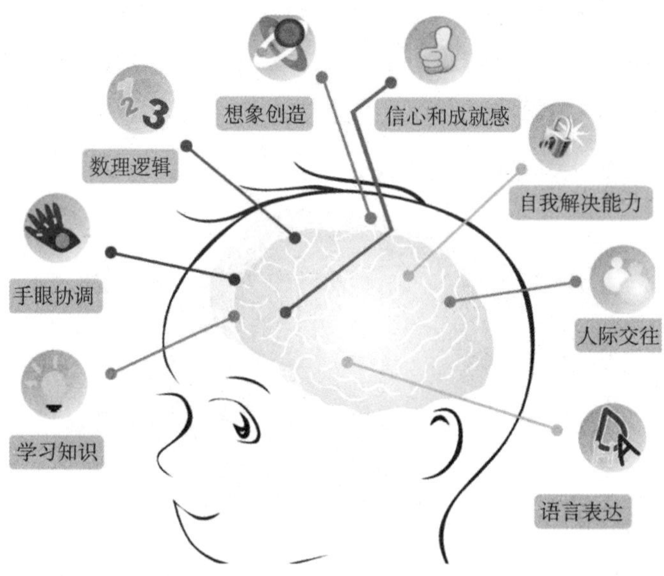

大脑大约有一万亿个脑细胞，一万亿脑细胞中间有一千亿的脑细胞具有记忆和存储功能。这一千亿细胞中的每一个细胞的信息存储量相当于一个40G硬盘容量的计算机，如果你想把它的空间全部存满，每分钟敲200字，连续不停地敲，需要敲200年！而你的大脑中有一千亿个这样的计算机！据很多科学家讲，这个数字是没办法计算的，量太大了！

（2）大脑具有无限的创造力

创造是一种能力，这种能力是需要训练的。现在，很多朋友会开车，我们想一下不会开车的朋友们，你们有没有能力把开车学会？只要经过训练，任何人都有开车的能力！如果我来训练大家，一周的时间百分之百可以上路，没有问题！人脑的创造力和驾驶技能一样是一种能力，这个创造力是大脑的一种特殊运算程序，如果我们今天能够了解大脑的运作模式，经过训练，任何人都可以有创造力，任何人都可以创造自己想要的东西！实际上，如果不懂大脑的运算程序，就像一个计算机没有操作系统，根本不知道如何启动。这是普通人的状态，而经过训练这种状态是可以改变的，所以，我们说人脑的创造性是无限的。

（3）大脑具有惊人的理解力

什么叫理解呢？把一个事物跟你已知的事物联系起来，找出这个事物之所以是这样的原因叫理解。那么，这句话暗含着只要你的背景知识足够多，你几乎就可以理解任何事情。对一个事物不能理解，是什么意思？是说你的背景知识还不够。在这个意义上，知识是可以随时学的，只要你的知识量足够了，你就可以理解所有的事情了。这里要说到人智力的三个基本方面：记忆力、创造力、理解力。在这三个方面，我们任何一个人，几乎是无限的。所以说，人的潜能是无限的，主要是指大脑的潜能是无限的。那么，我们想告诉大家，一个人终生使用大脑，开发程度都不会超过10%。曾有人认为爱因斯坦的大脑开发程度没有超过25%。现代脑科学研究认为，他绝对没有达到那么多。

如果我们了解了大脑，并且学习使用，其实每个人都能做出很大的成就。

4. 探索记忆的秘密——记忆的原理

（1）记忆的生理本质

人类大脑内有上千亿个神经细胞，它们相互之间通过神经突触相互影响，形成极其复杂的相互联系。记忆就是脑神经细胞之间的相互呼应作用。其中有些相互呼叫作用所维持时间是短暂的，有些是持久的，而还有一些介于两者之间。

（2）记忆的形成原理

当一个脑神经细胞受到刺激发生兴奋时，它的突触就会发生增生或感应阈下降。经常受到刺激而反复兴奋的脑神经细胞，它的突触会比其他较少受到刺激和兴奋的脑细胞具有更强的信号发放和信号接收能力。当两个相互间有突触邻接的神经细胞同时受到刺激而同时发生兴奋时，两个神经细胞的突触就会同时发生增生，以至它们之间邻接的突触对的相互作用得到增强。当这种同步刺激反复多次后，两个细胞的邻接突触对的相互作用达到一定的强度（达到或超过一定的阈值），则它们之间就会发生兴奋的传播现象。就是当其中任何一个细胞受到刺激发生兴奋时，都会引起另一个细胞发生兴奋，从而形成细胞之间的相互呼应联系，这就是记忆联系。

（3）脑神经元的交互作用

神经细胞之间存在四种基本相互作用形式：

单纯激发：一个细胞兴奋，激发相接的另一细胞兴奋。

单纯抑制：一个细胞兴奋，提高相接的另一细胞的感受阈。

正反馈：一个细胞兴奋，激发相接的另一细胞兴奋，后者反过来直接或间接地降低前者的兴奋阈，或回输信号给前者的感受突触。

负反馈：一个细胞兴奋，激发相接的另一细胞兴奋，后者反过来直接或间接地提高前者的兴奋阈，使前者兴奋度下降（多由三个以上细胞构成负反馈回路）。

由于细胞的交互作用，记忆会受到情绪、奖励、惩罚等的影响。

（4）脑细胞的记忆分工

人脑内存在多种不同活性的神经细胞，分别负责短期、中期、长期记忆。

① 活泼细胞负责短期记忆，数量较少，决定人的短期反应能力。这种细胞在受到神经信号刺激时，会短暂地出现感应阈下降的现象。但其突触

一般不会发生增生。而且感应阈下降只能维持数秒至数分钟，然后就会回复到正常水平。

②中性细胞负责中期记忆，数量居中，决定人的学习适应能力。这种细胞在受到适量的神经信号刺激时，就会发生突触增生。但这种突触增生较缓慢，需要多次刺激才能形成显著的改变。而且增生状态只能维持数天至数周，较容易发生退化。

③惰性细胞负责长期记忆，数量较多，决定人的知识积累能力。这种细胞在受到大量反复的神经信号刺激时，才会发生突触增生。这种突触增生极缓慢，需要很多次反复刺激才能形成显著的改变。但增生状态能维持数月至数十年，不易退化。

以上三种细胞的区分是相对的。脑细胞的活性分布并没有明确的界线，相对而言是连续分布的。例如活泼细胞的活性也不是都一样的，有些活泼细胞的突触变化周期只有几秒钟，而有些则达到几分钟。

5. 激活大脑的记忆功能——右脑的秘密

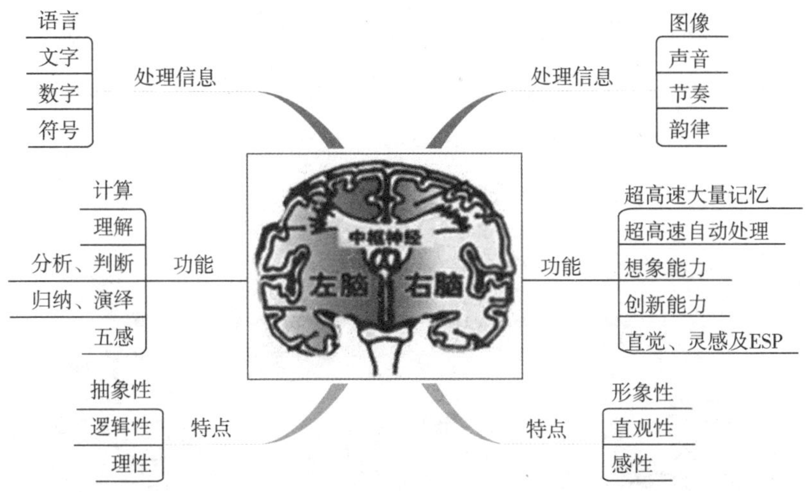

人的大脑分为左脑和右脑。左脑又称为“思维脑”、“学术脑”，引导着语言、逻辑、数学、顺序、符号、分析等的运用，善于把复杂的事情条

理化；右脑又称为“艺术脑”、“创造脑”，它引导着韵律、节奏、图画、想象、情感、创造等因素，它是想象力、创造力的原动力。

调查显示，95%以上的人仅仅使用了大脑的一半，即左脑。为什么会出现这种现象呢？这主要是和人类的生活习惯有关，人类总是习惯于用右手使用工具，而使左脑每天都受到不同程度的刺激，再加上语言中枢、逻辑分析、数字处理、记忆等，都由左脑处理，所以造成左脑满负荷运转。另一方面是由于传统应试教育，使孩子缺少非语言思维能力的教育。许多学校和家庭不重视右脑的开发，不注重逻辑思维能力培养。因此，培养了一大批只会循规蹈矩，缺乏应变能力、创造能力的左脑型人群。

就目前的状况来说，孩子的左脑通常比右脑得到更多的锻炼和开发。而智力的最佳发展状态应该是左右脑共同开发。就创造性而言，右脑的开发具有更重要的意义。因此，应该从以下几个方面来训练和开发孩子的右脑：

（1）培养孩子的创造力

培养孩子的创造力，是开发右脑的方法之一。益智玩具是开发右脑的最佳工具。益智玩具主要以拼插、组装、游戏等活动形式为主，通过儿童自己识图，按照图示来组装，这就是一种创造性的活动，同时也是启发孩子进行右脑思维的一种形式。

（2）锻炼孩子的形象思维能力

形象思维过程，实质上是先由右脑产生形象，再通过左脑使其语言化。因此，有意识锻炼形象思维，能达到活化右脑的目的。形象思维能力如果不注意积极锻炼，就会逐渐衰退。因此，对于幼儿更应该有意识锻炼形象思维能力。

对于孩子来说，童话故事是右脑形象思维能力开发的最佳方法。童话富于幻想，可以启发孩子一边读，一边在脑海中联想一个活生生的场面，这就需要形象思维能力。观看体育比赛，也能够锻炼孩子右脑，提高形象思维能力。

（3）用图形代替语言，可以开发右脑

给孩子讲解问题时，要多利用图形来讲述，如利用一个大圆圈和一个小圆圈来讲述谁大谁小；给孩子讲“2 + 3 = 5”的数学题时，可以画上两个“小鸭子”，再画上三个“小鸭子”，再进行计算，这些都是开发右脑的好办法。

（4）锻炼孩子的形状特征记忆

右脑具有类型识别能力，在拥挤的人群中，你可以立刻认出你所熟悉的人。这是人脑凭借以往的记忆积累，迅速描绘出那人的各种形象，然后将其与视觉得到的印象特征相吻合，并在瞬间判断出那人是谁。因此，有意识地锻炼这种能力，可以给右脑带来刺激。

（5）锻炼孩子的空间认识能力

夜里回到家里，不用开灯，我们也可以四处走动，而不会碰壁、不会摔跤。这种空间感知能力，就是右脑的机能。

可以让孩子进入一个新的环境，让他环视四周后，将他的眼睛用布蒙上，同他玩捉人游戏，这是锻炼右脑的好方法。

（6）培养孩子的欣赏能力

右脑具有绘画感觉能力。让孩子尽情地欣赏绘画作品、自然风景，陶醉其中，是开发右脑的好办法。带孩子参观花展、盆景展等展览，直观整

体地欣赏作品，这有利于活化右脑，右脑的刺激作用会更明显。作画时，要随心所欲，不受任何框框的局限。让孩子练习绘画，对培养孩子有意识地观察并努力记住大自然的千姿百态很有作用，也会对右脑形成良好的刺激。

（7）借助音乐的力量

心理学家发现音乐可以开发右脑。父母应该让孩子学习音乐。此时，还可以在孩子从事其他活动时，创造一个音乐背景。音乐由右脑感知，左脑并不因此受到影响，仍可独立工作，使孩子在不知不觉中得到了右脑的锻炼。

6. 我们如何忘记的——艾宾浩斯记忆曲线

保持和遗忘是一对冤家对头。你对以前学过的知识能够回忆起来，就是保持住了，如果回忆不起来或回忆错了，就是遗忘。德国心理学家艾宾浩斯（Hermann Ebbinghaus）对遗忘现象做了系统的研究。他用无意义的音节作为记忆的材料，把实验数据绘制成一条曲线，称为艾宾浩斯遗忘曲线。

这条曲线一般也称艾宾浩斯保持曲线，它的纵坐标代表保持量，横坐标代表时间。曲线表明了遗忘发展的一条规律：遗忘进程是不均衡的，在

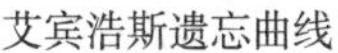

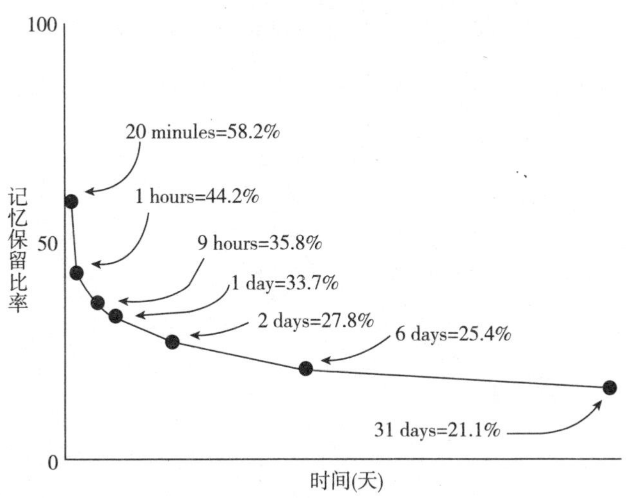

识记的最初遗忘很快，以后逐渐缓慢，到了相当的时间，几乎就不再遗忘了，也就是遗忘的发展是“先快后慢”。

我们通过学习，都希望能够对所学知识记忆全面、牢固、持久，而这是需要技巧的。观察这条遗忘曲线，你会发现：学习以后，如果不抓紧复习，就会快速遗忘，随着时间的推移遗忘的速度减慢，遗忘的数量也相应减少（这时候其实已经遗忘得差不多了）。

如果随便安排一下复习（有复习的安排，但是不科学），对记忆有一定帮助，但是随着时间的延长，也会遗忘掉一大部分。如果在学习结束后就尽快合理安排复习，虽然会有遗忘，但是时间久了，基本不会遗忘太多的东西，而且因为“温故而知新”的缘故，甚至会比刚刚学习结束以后有所提升。

在学习以后要想保持住学习效果，对自己的工作长时间有帮助和指导作用，也要遵循这个规律：把所学内容进行整理和复习，而且是有计划的、合理的、扩展式的复习，这个扩展式复习很重要！

遗忘的进程不仅受时间因素的制约，也受其他因素的制约。学生最先遗忘的是没有重要意义的、不感兴趣、不需要的材料。不熟悉的比熟悉的遗忘得要早。人们对无意义的音节的遗忘速度快于对散文的遗忘，而对散文的遗忘速度又快于有韵律诗。在学习过程中，对一种材料达到一次完全正确地背诵后仍然继续学习，叫作过度学习，过度学习可以使学习的材料保持得好。

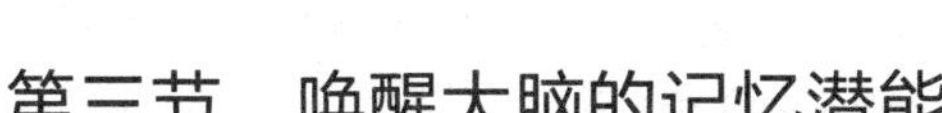

第三节　唤醒大脑的记忆潜能

1. 唤醒你的右脑——阿尔法波音乐

阿尔法波是四种基本脑波之一。通常所指的潜意识状态，即人的脑波处于 α 波时的状态。α 脑波的振荡为 8～12 次/秒。人在脑波中 α 脑波是第一个被发现的。人在最放松舒服的时候，α 波就会自然产生，此时正是潜能最活跃的时机，能够激发出无限可能性。

α 波是连接意识和潜意识的桥梁，是有效进入潜意识的唯一途径，能够促进灵感的产生，加速信息收集，增强记忆力，是促进学习与思考的最佳脑波。当大脑充满 α 波时，人的意识活动明显受到抑制，无法进行逻辑思维和推理活动。此时，大脑凭直觉、灵感、想象等接收和传递信息。

音乐具有主动的、积极的功能，是提升创造、思考，使右脑灵活的方法，并且能引导出重要的 α 脑波。特有的音乐节奏与旋律，能够使我们平常较常用的主管语言、分析、推理的左脑，得到休息；相对的，对掌管情绪、主司创造力、想象力的右脑则有刺激作用，对创造力、信息吸收力等潜在能力的提升有很强的效果。

α 波音乐不同于普通的古典音乐，α 波音乐不是用作艺术欣赏的，而是用来开发大脑、激发潜能、协调身心的。从脑科学来讲，不是所有的古典音乐都能激发美好的 α 脑波，甚至在同一首曲子中，也不是所有的乐章都能使人身心放松、精力充沛，所以就存在选择的问题。只有节拍在 60 ~ 70，频率在 8 ~ 14 赫兹范围内的音乐才是真正的 α 脑波音乐。

当我们听阿尔法脑波音乐的时候，尤其是孩子，大脑内会分泌一种化学物质内啡肽。这种内啡肽有利于促进孩子的情绪稳定，保持他进入右脑潜意识活动的积极状态。这时候孩子就会进入到无穷的想象空间，也就是说 α 波音乐有利于促进孩子的创造力和想象力，同时能改变孩子的睡眠质量。比如当一个两三岁的孩子哭哭闹闹不停，或者特别烦躁的时候，家长可以给孩子适量地听一听 α 波音乐。大概两三个月以后孩子的饮食睡眠都会变规律，并比以前的质量更高。α 波音乐还有一种功能就是缓解压力，当家长给孩子很大的压力，或者老师给的批评太多了的时候，可以给孩子听一听阿尔法波音乐。

常听阿尔法波音乐，大脑清醒且放松，注意力集中，情绪稳定愉悦，记忆力、专注力、创造力、想象力明显提高，直觉越来越准确，灵感越来越多！学生常听阿尔法波音乐可以提升专注力、记忆力等，开发学生学习潜能，提高学习兴趣，学习更轻松，消除学习疲劳，缓解学习压力。

2. 让右脑运动起来——五感潜能训练

所谓五感，是指视觉、听觉、嗅觉、味觉、触觉这五种感觉。

视觉：我们每个人都有一双明亮的眼睛，这双眼睛可以观察社会，观察自然。

味觉：生活中不管是瓜、桃、李、枣还是菠萝等，它们都以独特的美味奉献给人类，使我们生活多滋多味。

听觉：提起声音都不陌生，我们生活在声音的海洋里，好的声音尤其是优美的、悦耳的声音，像空气一样滋润着每个人的生命。

触觉：我们每天都要和万物接触，北风和大雪使你冷得发抖，柔和的春风又使你温暖舒畅。

嗅觉：嗅觉是一种远感，相比之下，味觉是一种近感。通俗点说，就是你知道花儿是香的，垃圾很难闻。

五感是人类认识世界、改造世界最直接的工具，是必备的生存能力，同时也是大脑智力活动的基础。右脑的五感包藏在右脑底部，可称为“本能的五感”，控制着自律神经与宇宙波动共振等，和潜意识有关。右脑将收到的讯息以图像处理，瞬间即可处理完毕，因此能够把大量的资讯一并处理（心算、速读等即为右脑处理资讯的表现方式）。一般人右脑的五感都受到左脑理性的控制与压抑，因此很难发挥即有的潜在本能。然而懂得活用右脑的人，听音就可以辨色，或者浮现图像、闻到味道等。心理学家

称这种情形为“共感”，这就是右脑的潜能。

人的左右半脑是不平衡发展的。统计显示，绝大多数人是左脑发达（其中大约一半的人比较均衡一些）。全球有10%的人是左撇子，即右脑比较发达。

右脑被称为“图像脑”，处理声音和图像等具体信息，具有想象、创意、灵感和超高速反应（超高速记忆和计算）等功能，有感性和直观的特点，所以又称“感性脑”。

如果让右脑大量记忆，右脑会对这些讯息自动加工处理，并衍生出创造性的讯息。也就是说，右脑具有自主性，能够发挥独自的想象力、思考，把创意图像化，同时具有作为一个故事述说者的卓越功能。如果是左脑的话，无论你如何绞尽脑汁，都有它的极限。但是右脑的记忆力只要和思考力一结合，就能够和不靠语言的前语言性纯粹思考、图像思考连结，而独创性的构想就会神奇般地被引发出来。

3. 让右脑兴奋起来——色彩与图形感知训练

(1) 色彩感知训练

色彩是我们视觉感知的首选，它随处可见，只要是有光的地方就有色

彩。在生活中，人们对色彩的感知力总是直接而快速的。色彩总是在人们的物质生活、精神生活中发挥着诱人的神奇魅力。源于生活的色彩丰富而灿烂，无论是自然景观还是人为创造，它既满足了我们的视觉享受，又是我们艺术创作的源泉。

在当今的儿童美术教育中，对少儿喜爱的色彩不够重视。过多注重孩子对形体的把握和线条的控制，对色彩的要求也仅仅局限于按物体固有色来绘画，把孩子对色彩的感受理解为乱涂。其实，孩子眼里的世界是五彩缤纷的，孩子内心的世界更是绚丽多彩的。孩子对色彩有不同于成人的敏感与想象力。他们会以他们特有的色彩符号来描绘自己的所看所想。这种符号有着天性的不受拘束，大胆创新的表现力。唯有色彩最能调动孩子的情绪，最能加强孩子审美情感的刺激。

如何让孩子创造性地使用色彩，大胆地画出自己的主观感受，可以从以下几方面着手：

①接近自然，感受大自然的色彩

我们生活在五彩缤纷的色彩世界当中，让孩子们分辨客观世界之间的色彩差异，并注意它们在不同环境下所产生的变化，这是孩子们认知世界和感知世界的基础，也是他们学习用色彩进行表现的前提。

②引导孩子用色彩来表现自己对周围环境的感受。

经常有针对性地带孩子进行一些户外观察，感知自然与艺术作品的形象，积累丰富的感性经验，引导孩子大胆地选择多种颜色作画，不要用单一的色彩表现画面，不要用生活中固定的颜色框架去局限孩子的思维。在幼儿美术活动中，每进行一个步骤都是从孩子最感兴趣、最易掌握的方面入手，着力培养幼儿对色彩的感受能力。

③通过多种趣味美术活动，认识颜色，了解颜色变化的过程，提高孩子审美理解能力

孩子喜欢涂涂画画，在玩中认识色彩对孩子是一种不可抵挡的诱惑。在趣味美术活动中，引导孩子认识颜色，激发孩子对色彩的兴趣，了解颜色产生的过程，加深孩子的色彩体验，提高他们的审美理解能力。儿童好奇心强，喜欢鲜艳、艳丽的色彩，有意识地培养他们的色彩感知能力，可以帮助孩子树立正确的审美观，提高欣赏水平，引起孩子愉快的体验，获得美的享受，从而提高他们的综合审美素质。

在四快高效学习法的训练软件中，有一项关于曼陀罗卡片的专门训练，曼陀罗卡片是由红、黄、蓝、绿四种颜色组成的一组对称图形。是激发右脑训练的一种基础方法。

（2）图形感知训练

儿童时期“玩”就是儿童生活的中心，随着对图像和图形认识的生成和情趣的增加，儿童游戏的重点和趋向也会发生很大改变。图形的添加不但会使单调的三角形、圆形、正方形等规则的几何图形显得平易近人，而且容易接触，就像儿童经常玩的拼积木一样，拼图和积木等游戏能够反映出儿童内心的世界，这些积木被组合成的图形正反映了儿童对事物的认识程度。同时也反映了儿童的想象能力。

如把小朋友的眼睛蒙上让孩子摸各个东西，然后猜一猜摸到的是什么。或者一边触摸事物一边让小朋友说出内心的感受，像这样可以在大脑

皮层形成综合性暂时神经联系，使观察结果更深刻、更牢固。

儿童感知的发展始终是非常活跃的，具有很大的潜力和可塑性。儿童容易对比较大而且清晰的图形感兴趣，对不易理解、复杂的图形、构图和题目的画面，他们从选择中自动忽略了，儿童不仅靠视觉去感受，也从听觉来收集消息，把语言变成具体形象反映到画面上。

在四快高效学习法的训练软件中，曼陀罗卡片训练、瞬间记忆训练、三维立体图训练、数字密码卡训练等，都是训练孩子对图形和图像的感知能力。

4. 点燃图像记忆潜能——曼陀罗卡

曼陀罗卡片是由红、黄、蓝、绿四种颜色组成的一组对称图形。

曼陀罗卡训练是激发右脑训练的一种方法。所谓的曼陀罗卡训练就是紧盯着曼陀罗图，记住每个曼陀罗的形状和颜色，然后在记忆里再现的一种训练方法。这种方法能激活右脑。

曼陀罗图练习的具体操作方法：

如果紧盯着曼陀罗图看 10 秒钟，然后闭上眼睛，就能够在想象里栩栩如生地再现曼陀罗的颜色和形状，这就证明你的右脑想象能力已经被开启了。如果继续做这种练习的话，很自然地就能开发出你的右脑想象能力。

1

2

3

曼陀罗图练习的具体操作方法：

(1) 请连续盯着曼陀罗图。

(2) 看5到10秒后闭眼5秒，同时暗示自己在闭眼睛时让图像尽可能长时间地停留在眼前。睁开眼后，看图背面的黑白曼陀罗图像，并将颜色回忆出来，训练的关键是要持续不断。

5. 解密“瞬间记忆”

人类本来就具有这样一种能力，就是能够记住仅仅看了一眼的事物。我们把这种能力称之为瞬间记忆。瞬间记忆训练是一种培养右脑的想象能力的训练。

一本《论语》，甚至是厚厚的《红楼梦》，为什么有人能一目十行，不到几分钟，就可以讲出书中的内容，连具体的数字也能复述出来？这种“瞬间记忆”的大脑“路线图”究竟是什么？他与人类的智商到底有什么关系？“最强大脑”是先天本能还是后天习得？

科学研究证实了“瞬间记忆”的幕后“操纵者”为大脑内侧的前额叶——额头后面的一片大脑区域。当“瞬间记忆”正在进行时，内侧前额叶负责信息的“暂时存储”，而当“瞬间记忆”任务的学习基本完成后，信息的“续存储功能”就会转交给其他脑区，这时，内侧前额叶会转而负责发出抉择行为的指令。

“瞬间记忆”的学名为“工作记忆”，是一种用“秒”来衡量的短时记忆。“它好比电脑里的‘临时缓存’，负责存储思维的中间结果。例如，做心算 28×71 时，工作记忆强的人，就能把中间过程的计算结果预存在大脑里。”在日常生活中，几乎每项智能任务的完成都离不开工作记忆的参与，这就是为什么身患老年痴呆、中风等疾病和衰老的人，他们的工作记忆会出现缺陷。

大脑前额叶占人脑皮层总量的 30%，现有研究已初步证实，“瞬间记忆”的好坏与人类的智商存在着相关性，与先天的基因也有相关性，但后天的学习和训练也能提高“瞬间记忆”的能力。

瞬间记忆训练分为下面三种类型：

图画的瞬间记忆训练

文字的瞬间记忆训练

数字的瞬间记忆训练

如果每天都反复地进行这种练习的话，你最终可以在记忆中再现看了一眼的事物，从而开发出你的右脑记忆能力，其实右脑记忆就是记住所看到的事物的本来模样。

6. 三维立体图

三维立体图，通俗来讲就是利用人们两眼视觉差别和光学折射原理在一个平面内使人们可直接看到一幅三维立体画，画中事物既可以凸出于画面之外，也可以深藏其中，给人们以很强的视觉冲击力。这主要是运用光

影、虚实、明暗对比来体现的，而真正的3D立体画是模拟人眼看世界的原理，利用光学折射制作出来，它可以使眼睛感观上看到物体的上下、左右、前后三维关系。

观看技巧：

首先要让你的眼睛休息三分钟，在三维立体画上方中间位置用视线确定两个点，然后用稍微模糊的视线越过三维立体画眺望远方；这时就会看到从两个点各自分离出另外两个点，成为四个点，这时候图像就会模糊起来，不要急，调整你的视线，试图将里面的两个点合成一个点，当四个点变成三个点时，你就会看到立体图像了。但要注意，图画上下两边一定要与双眼平行，斜着是不会看出来的。

第二种方法是先看着屏幕上反射的自己的映象，然后缓缓地将视觉注意力转向图片，但注意眼珠不要转动，不要盯着图片中的细节看，而是模糊地看着图片的全貌。

第三种方法是先将你的脸贴近屏幕并且眼光好像穿过屏幕，然后缓缓地拉开距离，不要使眼睛在图片上聚焦，但又要保持你的视线，边拉开边放松视觉，直到三维效果显现出来。

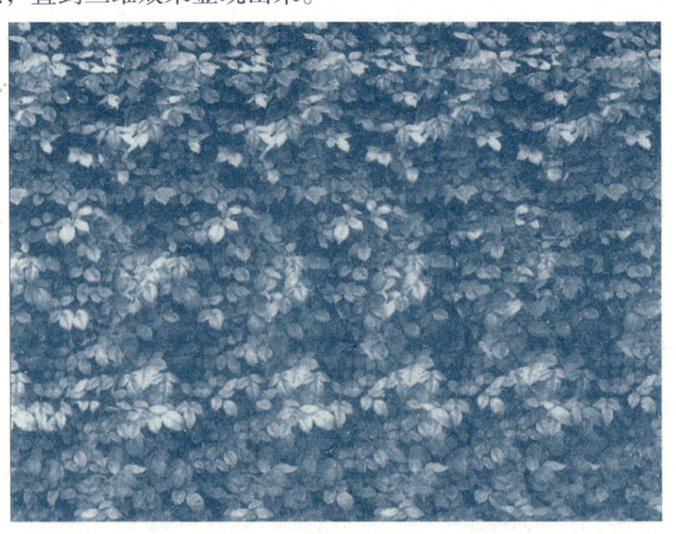

基本原理 :

我们之所以有一对眼睛，是为了能看到物体的空间位置，而不是像照片一样平面的感觉。这是因为左、右眼看到的图像并不相同，之间细微的差别被大脑识别，用经验即可判断物体的空间位置。

还有一个视点的问题，人们看某物时不会前、后都清晰，当我们把视点调到前面时，后面就会模糊，反之前面就会模糊。当然，这些调节是我们无意识的。我们想看清什么物体时，就马上把视点调到它上面。

三维立体画也是相同的原理，改变目光聚焦位置（通常是把视点落在立体画后面合适的位置）的目的在于让立体图上相邻的两个重复图案“看起来”恰好重叠，并利用重叠图案之间的差异来产生立体感。此时左、右眼看到不同的图案。

第四节　全世界都在用的记忆方法

1. 快速记忆的秘密

（1）什么是快速记忆

快速记忆即结合记忆的规律，用各种方法把枯燥乏味的记忆材料转化为生动易记的物像，并通过有趣的奇特联想串联起来，来强化记忆效果，以物像为根本，以联想为关键，以奇特为秘诀，以谐音为窍门，用有趣的记忆过程达到准确的记忆目的，再结合科学的复习方法，达到记忆快速、长久、牢固的目的。

（2）快速记忆的根本即右脑图像记忆

右脑图像记忆的原理就是把所需要记的文字、数字、英文等抽象的资料，在大脑的想象中把它们变成活动的图像，像看电影那样来记它们，就可以达到过目难忘甚至过目不忘的记忆效果！

我们知道，人类的大脑是自然界最了不起的作品，大脑由数百亿个脑细胞所组成，能够想出许多伟大的创意，同时也足以容纳相当于几百万本图书的知识。

那么，如此出色的人类大脑，在运用它的记忆力的时候，为什么会感到如此的无助呢？因为，绝大部分人都是在用传统的记忆方式来进行记忆，而这种传统的死记硬背方式在进行记忆的时候，会遇到两个无法克服的困难——记得慢，忘得快。而正是这两个困难导致我们的传统记忆方式效率非常低。传统的记忆方式本质就是声音记忆，然而，我们每个人除了声音记忆之外，还有另外一种记忆方式，就是图像记忆。也就是说，每个人都有两种记忆方式：声音记忆和图像记忆。图像记忆是一种过目不忘的记忆方式，而且每个人都有这种过目不忘的能力。

（3）快速记忆法的方法

快速记忆的关键是想象要夸张、奇特、形象。因为大脑对夸张的东西不容易忘记，对形象的东西也容易记住。快速记忆的基本技巧是联想和串联。它是由古希腊人发现的。很简单，如果你想记住任何事情或事物，你只需要把它与某些已知的、确定的事项进行联想或者串联起来。同时，彻底地使用你的想象，你在记忆时所使用的想象越生动，你的记忆就越好，想象是记忆的基础。

2. 联想记忆法

什么是联想呢？简单地说，联想就是搭起一座记忆的桥梁，利用我们熟悉的事物连接新的信息，因而它是一种节省时间并强化记忆的方法。任何可以使我们从已有的资料联想到新的资料的方法，都是联想法。我们可以运用已有的资料帮助记忆新的资料，无限地扩充我们的记忆库。

联想法之所以比死记硬背的方法记得更快、更牢，是因为人们在记忆那些生动、有趣，甚至夸张、荒诞的画面时，记忆特别深刻，往往可以过

目不忘。

只要我们把任何枯燥乏味、缺乏逻辑联系的信息，都转化为生动有趣，甚至夸张、荒诞的画面，那么，我们就能够非常快而且非常牢地记住这些信息。联想法如果进一步划分，可以分为图形联想法与谐音联想法两种。

（1）图形联想法

把所需要记忆的内容用形象表现出来，利用右脑帮助记忆。

图形联想法是联想法的最基本单元，也是在快速记忆法中最基本的记忆方法。通过图形联想法，我们可以把任何两个有关联或者无关联的信息紧紧地联结起来。

例如：我们要把苹果与狗联系起来，就可以通过图形联想法，想象一个又红又大的苹果，狠狠地砸在了一条狗的头上；或者想象一条狗在有滋有味地吃苹果的图像等等。通过我们的联想，苹果这个图像就与狗这个图像联结在一起了。这样，当我们想到苹果的时候，马上就能够想起狗，或者想到狗的时候，马上就能想起苹果。

图形联想的方法非常灵活，两个信息或者两个图像摆在你面前，你无论怎样发挥想象都可以，只要把这两个信息或图像紧密地联结起来就可以了。

举例，用图形联想法分别联结以下几对词语：

沙发——仙鹤；球拍——护士；耳环——喇叭；鸡蛋——荷花。

沙发——仙鹤：

对于两个词语，我们在第一章开头的时候已经作过想象联结，但是要注意的是，我们之前的联结是“仙鹤”在前，“沙发”在后，而这里却是“沙发”在前，“仙鹤”在后，想象的画面就应该要有所不同。否则，如果不能非常明确地分出先后，就容易出现记忆偏差。所以，这对词语可以这样想象：一个又黑又重的沙发压在仙鹤的身上，仙鹤拼命展开翅膀也飞不起来。

球拍——护士：

可以想象为：一个球拍从上面飞快地打下来，把正在给病人打针的护士打晕了。

耳环——喇叭：把两个耳环往喇叭口上一放，这个喇叭就自动吹出了优美的曲调。

鸡蛋——荷花：有几个鸡蛋在荷花的红色花瓣间上蹿下跳。

联想法的想象原则：

①想象必须具体、鲜明、生动

对于图像的想象，要有鲜明的颜色、动作，甚至要伴随有声音，这样的图像才会显得生动、不易忘记。因为只有每一个图像都具体、鲜明、生动，所串联起来的画面才会生动、让人印象深刻、不易忘记。例如我们在本书开头所写的“一只仙鹤跷着二郎腿坐在沙发上”，虽然仙鹤坐在沙发上本身就已经比较夸张，但如果我们让在想象中让仙鹤像人一样跷着二郎腿坐着，两只翅膀像人的手一样往两边一扶，这样的动作就非常的鲜明、生动，因此也就容易过目不忘。

②想象要尽可能地夸张、荒诞，以利于加强记忆

对记忆信息的想象，不但要鲜明、生动，而且最好能够尽量地夸张、荒诞。因为夸张、荒诞的画面或者动作，会让人的记忆倍加深刻，往往过目不忘。而那些平淡无奇的画面则相对容易被忘记。例如，对于“勺子”与“咖啡”的联想，如果按照常规，可能会想象为“用勺子去搅咖啡”。然而这样的联想不够夸张，因此记忆效果会不太好。如果想象为“勺子在咖啡中跳舞”，记忆效果就会好得多。

③尽可能地直接把两个图像联结在一起，避免出现过多无关的内容

信息与信息之间的联结应该尽可能简洁，尽量不要借助其他的事物，最好是把两个相连信息所代表的画面直接接触，这样就避免其他的无关信息对记忆进行干扰。例如上面的例子：球拍把护士打晕了，不需要想象是谁在拿着球拍，也不需要去想为什么要把护士打晕，直接就想象球拍把护士打晕的图像，这样的画面中就只有“球拍”与“护士”两个信息，而不会混进了别的信息。当然，为了更清晰地想象护士的图像，可以稍微想一下她的白色护士服以及那顶特别的护士帽，甚至可以给她戴上口罩、让她拿着针筒，这些都是为了加强“护士”的印象，而并不是无关的信息。

我们说“记忆等于联结”，就是要把所有的记忆信息进行有效的联结，当信息很多、很复杂的时候，联结的方法也相应要复杂一些。

（2）谐音联想法

所谓谐音联想法，是通过读音的相近或相同把所记内容与已经掌握的内容联系起来记忆的一种记忆方法。就是把有些知识按照其他同音汉字去理解，使原来无意义的音节变成有意义的词句。使之生动、有趣、收到意想不到的效果。

例如，我们有位老师叫何景峰，这个名字如果倒过来讲就变成“峰景何（风景河）”，想象有一条美丽风景的河。还有一位学生叫蔡喜慧，似乎没有谐音可以帮助记忆，但是如果倒过来念就成了“会洗菜”，印象一定很深刻。

再来看看英文的译音，在翻译外文名词（姓名、地名、专有名词等）时也应因性别、职业、性格、特色等特征，设法译出最合适的“声音”。

例如，我们众所周知的美国电影明星 Tom Cruise（汤姆·克鲁斯），Tom 的译音“汤姆”，也可以由谐音变成“他母”，再联想成“他”的“母”亲很美。因为想到他的母亲很美，而联想到他的名字汤姆，这两个联想使我们更容易记住他的名字。另外一个知名的美国人物基辛格（Henry Kissinger），只听中文译名就会联想到这个人很有特点、很有性格对不对？这也是译音的联想，我们也可以联想他亲吻（kiss）一个歌星（singer）。是不是可以轻松地记住他的英文拼写了？因为听觉（声音）是重要的信息来源，如果可以在第一时间运用声音联想做记忆存盘的话，学习不仅更有效率也会更有趣。

谐音广泛运用于数字、语文、历史、英语单词等各种知识的记忆。

①用谐音法记忆数字

气体的摩尔体积 22.4 升/摩，可记作：“二二得四”。得与点谐音。

②用谐音法记忆物理公式

电功的公式 W = UIt，可用谐音法记作：“大不了，又挨踢”。同样道理，电流强度公式 I = Q/t，可记作：“爱神丘比特”。

③用谐音法记忆氧化—还原反应相关知识

氧化—还原反应中氧化剂与还原剂的判断可记作："杨家将"，即"氧价降"。意为氧化剂中的元素化合价降低；反之，还原剂中的元素化合价升高。

④用谐音法记忆化学现象

物质溶解于水，通常经过两个过程：一种是溶质分子（或离子）的扩散过程，这种过程为物理过程，需要吸收热量；另一种是溶质分子（或离子）和水分子作用，形成水合分子（或水合离子）的过程，这种过程是化学过程，放出热量。可用谐音记作："无锡花伞"，即"物吸化散"。

⑤用谐音法记忆地理数据

长江的长度6300千米，可用谐音法记作："溜山洞洞"。同理，地球的表面积为5.1亿平方千米，可记作："地球穿着有污点的衣服"。

⑥用谐音法记忆历史年代

李渊618年建立唐朝，可记作："李渊见糖（建唐）搂一把（618）"。

清军入关是1644年，可记作："一溜死尸"。因为清军入关尸横遍野。

中日甲午战争爆发于1894年，可用谐音记作："一拔就死"。

中日《马关条约》1895年签订，可记作："马关的花生——一扒就捂（霉变）"。

1898年6月11日至9月21日，历时103天的戊戌变法，可记作："戊戌变法，要扒酒巴；路遥遥，酒两舀"。要扒酒巴，即1898年；路遥遥，即6月11日；酒两舀，即9月21日。

1900年8月14日，八国联军进北京，可记作：八国联军进北京时正赶上光绪皇帝的亲爸爸——慈禧要死，即爸要死（8月14日），喝了两瓶药酒没顶用。两瓶即两"0"，药酒即"19"，合起来为1900。

马克思生于1818年，逝世于1883年，可以记成"一爬一爬，一爬爬上山"。

⑦用谐音法记忆通讯号

电话号2641329，可用谐音记作："二流子一天三两酒"。同理，电话号3145941可记作：这件衣服虽然少点派，但我就是要。少点派即π=3.14变为314。

⑧用谐音法记忆电流表、电压表联接方式

电流表要串联在电路中，电压表要并联在电路里，为了防止记串，可记作"流串"加以区别，即电流表要串联，相反，电压表要并联。

⑨物理书的三个宇宙速度记忆法

第一宇宙速度：7.9km/s（吃点酒）

第二宇宙速度11.2km/s（要一点儿）

第三宇宙速度16.7km/s（要留点吃）

3. 串联记忆法

是将所记忆的几项内容根据其各自的特征和相互联系串起来记忆。串联记忆法又可分为：

故事串联法：首先对需记忆内容进行提取关键词，然后通过形象、生动的故事把关键词串接起来，帮助记忆。

定桩串联法：有身体桩、数字桩、罗马房间等，然后需记忆内容与桩子挂钩，达到记忆的目的。

（1）故事串联法

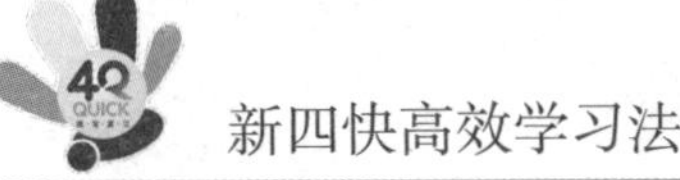

我们在日常的学习、工作、生活中，经常会遇到一些记忆情况，需要我们把一些事情、一些词语牢牢记住，一个也不能漏掉，这个时候，用故事串联法来记忆就会比较方便快捷。所谓故事串联法就是将所记忆的几项内容根据其各自的特征和相互联系通过讲故事的方式串起来记忆的一种记忆方法。故事串联法是最简单的串联记忆法，就像看电影一样，只要看过电影的剧情，就能回忆出电影的细节。的确，电影的情节应该比书本的知识更容易记住，电影除了具有声色光影外（听觉记忆 + 视觉记忆），丰富的故事情节更是快速记忆的关键。所以不妨运用故事串联法，让记忆更牢固。

例，记忆十二星座：

水瓶座、双鱼座、白羊座、金牛座、双子座、巨蟹座、狮子座、处女座、天秤座、天蝎座、射手座、摩羯座。运用串联联想法我们可以这样想像：从一个水瓶（水瓶座）里游出了两条鱼（双鱼座），结果它们一游出来就游到了白羊（白羊座）的肚子里了。这时，一头很大很重的金牛（金牛座），一脚把山羊踩扁了，这两条鱼从白羊的屁股里被挤了出来，变成了两个小孩子（双子座）。接着，一只巨大的蟹子（巨蟹座）用它那两个大钳子钳住这两个小孩的屁股，钳得他们哇哇大哭。这时，一只狮子（狮子座）张开它的血盆大口，一口把巨蟹咬成两半。再一看，狮子身上坐着一个美丽的少女（处女座），少女的头上顶着一个天秤（天秤座），天平上掉下来一只蝎子（天蝎座），想要去咬少女美丽的脸蛋。说时迟那时快，出现了一个射手（射手座），这个射手坐在一只山羊（山羊座，即摩羯座）上，一箭射来，就把这只蝎子射死，把少女救了。

故事串联法适合用于记忆一连串需要按顺序来记忆的资料。运用串联联想法一个一个地把资料串起来，可以很快记住数十个甚至上百个资料。

（2）定桩串联法

定桩串联法也叫作宫殿记忆法，就是把我们需要记忆的信息与已经牢

记的一些有着清晰顺序的桩子按顺序联结起来的方法。

定桩串联法的作用就相当于在自己的大脑中创建了许多分类整理好的记忆文件夹。当我们需要记忆大量信息，而这些信息又需要快速有条理地提取的时候，我们就通过定桩串联法，在记忆的时候就把这些信息放到同一类或者一系列的记忆文件夹中，把它们非常有规律地放好。而当我们需要提取的时候，就可以把这个相应的文件夹拿出来，里面就包含了我们所需要的所有的资料，或者包含了我们所需要的小一些的文件夹，我们所需要的资料都在里面摆放得非常整齐，一个资料都不会丢、一个资料都不会乱。

定桩串联法因为具备这个记忆文件夹的功能，所以不但在进行记忆的时候能够同时记忆大量的资料而不会混乱，而且在对这些资料进行提取的时候，又能够非常快速、非常准确、并且非常完整地提取出来。

运用定桩串联法有两个步骤：

第一个步骤，就是要先建立有着清晰顺序的桩子，也就是要在自己的大脑中建立起用于存放记忆资料的记忆文件夹。

第二个步骤，就是把所需要记忆的信息通过联想法一个一个地联结在这些已经非常熟悉的桩子上，也就是把记忆信息一个一个地装进记忆文件

夹中。

定桩串联法或桩子连接法或叫心理档案夹（是大量资料的记忆方法），包括桩子表和房间法或叫罗马房间法，是联想法的具体化。将桩子或房间用来当成图像的存放桩子，原理就是让要记忆的东西来跟已知的东西做连接。原来的东西就叫“桩子”，把新的要记忆的事物与桩子连接，此法用于大量数据和外语的记忆。

那么，什么样的东西可以作为桩子呢？就是那些能够进行清晰排序的、已经牢记于心的信息。常用的桩子种类包括：数字桩、字母桩、地点桩、身体桩、熟悉的语句、熟悉的人物等等。

①数字

基本的110编码表（在记忆方法的实战应用中详细介绍）大家要记牢，在此基础上可以自己发明创造。用熟以后还可以无限扩展，记忆更多的事物。

②地点

小到室内的各种摆设（例如门、桌子、窗户、水杯、电脑、电灯、风扇……使用时最好有一定的顺序），大到各个景点、建筑物（例如哈尔滨冰雕、兴安岭林海、内蒙古草原、北京天安门、长城、长江、上海明珠电视塔，海南椰林、中国长城、埃及金字塔、法国埃菲尔铁塔、美国自由女神像、澳大利亚悉尼歌剧院……）。

③人物

例如：水浒108将（不一定全部用上），各个国家领导人（布什、萨达姆、林肯、克林顿、丘吉尔、拿破仑、小泉、金正日、布莱尔……），娱乐明星（阿宝、杰伦、林俊杰、蔡依林、刘德华、羽泉……），体育健将（刘翔、丁俊晖、赵蕊蕊、马林、李金羽……）。

④身体

从头到脚都可以用，例如：头发、额头、眼睛、耳朵、鼻子、嘴、脖

子、胸、胳膊……

⑤熟语

金木水火土，酸甜苦辣咸，柴米油盐酱醋茶，东南西北中……

⑥字母

26 字母用形象的事物对应，例如 A 铁塔、a 蝌蚪，B 眼镜、b 球拍，C 月亮，D 弓箭，E 书籍，F 木梳，K 板凳，Z 弹簧……

⑦字符

例如：女人♀ 男人♂ 美元＄ 人民币￥ 大漠孤烟直‖长河落日圆○ 手势V　……（使用字符可以简化记忆量，使记忆更形象）

⑧诗歌（对联）

有些诗句有很多具体事物，而且顺序性很好，适合做桩。例如：

大漠孤烟直，长河落日圆。大漠，孤烟，长河，落日　。

移椅倚桐同赏月，点灯登阁各观书。椅子，梧桐树，月亮，油灯，阁楼，古书。

竹喧归浣女，莲动下渔舟。竹林，浣女，莲花，渔舟。

第五节 记忆方法的实战应用

1.110 个数字密码表

数字密码就是将 00~09，1~100 共计 110 个数字进行编码，转化成为图像，每一个训练快速记忆方法的训练者最好是非常熟练地记忆这 110 个数字密码。

四快学堂

快速记忆数字密码卡

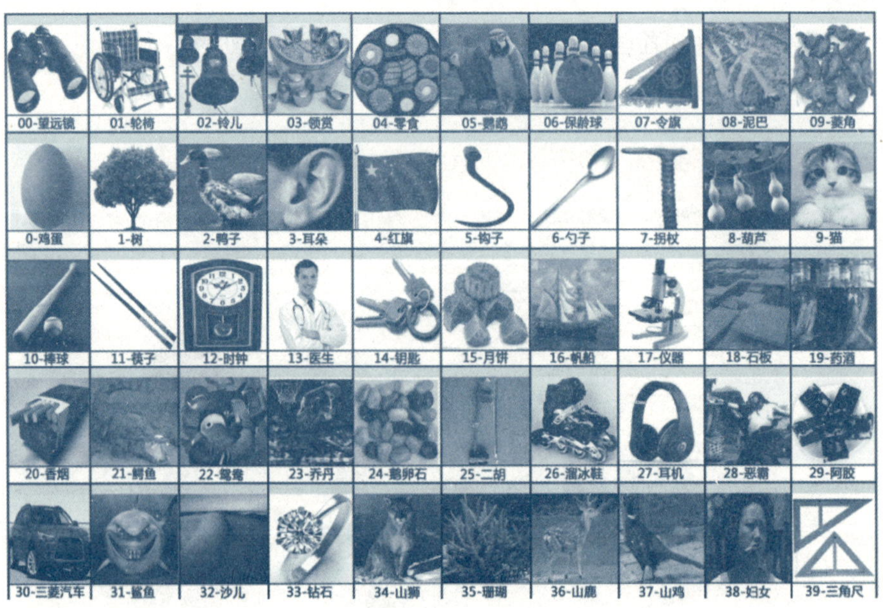

数字密码可以根据每个人的情况而改变，也就是说，不同的训练者可以根据自己熟悉的事物来进行编码。

用故事串联法记忆 110 个数字密码

下面举一个例子，用串联法将 110 个数字密码进行串联，训练者也可以尝试将整个内容进行记忆。每个人都可以拥有自己的数字密码表，他并不是唯一的，原则是所熟悉且更好记忆的图像编码。下面使用的编码与上述的编码有些差别。

望远镜（00）坐着轮椅（01），带着铃儿（02）去领赏（03），买了些零食（04），听着鹦鹉（05）学舌，领略扛着保龄球（06）举着令旗（07），于是在泥巴（08）里种菱角（09），不久就长成大树（1），树下有只鸭子（2），在耳朵（3）上插上红旗（4），手里拿着钩子（5），把勺子（6）做成拐杖（7），放进葫芦（8）里面，和猫（9）一起去打棒球

(10)。出来时用筷子(11)挂着时钟(12)去找医生(13),拿着钥匙(14)和月饼(15)乘着帆船(16)来卖仪器(17),撞到石板上(18)受伤了,喝多了药酒(19),抽着香烟(20),碰到了一条鳄鱼(21),背上背着一对鸳鸯(22),这个时候乔丹(23),手里玩着鹅卵石(24)和一把二胡(25),踩着溜冰鞋(26)戴着耳机(27),打扮成恶霸(28),抢了一些阿胶(29),坐上三菱(30)汽车拖着鲨鱼(31),掉到沙滩上的沙儿(32),发现一颗闪闪的钻石(33),一只山狮(34),跳过珊瑚(35)扑向山鹿(36),追着山鸡(37)送给妇女(38),拿上三角尺(39)找到司令(40)当上了司仪(41),用甜甜的柿儿(42),敲开了石山(43),发现了香水(44)的师傅(45),急忙拿出石榴(46)给司机(47)放到石板(48)挂到天安门(49)上面奥运的五环(50),那里有许多工人(51)手拿斧儿(52),一边舞扇(53)一边给武士(54)扇风,推动火车(55),慢得像蜗牛(56),最后只好放下武器(57),开始吃巨无霸(58)汉堡,然后爬上五角星(59)摘些榴莲(60)请儿童(61)吃,他们围着一群驴儿(62)听着刘三姐(63)唱歌,用螺丝(64)敲打着锣鼓(65),掉下了许多蝌蚪(66),全身沾满了油漆(67),举着喇叭(68)边打太极(69)骑着麒麟(70),扔出很多奇异果(71)滚到了企鹅(72)面前,喝了些花旗参(73)汤补身子,然后欣赏着骑士(74)的翩翩起舞(75),然后随着一股气流(76)来到了机器人(77)身边,捧着一个大西瓜(78)乘着气球(79)飞上了巴黎(80)铁塔,用白蚁(81)做了许多靶儿(82),装满花生(83)到每辆巴士(84)上,让白虎(85)和八路(86)军比赛下白棋(87),赢的可以吃到爸爸(88)带去的巴蕉(89),一群精灵(90),脱下球衣(91),把球儿(92)放进救生(93)圈里,学着教师(94)举起酒壶(95),喝下了九牛(96),扔掉了酒起(97),在一间酒吧(98)里找到了舅舅(99),一起花掉了最后的一百元(100)。

通过连接这 110 个数字编码，训练者可以从中发现串联的一些规律，要学会举一反三，在训练中熟练地运用串联记忆的技巧。

2. 数字记忆技巧

用串联法记忆圆周率

用串联法记忆圆周率小数点后 100 位

14 15 92 65 35 89 79 32 38 46

26 43 38 32 79 50 28 84 19 71

69 39 93 75 10 58 20 97 49 44

59 23 07 81 64 06 28 62 08 99

86 28 03 48 25 34 21 17 06 79

记忆方法：

大家只要跟着我们的示范来进行想象练习，只需要半小时左右就可以牢牢地记住这 100 个数字。

在开始练习之前，请把 110 个数字编码先熟悉一遍，回忆一下每组数字所对应的编码以及相应的图像。然后，跟着我们的语句进行生动的想像：

一把彩色的钥匙（14）插在月饼（15）上面，撞向一个球儿（92）。球儿像箭一般地飞了出去，击中了一个巨大的锣鼓（65），锣鼓倒了下来，

掉在白色的珊蝴（35）堆里，把珊蝴压成了绿色的芭蕉（89）。芭蕉叶一扇，把一个气球（79）沙漠的沙儿（32），沙儿上坐着一群妇女（38），拿着石榴（46），穿上溜冰鞋（26）来到石山（43）下，妇女（38）在沙儿（32）上快速的滑行，抓住一个气球（79），这个大气球被一个巨大的五环（50）套住了，五环飘起来撞翻了一个恶霸（28），恶霸调到一辆巴士（84）上，巴士装着好多药酒（19），药酒的瓶子里面装着满满的奇异果（71），这时恶霸喝了药酒后开始打太极（69），手里挥舞着三角尺（39），穿上救生衣（93）开始翩翩起舞（75），突然快速的拿起棒球（10）砸向一只巨无霸（58））汉堡，然后掏出香烟（20），拿出酒起（97）开了一瓶啤酒大口大口的喝了起来，喝醉了跑到天安门（49）广场，喷香水（44）到城墙上面的五角星（59），城墙下篮球巨星乔丹（23）挥舞着令旗（07）指挥着一群巨大的白蚁（81），扛着一个螺丝（64），用螺丝撞向保龄球（06），保龄球倒下来砸了站在旁边的恶霸（28），恶霸赶紧骑上驴儿（62）跑了，驴儿奔跑溅起了一块泥巴（08）击中了看热闹的舅舅（99），舅舅赶紧向八路（86）报告，然后抓住了恶霸（28），舅舅高兴的领赏（03），回家赶紧用洗发水（48）洗澡，然后高兴的拉起了二胡（25），二胡的声音吸引了山寺（34）里面的鳄鱼（21），鳄鱼巨大的口中吐出一个圆形的仪器（17），仪器打开后调出来一个保龄球（06），砸破了地上的气球。

通过这一组组画面的生动想象，相信大家都能够很快地记住这 100 位数字。当这 100 位数字记忆熟练之后，我们就可以尝试着去记忆更多的圆周率小数点后的数字，可以尝试挑战记忆小数点后 200 位、500 位、1000 位、甚至 10000 位。

经过这样的练习，训练者已经初步掌握了大量数字的记忆秘诀，但是要熟练地运用，还要经常进行举一反三的训练。

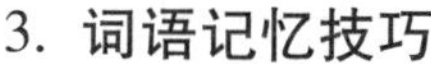

3. 词语记忆技巧

假设你要记住以下这20组词语：

花园、海滩、兔子、太阳、小草、森林、贝壳、台灯、蚱蜢、电脑、小鸟、玫瑰、房子、波浪、大树、椅子、狐狸、海豚、窗户、蝴蝶。

如果我们用死记硬背的方法，一遍一遍地读这些词语，或许也能记下来，但这可需要花费不少的工夫，而且会让人感觉到很枯燥，越背越心烦。

聪明一点的做法是找规律，把这20组词语归为四大类：房子里的物品、花园里的动植物、森林里的情景以及海滩上看到的情景。

房子：椅子、电脑、台灯、窗户；

花园：小草、玫瑰、蝴蝶、蚱蜢；

森林：狐狸、兔子、大树、小鸟；

海滩：贝壳、海豚、波浪、太阳。

经过这样的归类，就容易记一些了。但是，如果还是用死记硬背的方法去记，同样会有一点难度，而且比较容易忘记。而如果采用联想法或串联法来进行记忆，你只需要联想一遍，就会牢牢地记住。

我们可以这样来进行串联想象：

我住在一个房子里，坐在椅子上玩着电脑，房子里比较暗，所以电脑旁边还亮着台灯，我玩累了，走到窗户边透一透气；然后我走进花园里，看到了花园里长满了绿油油的小草、一片绿色小草中间，有一支红红的玫瑰，玫瑰上空有几只漂亮的蝴蝶在飞舞，而旁边则不时地跳起几只蚱蜢；穿过花园，走进了一片森林，看到有一只狐狸在前边追赶着一只兔子，兔子跳进一棵大树周围躲了起来，结果把树上的几只小鸟惊飞了；穿过森林就是一片大海，我走在海滩上，脚上踩着五颜六色的贝壳，看到几只海豚在大海中追逐着波浪，太阳照在波浪上映出一片醉人的金黄色。

通过对这几个场景进行连续的想象，我们不但轻松地就记住了这20个词语，而且同时也在想象中经历了一次难忘的散步旅程，身心都得到了放松。这样的记忆，难道不是一件非常美好的事情吗？

当然，许多时候需要我们记住的资料都不会这样有趣，不会刚好能串成一个美好的故事。然而，只要我们充分发挥想象力，记住任何资料都是轻而易举的事情。

4. 扑克牌记忆训练

3分钟内记忆一副扑克牌

“记忆一副扑克牌”训练，是帮助你成为“世界记忆大师”的入门训练。当然，扑克牌训练最主要的目的，不是成为记忆大师，不是去表演，而是训练自己的记忆力。

快速记忆能力主要由联想能力与编码能力所组成，扑克牌训练就是锻炼这两种能力最好的方法之一。通过在最短时间内记忆一副扑克牌的训练，我们可以深刻地体会到快速记忆的整个过程是怎样的，到底是什么在影响着我们记忆的速度。

通过记忆扑克牌训练，我们的联想能力得到大幅度的提高。我们对编码法、定桩法的运用有了非常深入的体会。这时，我们就真正掌握了快速记忆的关键，以后再去尝试记任何东西，都会有完全不一样的感受。更重要的是，通过扑克牌训练，我们的想象能力得到很大的锻炼。我们的想象速度被极大程度地调动起来。这对于我们进一步开发右脑潜能、全方位地提高我们的学习能力、创造能力、甚至艺术感受力等等，都有着非常重要的意义。

按照这个训练方法去做，每天训练30分钟，只需训练一个月，大部分人都能够获得这样的训练效果：在3分钟之内记住一副扑克牌。

建议在开始本训练前，先学习基本的串联记忆法和联想记忆法。

首先我们要熟悉 52 张牌（去掉大、小王）的对应密码：

（1）扑克牌的 40 张为“数字牌”，用数字编码来代替。

规则为：黑桃代表十位数的 1（黑桃的下半部分像“1”）

红桃代表十位数的 2（红桃的上半部分是两个半圆的弧形）

草花代表十位数的 3（草花由三个半圆组成）

方片代表十位数的 4（方片有 4 个尖角）。

例如：黑桃 1 代表 11，黑桃 2 代表 12；红桃 1 代表 21，红桃 2 代表 22，草花 3 代表 33，方片 4 代表 44，依此类推。

对于数字为 10 的牌，可当作 0，即黑桃 10 代表 10，红桃 10 代表 20，草花 10 代表 30，方片 10 代表 40。

（2）四种花色的 J、Q、K 共 12 张为“人物牌”，J、Q、K 可以对应十位数的数字 5、6、7；那么黑桃 J、Q、K 就分别代表 51、61、71；红桃 J、Q、K 就分别代表 52、62、72；草花 J、Q、K 就分别代表 53、63、73；方块 J、Q、K 就分别代表 54、64、74。

（3）数字牌需要用到的数字编码包括以下数字编码（也可以参考上述数字密码表）：

1——树；　2——鸭子；　3——耳朵；　4——红旗；
5——钩子；　6——勺子；　7——拐杖；　8——葫芦；
9——猫；　10——棒球；　11——筷子；　12——时钟；
13——医生；　14——钥匙；　15——月饼；　16——帆船；
17——仪器；　18——石板；　19——药酒；　20——香烟；
21——鳄鱼；　22——鸳鸯；　23——乔丹；　24——鹅卵石；
25——二胡；　26——溜冰鞋；　27——耳机；　28——恶霸；
29——阿胶；　30——三菱汽车；　31——鲨鱼；　32——扇儿；
33——钻石；　34——山寺；　35——珊瑚；　36——山鹿；
37——山鸡；　38——妇女；　39——三角尺；　40——司令；

41——司仪； 42——柿儿； 43——石山； 44——香水；
45——师傅； 46——石榴； 47——司机； 48——洗发水；
49——天安门； 50——五环； 51——工人； 61——儿童；
71——奇异果； 52——斧儿； 62——驴儿； 72——企鹅；
53——舞扇； 63——刘三姐； 73——花旗参； 54——护士；
64——镙丝； 74——骑士；

记忆方法

首先熟悉每张牌所代表的相应图像，然后找到 26 个地点，记忆的时候，在每个地点上放 2 张牌，把这 2 张牌代表的图像与地点进行紧密的联结，26 个地点刚好放下 52 张牌。回忆的时候，把这 26 个地点在大脑中过一遍，就能快速地回想起相应的 52 张牌。

必备工具

①去掉大、小王的扑克牌一副，共 52 张。

②有秒针的钟或表一个。

③训练进度表一份，记录每天的训练成绩以及心得。

④需要为每一个编码找到对应的图片。

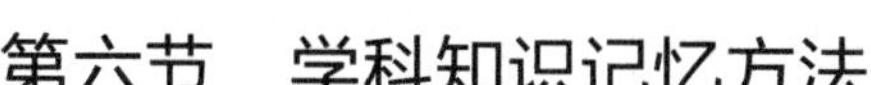

第六节　学科知识记忆方法

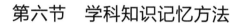

接下来，我们要展示的记忆方法与上述所讲的方法有所区别。前面所讲述的记忆方法是所有记忆的基础。在这个基础上，因为记忆内容是千变万化的，我们可以根据要记忆的材料进行不断的变化和创新。总的原则是让我们更好地记忆。本书选择了一些典型的记忆材料举例，希望训练者可以触类旁通。

1. 小学语文知识记忆

在语文学习中，各个知识点的记忆是十分重要的，除了反复读记外，掌握一些有效的方法也是十分必要的。重点从“字词、文学常识、诗词文章”三个方面谈一谈，如何根据自身情况对语文知识进行个性化的记忆积累。

（1）记字音

“记少不记多”，在多音字的记忆中要牢牢把握这一原则，记住某一字字音使用较少的用法，其他的就都是另外的读音。比如，“角”这个字，除了在“三角形”一类的词中读 jiǎo 外，其他均读 jué ，如角斗、角色、角逐等。

（2）歌诀记忆法

对一些字可采用编歌诀方法记忆，例如：

己、已、巳：关门巳（sì），开门己（jǐ），半关半开就是已（yǐ）。

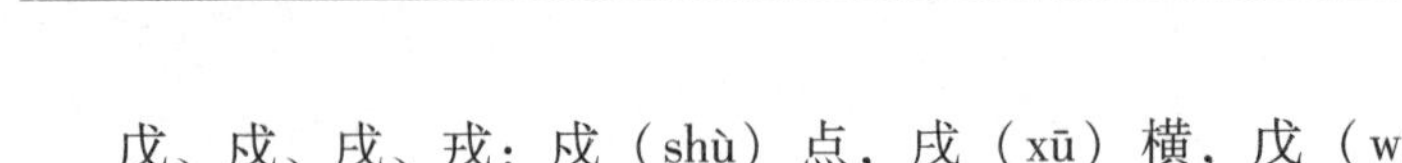

戊、戍、戌、戎：戍（shù）点，戌（xū）横，戊（wù）中空，横撇交叉读作戎（róng）。

许、杵、忤、仵：言午许（xǔ），木午杵（chǔ），有心（忤），人（仵）读作 wǔ。

（3）理解记忆法

对于许多汉字来说，如果理解了它的由来、意义，就容易记住了。如常考的“寒暄”一词，学生很容易将其记为“寒喧”，这时，只需明白“喧”与“口”相关，表示声音大；而“暄”与“日”相关，表示暖和，恰与“寒”相对，就很容易记忆了。

（4）组词造句法

记忆汉字不能死记硬背，还要经常使用，才能真正掌握它。因此，对生字进行组词造句是很有必要的。例如记“窠”字，除了弄清它是“巢”的意思，可把它组为“不落窠臼”，并进一步造句，这样就能加深理解并且有效地记住这个字。

（5）记成语

记成语除了弄清词义、造句外，还可采取比较、改错、联想等方法。

（6）比较记忆法：为了准确地掌握词义，我们可以找出一个词的同义词或反义词。

① 找同义词：即找出与要记语词意义相同或相近的词。还可采用这种方法记成语。例如：

按图索骥——顺藤摸瓜　才高八斗——学富五车；

烟消云散——土崩瓦解　得心应手——驾轻就熟。

② 记反义词：即找出与要记的语词意义相对或相反的词。例如：

一诺千金——出尔反尔　单枪匹马——群策群力　屈指可数——不胜枚举；

阳奉阴违——表里如一　落井下石——雪中送炭　悬崖勒马——执迷

不悟。

（7）奇特联想法

记成语可以用这种方法，例如要记如下生僻成语：

孔武有力　名缰利锁　被发文身　前倨后恭　巧舌如簧　穷原竟委

秋荼密网　囚首垢面　人亡政息　倘来之物　唐突西施　天上石麟

铁网珊瑚　头童齿豁　兔起凫举　推燥居湿

记此类生僻成语必须先弄清词义，这样既便于记忆，又利于以后运用。

记这些成语可联想为：孔武有力的斗牛士，戴上了名缰利锁，他的形象是被发文身，他的姿态是前倨后恭，他嘴里巧舌如簧，宣称能穷原竟委，他叙述了斗牛场上的秋荼密网，弄得囚首垢面。但是，随着人亡政息，自由成了倘来之物，尽管有人说他唐突西施，但他不愧是天上石麟。即使搬来铁网珊瑚，搞得他头童齿豁，他也能如兔起凫举，却甘愿推燥居湿。

（8）定位联想法

在记几十个成语的时候，用定位联想法，随便抽查哪一个，都能立刻答上来。

如记同字头成语：一刀两断　一干二净　一了百了　一寸丹心　一马平川　一无所知　一木难支　一日三秋　一见钟情　一气呵成

联想方法例（以数字做定位词）：①衣服被割得一刀两断。②耳朵洗得一干二净。③从山顶上跳下去一了百了。④寺庙里的和尚捧出了一寸丹心。⑤ 一匹马在平川上跳舞。⑥柳树是一无所知的，不能向它问话。⑦旗太重，旗杆一木难支。⑧站在坝上多寂寞，一日如三秋。⑨酒鬼一见酒就动情。⑩点石成金，一气呵成。用定位联想法记语词，可以作为一种游戏玩，一方面积累了词汇，一方面也提高了运用记忆方法的能力。

（9）记文学常识

列表记忆法：列表记忆法讲求将相关联的知识点用核心词串起来，比如：

记我国古书之最：

第一部纪传体通史——《史记》

第一部编年体史书——《左传》

第一本字典是用来解说文字的——《说文解字》

第一部文选——《昭明文选》

第一部诗集——《诗经》

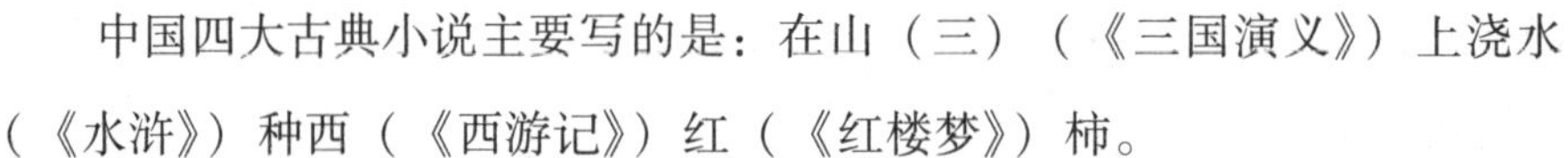

（10）归类记忆法

记有趣的“四”：

中国四大古典小说主要写的是：在山（三）（《三国演义》）上浇水（《水浒》）种西（《西游记》）红（《红楼梦》）柿。

四大谴责小说谴责的是：“官场”（《官场现形记》）、“二十年”（《二十年目睹之怪现状》）“老”（《老残游记》）作“孽”（《孽海花》）。

元曲四大爱情剧演的是：“倩女”的“离魂”（《倩女离魂》）从“墙头”跳到“马上”（《墙头马上》），经过《拜月亭》，进入“西厢”房（《西厢记》）。

明初四大传奇说是：一个戴“荆钗”（《荆钗记》）的村妇，去《拜月亭》“杀狗”（《杀狗记》），因为那狗吃了她的“白兔”（《白兔记》）。

明代汤显祖所著的四个剧本“临川四梦”写了：一个戴“紫钗”（《紫钗记》）的小姐在“邯郸”（《邯郸记》）的《牡丹亭》作了“南柯”（《南柯记》）一梦。

初唐四杰——“王、杨、卢、骆”可记为：初唐四杰捉住了亡羊（王勃、杨炯)，但落（骆宾王）在了炉（卢照邻）子里。

苏门四学士——北宋诗人黄庭坚、秦观、晁补之、张耒。可记为：苏门四学士同去看一座黄色的亭（庭）子坚固不坚固，勤（秦）观察，如要坏就朝（晁）前补之，张罗垒（耒）上。

中兴四诗人——南宋诗人陆游、杨万里、范成大，尤袤。可记为：南宋诗人范成大戴着油帽（尤袤），赶着羊（杨）走万里路（陆）游逛。

吴中四杰——明初诗人高启、杨基、张羽、徐贲。可记为：吴中四杰高启要杀一只大洋鸡（杨基），洋鸡张开羽毛，徐徐地奔（贲）跑。

元诗四大家——元代诗人虞集、杨载、范椁、揭奚斯。可记为：元代四大家诗人准备了鱼、鸡（虞集），把羊宰（杨载）了，用饭（范）锅（椁）烹调，然后派人去接西施（揭奚斯）来赴宴 。

（11）定位记忆法

记“十大才子书”：第一：《三国演义》，第二：《好逑传》，第三：《玉娇梨》，第四：《平山冷燕》，第五：《水浒全传》，第六：《西厢记》，第七：《琵琶记》，第八：《白圭志》，第九：《平鬼传》，第十：《绿云缘》。

联想方法例（以人体码做定位词）：

我头上（1）顶着三只锅（《三国演义》），在看（2）一场精彩的足球（《好逑传》）；耳朵（3）上挂着像玉一样娇美的梨（《玉娇梨》）；吃（4）的是平山产的冷炒燕窝（《平山冷燕》）；手（6）上提着一把水壶（《水浒全传》）；胸前抱着一本《西厢记》，背（7）上背着一支琵琶（《琵琶 记》），膝（8）盖上长着颗白志（《白圭志》），屁股（9）下坐平了的是一个转来转去的鬼，脚（10）下踏着绿色的云端（《绿云缘》），真是优哉游哉！

（12）记诗词文章

学习语文经常要背诵一些诗、词、散文等名篇，具体方法有：

① 理解记忆法：诗词文章都具有一定的生活内涵，不需要死记硬背，只要理解了其中的意境和思想，很多作品是很容易记忆的。

②形象记忆法：诗词文章一般都可以形成生动的物象，记忆时要如身临其境，仿佛亲自看到听到一样，这样会提高记忆效率。

③设身处地法：在记较长的记叙文时，可以把自己想象为作品的主人公，带着浓厚的感情去读，与作品中的人物同悲共喜，记忆效果会显著提高。

④ 字头概括法：记忆诗词时往往是第一个字想不起来，针对这个问题，我们在熟记了诗词后，可以提取每句的字头，用奇特联想法串起来，回忆时就方便多了。

⑤定位联想法：把较长的文章按照一定的规律分出层次，每部分提炼出一个关键词，然后进行定位联想。回忆时，先从定位“货架”上提取关键词，在此基础上就会很容易地联想起全段内容。

⑥纲目记忆法：有些文章需要从整体上把握，无须逐字逐句背诵，这种情况下可以将其归纳为提纲。就是需要全篇记住的，也可拟好提纲作线索。

⑦批注记忆法：学习一些较长的诗歌文章时，最好能随手写上批注，对文中的观点、论据、语言等予以评论，或记下自己的感想，这样会保持积极思维的状态，对于记忆将十分有益。

2. 英语单词记忆

英语单词记忆一直以来都是初中学生普遍认为的一大难题。其实，大多数初中学生都走入了记忆单词的误区——机械式的死记硬背。通常情况下，学生总会在处于毫无意识地拼读单词的状态下记忆单词。这样，不但没能有效地记忆单词，很可能在这个过程中，逐渐对这种重复式的单词记忆产生厌倦，从而导致对英语学科失去兴趣。然而，单词的记忆并不是杂乱无章的，这里给大家介绍几种比较有效的方法：

（1）复合记忆法

即在记忆单词的过程中，尽可能调动自己的多个感觉器官参加记忆活动。也就是说，我们在记忆的过程中，尽量一边用眼睛看单词，用耳朵听单词的发音，用嘴跟读单词，用手拼写单词。

（2）联想记忆法

即在记忆单词的过程中，要注意观察单词与单词之间在形、音、义等方面的内在联系，在迅速地记住新词的基础上，复习旧词，而且通过分析思考，使有限的单词知识转化为无限的理解新词的能力，从而熟悉单词的变化规律，更加系统、全面地记忆单词。

记忆新词	联想复习旧词
①词形：	
新 mushroom	旧 broom，room
新 quite（很，十分）	旧 quiet（平静的，安静的）
新 thirsty（口渴的）	旧 thirty（三十）
②词义（同义）：	
新 seat	旧 sit
新 arrive	旧 reach
新 fast、quick	旧 quickly、soon
新 high	旧 tall
新 say、tell	旧 speak、talk
新 plenty of 、a great deal of	旧 many、much、a lot of

③反义词记忆：

新 heavy—旧 light

新 tall—旧 short

新 fast—旧 slow

新 come—旧 go

新 buy—旧 sell

新 small—旧 big

新 fat—旧 thin

新 lend—旧 borrow

④语音：

新 flour	旧 flower
新 write	旧 right

⑤词性：

lift（名词，电梯）—lift（动词，举起，抬起）

quiet（形容词，安静的，平静的）—quiet（动词，使安静，平静）

green（形容词，绿色的）—greens（名词，青菜）

bear（名词，熊）—bear（动词，忍受）

book（名词，书）—book（动词，预定）

notice（名词，布告，通知）—notice（动词，通知，注意到）

bear（名词，熊）—bear（动词，忍受）

⑥构词：

新 happiness　　　　旧 happy，happily

⑦用法：

新 wear　　　　旧 put on，have on，dress

（3）回忆旧词，联想、解释新词

新词：unusual 切 usually（adv 经常地）　　usual（adj 平常的）推理思考并得出：unusual（adj 不平常的）

其实，在英语中这种构词法叫作派生法，就是在单词词根上添加前缀或后缀而构成新词的方法。而派生词在英语茫茫词海中占到 70%，因此，学好词根词缀不仅可以有效地记忆单词，而且，可以让你不经意间找到单词之间的内在联系。英语中的前缀和后缀很多，在初中英语中出现的主要有：

名词后缀：－er，－or，－tion，－ment，－ness，－ist，－ian，－sion；

形容词后缀有：－ful，－less，－ous，－able，－ed，－nt；

副词后缀有：－ly，

数词后缀有：－teen，－ty，－th，

前缀有：否定前缀；un－，im－，dis－，

其他前缀有：re－ bi－ mis－

（4）拆分新词，联想、理解新词

在初学英语阶段，学生中存在着普遍的现象，即记住英文拼写，却无法有效地记忆单词的中文意思。该方法就是把独立的单词拆分成几块，加入自己的想象，从而牢牢地记住复杂的中文意思。

例 1：scar ＋ car 一条蛇被小汽车压过留下了一块伤疤（scar）

例 2：sold ＋ cold 没有穿毛衣（Sweater）而感冒（cold）了，遭到批评（scold）

例 3：family = fa（ther）＋ m（other）＋ i ＋ l（ove）＋ y（ou）

例 4：dessert 和 desert 往往学生无法区别哪个是甜点哪个是沙漠。

我们可以把 s 想成 sweet，而 dessert 有两个 s，所以要甜一些，因此，它是甜点。

3. 口诀记忆法

既在记忆单词的过程中，把表面上无联系或联系不大的单词进行整理、归纳，根据自己的喜好，把他们编成容易上口、概括性强的口诀。在有效地记忆一组单词的同时，也使得单词的记忆变得生动有趣。

例 1：以 o 结尾变复数加 es 的单词记忆口诀

Negro、hero 、tomato、potato 这四个以 o 结尾的单词的复数变化需加—es，我们可按其义编排成口诀：黑人英雄爱吃西红柿味的土豆。

例 2：动词变为第三人称单数加 es 的记忆口诀

动词以 sh，ch，x，o，s 结尾在变为第三人称单数的时候加 es。根据汉语拼音常识，我们可以发现 sh（e）蛇，ch（i）吃，x，o，s（i）死。把它们连在一起编成口诀：蛇吃了一瓶名酒 XO 就死了。

例 3：感官动词记忆口诀

一“感”二“听”三“让”四“看”

一“感”即 feel；二“听”即 hear，listen to ；三“让”即 make，have，let；四“看”即 see，watch，notice，look at。

例4：以f和fe结尾在变为复数时要变f或fe为ves的名词记忆口诀：

小偷（thief）老婆（wife）摘叶子（leaf），遇到一只亡命（life）狼（wolf），自己（shelf）拔刀（knife）砍两半（half），扔上架子（shelf）当晚饭。

例5：类似单词记忆口诀

ten 十——net 网

口诀：十张网。

pot 锅，壶——top 顶部

口诀：锅顶

not 不，没有——ton 吨

口诀：我不止一吨。

step 步——pets 宠物（复数）

口诀：宠物们一步步前行。

tops 顶（复数）——spot 地点

口诀：交易地点是山顶。

dog 狗——god 上帝

口诀：狗的上帝。

rats 鼠（复数）——star 星星

口诀：老鼠数星星。

许多学生都反映第一天记的单词第二天就忘了，而且通常会在一天专门找一段时间记忆单词。其实，机械式的记忆不但没达到效果，而且也浪费了大量的时间。这里，建议同学们在前一天把第二天要记忆的单词写在一张纸条上，在课间，或者去食堂、回家路上，利用间隙把纸条拿出来复习记忆单词。把零散的时间有效利用起来，不断重复刺激，这样会使单词的记忆变得轻松简单。

总之，英语的学习方法是多种多样的，有效的单词记忆方法还有很

多。希望同学们能够在继承这些方法的同时，有所创新，有所突破，单词记忆绝非一朝一夕之功，要坚持常年不懈。在今后的英语学习过程中，要注意打破传统的思维定式，逐渐培养一种创新的英语学习能力。锲而不舍，金石可镂！

4. 初中英语不规则动词记忆

为了帮助同学们记住不规则动词，现在把教材中出现的不规则动词分为几个类型，每个类型中又分若干组，尽量找出每组中各词变化形式的共同点，以帮助记忆。

(1)

A—A—A 型 7 个（现在式、过去式和过去分词同形）			
动词原形（现在式）	过去式	过去分词	词意
cost	cost	cost	花费
cut	cut	cut	割，切
hit	hit	hit	打
let	let	let	让

put	put	put	放下
read	read	read	读
hurt	hurt	hurt	伤

（2）

A—A—B 型 1 个（现在式和过去式同形）			
动词原形（现在式）	过去式	过去分词	词意
beat	beat	beaten	打

（3）

A—B—A 型 3 个（现在式和过去分词同形）			
动词原形（现在式）	过去式	过去分词	词意
come	came	come	来
become	became	become	变
run	ran	run	跑

（4）

A—B—B 型 40 个			
在动词原形后加一个辅音字母 d 或 t 构成过去式或过去分词			
动词原形（现在式）	过去式	过去分词	词意
burn	burnt	burnt	燃烧
learn	learned	learned	学习
mean	meant	meant	意思
hear	heard	heard	听见
把动词原形的最后一个辅音字母“d”改为“t”构成过去式或过去分词			
动词原形（现在式）	过去式	过去分词	词意
build	built	built	建筑
lend	lent	lent	借给

lose	lost	lost	失去
send	send	send	送
spend	spent	spent	花费
其他			
动词原形（现在式）	过去式	过去分词	词意
pay	paid	paid	付
lay	laid	laid	下蛋
say	said	said	说
bring	brought	brought	带来
buy	bought	bought	买
think	thought	thought	想
sleep	slept	slept	睡
keep	kept	kept	保持
sweep	swept	swept	扫
stand	stood	stood	站
understand	understood	understood	明白
win	won	won	得胜
shine	shone/shined	shone/shined	发光
catch	caught	caught	抓住
teach	taught	taught	教
feel	felt	felt	觉得
fight	fought	fought	战斗
find	found	found	发现
get	got	got/gotten	得到
hang	hanged/ hung	hanged/ hung	绞死 / 挂
have	had	had	有
hold	held	held	盛，握
leave	left	left	离开
make	made	made	制造

meet	met	met	遇见
sell	sold	sold	卖
shoot	shot	shot	射击
tell	told	told	告诉
smell	smelt/smelled	smelt/smelled	嗅，闻
sit	sat	sat	坐
dig	dug	dug	挖

（5）

A—B—C 型 34 个（现在式、过去式和过去分词都不相同）			
在动词原形后加 - n 或 - en 构成过去分词			
动词原形（现在式）	过去式	过去分词	词意
eat	ate	eaten	吃
fall	fell	fallen	落下
steal	stole	stolen	偷
give	gave	given	给
freeze	froze	frozen	冻结
take	took	taken	拿
see	saw	seen	看见
write	wrote	written	写
ride	rode	ridden	骑
drive	drove	driven	驾驶
throw	threw	thrown	抛，扔
blow	blew	blown	吹
grow	grew	grown	生长
know	knew	known	知道
fly	flew	flown	飞
draw	drew	drawn	拉，绘画

show	showed	shown	展示
过去式加 -n 或 -en 构成过去分词			
动词原形（现在式）	过去式	过去分词	词意
speak	spoke	spoken	说话
break	broke	broken	破碎，折断
wake	waked/ woke	waked/ waken	醒
choose	chose	chosen	选择
forget	forgot	forgotten	忘记
变单词在重读音节中的元音字母“i”分别为“a”（过去式）和“u”（过去分词）			
动词原形（现在式）	过去式	过去分词	词意
begin	began	begun	开始
ring	rang	rung	按铃
sing	sang	sung	唱
sink	sank	sunk	沉
swim	swam	swum	游泳
drink	drank	drunk	饮
其他不规则动词的变化			
动词原形（现在式）	过去式	过去分词	词意
be（am，is）	was/ were	been	是
be（are）	were	been	是
do	did	done	做
go	went	gone	去
lie	lay	lain	躺
wear	wore	worn	穿

5. **初中英语知识点巧记口诀**

很多同学认为英语语法枯燥难学，其实只要用心并采用适当的学习方法，我们就可以愉快地学会英语，掌握语法规则。特此搜集、组编了以下语法口诀，希望对即将参加中考的同学们有所帮助。

（1）冠词基本用法

【速记口诀】

名词是秃子，常要戴帽子，
可数名词单，须用 a 或 an，
辅音前用 a，an 在元音前，
若为特指时，则须用定冠，
复数不可数，泛指 the 不见，
碰到代词时，冠词均不现。

【妙语诠释】冠词是中考必考的语法知识之一，也是中考考查的主要对象。以上口诀包括的意思有：① 名词在一般情况下不单用，常常要和冠词连用；② 表示不确指的可数名词单数前要用不定冠词 a 或 an，确指时要用定冠词

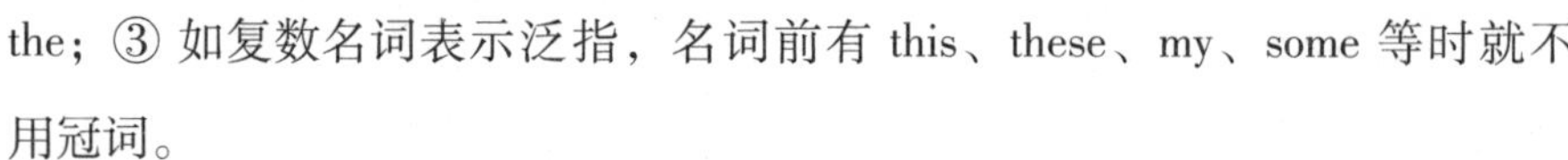

the；③ 如复数名词表示泛指，名词前有 this、these、my、some 等时就不用冠词。

（2）名词单数变复数规则

【速记口诀】

单数变复数，规则要记住，

一般加 s，特殊有几处，

/s/结尾，es 不离后，

末尾字母 o，大多加 s，

两人有两菜，es 不离口，

词尾 f、fe，s 前有 v 和 e，

没有规则词，必须单独记。

【妙语诠释】

① 大部分单数可数名词变为复数要加 s；

② 单词以［t］、［th］、［s］发音结尾，也就是单词如果以 ch、sh、s、x 等结尾，则一般加 es；

③ 以 o 结尾的单词除了两人（黑人、英雄）两菜（土豆、西红柿）加 es 外，其余一般加 s。两人是指黑人 negro，英雄 hero，两菜是指土豆 potato，西红柿 tomato；

④ 以 f 或 fe 结尾的名词，多数变 f，fe 为 v 加 es，但有些词只加 s，只加 s 的单词用一句口诀来记忆“首领爬到屋顶找证据”，首领 chief，屋顶 roof，证据 proof；

⑤以辅音字母加 y 结尾的名词，变 y 为 i 加 es；

⑥还有些单词没有规则，需要特殊记忆。

如 child—children，mouse—mice，deer—deer，sheep—sheep，Chinese—Chinese，ox—oxen，man—men，woman—women，foot—feet，tooth—teeth。

（3）名词所有格用法

【速记口诀】

名词所有格，表物是“谁的”，

若为生命词，加“'s”即可行，

词尾有s，仅把逗号择；

并列名词后，各自和共有，

前者分别加，后者最后加；

若为无生命词，of所有格，

前后须倒置，此是硬规则。

【妙语诠释】

① 有生命的名词所有格一般加s，但如果名词以s结尾，则只加“'”；

② 并列名词所有格表示各自所有时，分别加“'s”，如果是共有，则只在最后名词加“'s”；

③ 如果是无生命的名词则用of表示所有格，这里需要注意它们的顺序与汉语不同；

④ 在表示名词所有格时，“'s”结构可以转换成of结构，A of B要翻译为B的A；

⑤有些表示时间、距离、国家、城市等无生命的东西的名词，也可以加's来构成所有格。

（4）接不定式作宾语的动词

【速记口诀】

三个希望两答应，两个要求莫拒绝；

设法学会做决定，不要假装在选择。

【妙语诠释】

三个希望两答应：hope，wish，want，agree，promise

两个要求莫拒绝：demand，ask，refuse

设法学会做决定：manage，learn，decide

不要假装在选择：pretend，choose

（5）接动名词作宾语的动词

【速记口诀】

考虑建议盼原谅，
承认推迟和想象，
避免错过继续练，
否认完成就欣赏，
禁止想象才冒险，
不禁介意准逃亡，
难以忍受始反对，
想要成功坚持忙，
习惯放弃有困难，
导致专心防道歉。

【妙语诠释】

① 考虑建议盼原谅是指：consider，suggest，advise，look forward to，excuse，pardon；

②承认推迟和想象是指：admit，delay，put off，fancy；

③避免错过继续练是指：avoid，miss，keep，keep on，practice；

④ 否认完成就欣赏是指：deny，finish，enjoy，appreciate；

⑤禁止想象才冒险是指：forbid，imagine，risk；

⑥不禁介意准逃亡是指：can't help，mind，allow，permit，escape；

⑦难以忍受始反对是指：can't stand，set about，object to；

⑧想要成功坚持忙是指：feel like，succeed in，stick to，insist on，be busy（in）；

⑨习惯放弃有困难是指：be used to，be accustomed to，give up，have difficulty（in），have trouble（in）；

⑩导致专心防道歉是指：lead to，devote to，prevent…… from……，apologize for。

（6）不定式作宾语补足语时省 to 的动词

【速记口诀】

一感，二听，

三让，四看，再帮助

【妙语诠释】

① 一感是指：feel；

②二听是指：hear，listen to；

③三让是指：make，let，have；

④ 四看是指：see，notice，watch，observe；

⑤再帮助是指：help。

（7）形容词和副词比较等级用法

【速记口诀】

比较级与最高级：

两者比较 than 相连，

三者比较 the 在前。

同级比较：

同级比较用原形，as…as 永不离；

as…as 加 not，只言两者是同一；

若是 not so…as，后强前弱不看齐。

【妙语诠释】

① 比较级通常和 than 连用，而最高级通常跟有定冠词 the；

②同级比较一般用 as…as 表示“与…一样”，这时谁强谁弱不能比较出来，而 not so…as 则表示后者比前者强，翻译为“不如……”。

(8) 反义疑问句用法

【速记口诀】

反义问句三要点，前后谓语正相反；

短句 not 如出现，必须缩写是习惯；

最后一点应注意，短句主语代词填。

【妙语诠释】

① 反义疑问句的构成应该是“肯定的陈述句 + 否定的疑问”或“否定的陈述句 + 肯定的疑问”；

②在短句中 not 必须与 do、will、can 等组成缩写形式；

③在简短问句中，疑问句的主语必须是代词，而不能用名词形式。

(9) 感叹句用法

【速记口诀】

感叹句并不难，
what 或 how 放句前；
修饰名词用 what，
其余用 how 很简单；
强调部分要弄清，
它在叹词啊字前；
为了简洁而明快，
主谓省去也常见。

【妙语诠释】

① 由 what 引导的感叹句一般修饰名词，而 how 引导的感叹句一般修饰形容词、副词或句子；

②感叹句表示说话人的喜悦、气愤、惊讶等强烈的情绪，一般都由 What 或 How 引导；

③简洁的感叹句可以省略主语和谓语。

（10）宾语从句用法

【速记口诀】

宾语从句须注意，几点事项应牢记。
一是关键引导词，不同句子词相异。
陈述句子用 that，一般疑问是否替。
特殊问句更好办，引导还用疑问词。
二是时态常变化，主句不同从句异。
主句若为现在时，从句时态应看意。
主句若为过去时，从句时态向前移。
三是语序要记清，从句永葆陈述序。

【妙语诠释】

① 引导词，陈述句一般由 that 引导，这时的 that 可以省略；一般疑问句则由 if 或 whether 引导；而特殊疑问句则由特殊疑问词引导。

②时态，主句是现在时态，从句可用所需要的任何时态；但如果主句是过去时态，从句时态所表示时间一般往前移一个时间段。

③语序，宾语从句永远要用陈述句顺序。

四快®高效学习法（卓越版）

尚高科技/四快学堂　编

下　册

4Q QUICK

读·写·算·记

SIKUAI GAOXIAO XUEXIFA

目 录

04

第四章 快速计算训练指导

05

第五章 快速书写训练指导

考高分上名校 学习方法最重要

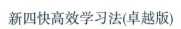

第四章

快速计算训练指导

第一节　开篇测试

第二节　提高运算能力 唤醒理科巨人

第三节　认算式：速算新概念

第四节　综合运算能力训练

第五节　典型应用题解题思维训练

第一节　开篇测试

计算速度测试（一）

（一、二年级测试题）

测试要求：开始答题时计时，快速计算以下45道题，计算完毕请记录时间。

1. 12 − 9 =
2. 14 − 6 =
3. 4 + 9 =
4. 7 + 9 =
5. 14 − 8 =
6. 15 − 6 =
7. 7 + 9 =
8. 5 + 8 =
9. 13 − 7 =
10. 17 − 8 =
11. 5 + 9 =
12. 6 + 7 =
13. 18 − 9 =
14. 16 − 7 =
15. 15 − 9 =
16. 8 + 9 =
17. 4 + 7 =
18. 13 − 6 =
19. 15 − 8 =
20. 11 − 3 =
21. 5 + 7 =
22. 11 − 6 =
23. 8 + 6 =
24. 5 + 6 =
25. 4 + 9 =
26. 12 − 7 =
27. 12 − 9 =
28. 7 + 2 =
29. 8 + 8 =
30. 9 − 6 =
31. 16 − 9 =
32. 17 − 8 =
33. 13 − 5 =
34. 12 − 4 =
35. 8 + 4 =
36. 9 + 6 =
37. 7 + 7 =
38. 13 − 5 =
39. 14 − 8 =
40. 15 − 9 =
41. 16 − 6 =
42. 12 − 8 =
43. 7 + 5 =
44. 9 + 5 =
45. 14 − 7 =

时间：__________ 秒。　　计算正确的算式数量：__________个

标准提示：60 秒之内完成为合格，50 秒完成为优秀。

计算速度测试（二）

（三、四年级测试题）

测试要求：开始答题时计时，快速计算以下 45 道题，计算完毕请记录时间。

1. 15 − 8 =	16. 18 − 9 =	31. 19 × 19 =
2. 17 − 9 =	17. 7 × 14 =	32. 13 × 17 =
3. 13 + 16 =	18. 8 + 15 =	33. 13 − 9 =
4. 13 × 17 =	19. 15 ÷ 3 =	34. 14 − 8 =
5. 16 ÷ 4 =	20. 14 × 13 =	35. 16 + 17 =
6. 13 × 17 =	21. 8 × 13 =	36. 14 + 17 =
7. 15 − 7 =	22. 17 − 9 =	37. 9 × 16 =
8. 12 ÷ 3 =	23. 13 − 4 =	38. 7 − 3 =
9. 18 × 6 =	24. 18 + 5 =	39. 6 × 13 =
10. 11 × 13 =	25. 6 × 17 =	40. 13 − 5 =
11. 13 − 4 =	26. 16 × 13 =	41. 18 × 7 =
12. 16 + 14 =	27. 18 + 7 =	42. 12 − 7 =
13. 17 − 8 =	28. 16 × 12 =	43. 16 − 7 =
14. 13 × 7 =	29. 17 − 12 =	44. 12 × 13 =
15. 14 − 6 =	30. 14 × 17 =	45. 17 × 16 =

时间：＿＿＿＿＿＿秒。 计算正确的算式数量：＿＿＿＿＿＿个

标准提示：60 秒之内完成为合格，50 秒完成为优秀。

计算速度测试（三）

（五年级以上测试题）

测试要求：开始答题时计时，快速计算以下 45 道题，计算完毕请记录时间。

1. 75 − 18 =
2. 27 − 19 =
3. 23 + 36 =
4. 13 × 17 =
5. 16 ÷ 4 =
6. 13 × 17 =
7. 45 − 17 =
8. 12 ÷ 3 =
9. 18 × 6 =
10. 11 × 13 =
11. 53 − 14 =
12. 36 + 15 =
13. 77 − 28 =
14. 13 × 7 =
15. 24 − 16 =
16. 48 − 39 =
17. 7 × 14 =
18. 28 + 15 =
19. 15 ÷ 3 =
20. 14 × 13 =
21. 8 × 13 =
22. 67 − 39 =
23. 43 − 24 =
24. 38 + 15 =
25. 6 × 17 =
26. 16 × 13 =
27. 88 + 17 =
28. 16 × 12 =
29. 37 − 18 =
30. 14 × 17 =
31. 19 × 19 =
32. 13 × 17 =
33. 63 − 49 =
34. 34 − 18 =
35. 56 + 37 =
36. 24 + 17 =
37. 9 × 16 =
38. 67 − 39 =
39. 6 × 13 =
40. 53 − 25 =
41. 18 × 7 =
42. 42 − 17 =
43. 46 − 27 =
44. 12 × 13 =
45. 17 × 16 =

时间：__________ 秒。 计算正确的算式数量：__________ 个

标准提示：60 秒之内完成为合格，50 秒完成为优秀。

第二节 提高运算能力 唤醒理科巨人

1. 运算能力直接影响理科成绩

中小学生快速的运算速度是一种综合能力，它对学生的注意力、记忆力、逻辑思维能力提出了一定的要求。训练运算能力，有助于提高学生的记忆能力，有助于提高学生全面科学地观察、分析问题的能力，同时，合理地分配注意力，有助于提高学生逻辑推理、合理计算的能力。

经过对初高中阶段理科学习成绩不好的同学们进行调查，我们发现一个普遍性规律，也是同学们的共性问题：那就是计算能力比较差，而且学生间计算能力差距极大。这种计算能力主要是20以内数字的运算速度以及综合运算能力。从另一个角度来讲：正是运算速度直接影响了同学们的学习成绩。

根据大量小学数学老师的教学经验，在小学阶段，许多同学刚刚接触二、三位数的乘一位数的乘法，如果熟练度不够、运算速度不快，会直接导致成绩的下降；如果速度较快，学生做起来很有节奏感，就对学习非常有兴趣。通过训练，学生的思路灵活了，而且做数学题的速度和质量也有了很大的提高。

如果小学中年级的时候没有练就完整的计算能力，到了小学高年级升学时可能就捉襟见肘了，而到了中学时代，已经不会有人再帮孩子去从头训练计算能力。初中、高中基本以直接做题为主，追求题目解法而非计算基础。所以在初高中阶段，如果同学们的运算能力不足将会直接影响理科学习成绩。更为严重的是，如果缺乏通过运算能力训练获得的逻辑思考能力，还会影响其他学科的学习。

现在新课标降低了笔算内容的复杂性和熟练程度，减少了整数四则混合运算的复杂性，降低了数的整除等一系列内容的要求，更加明确地提出：应重视口算、加强估算，提倡算法的多样化。也就是对运算速度提出了更高的要求。

新课标为何如此重视口算？原因在于口算有它独特的意义和价值。什么叫口算？口算就是边心算边口说的运算。它是不能借助其他工具（纸、笔等），只凭思维和语言进行计算，并得出结果的一种计算方法。也就是经过训练，同学们可以做到见题报数。

口算在人们的实际生活和人际交往中也是会经常碰到和利用上的，比如，到商场购物、到菜市场买菜等，谁都会碰到并用上，具有很强的现实意义，从这个层面上讲，口算是“有价值的数学”，也是“必需的数学”。

口算还有一个隐形的意义，那就是促进人大脑的开发。口算大都应用于一些急需的场合，要求快速地报出结果，计算者必须采取灵活的方法，在脑子里将多种信息进行合理拆分、拼组等，并要在短时间内完成所有步骤，得出正确的结果，这是一种很高级的心理活动。

既然新课标如此重视口算，口算又具有如此独特的意义和价值，那么，我们就必须教好口算，使我们的学生都能按新课标的要求具备较强的口算能力。

有学者对我国部分地区七、八、九年级学生运算能力进行调查表明，学生运算能力也不容乐观。他们认为学生运算能力低下都是“计算器惹的祸”，长期使用计算器，减少了学生计算能力的训练，导致学生对数字不敏感，不利于学生的动手计算能力和数学思维的发展，现行的初中教材没有很多基础知识的计算公式，也没有运用公式计算的例题和习题，淡化了

定性的计算，从而造成学生计算题做得少，加上学生过分依赖计算器，也没有受到解答计算题的格式、步骤和方法的规范训练。

计算能力欠缺在高中阶段引发了一系列问题。不少老师也埋怨：“学生的计算能力太差了，连简单的运算都过不了关，甚至数学基础好的学生的运算结果也经常出错。”高考中的三角函数、立体几何、解析几何及压轴题都要求很强的运算能力，但现实是，很多高中生对数字没有感觉，运算能力偏弱，这让高中老师很头疼。这种状况出现的原因是多方面的。有的学生不对简单的公式、公理、定理进行记忆、理解，不明算理，机械地照搬公式，不能进行灵活运用；有的学生不注意观察、不进行联想、不进行比较、不顾运算结果，盲目推演，缺乏合理选择简捷运算途径的意识；也有的学生对提高运算能力缺乏足够的重视，他们总是把“粗心”、“马虎”作为借口。

总的来说，家长和老师必须高度重视同学们的运算能力训练，在小学关键阶段还看不出来影响有多大，到了初高中阶段就会影响理科学习。

2. 运算能力不足的根源何在

“数学又难又烦又无聊。”你是不是这么想的？

“同桌每次算数学题又快又准，可是我每次无论费多大劲都算不快，真不知道该怎么办！”

你是不是经常被这样的问题困扰呢？的确，在数学学习中，有的孩子学得快、算得快、效率高，而有的孩子虽然也很用功但就是学不快、算不快、效率低。为了探索这其中的原因，提高自己的计算速度，就应该对存在的问题进行仔细冷静的分析。只有找到了原因，才能“对症下药”，解决计算速度问题。那算不快的原因到底有哪些呢？

通过分析，主要有以下几种原因：

（1）方法不对，运算思维不灵活

在阐述这个观点之前，我们先看一个故事：

被人们誉为“数学之王”的德国数学家高斯（1777～1855）幼年时就聪明过人。在他上小学时，有一天，数学老师出了一道题让同学们计算：

$1+2+3+4+\cdots\cdots 99+100=?$

老师出完题后，全班同学埋头苦算，小高斯却很快地把写有答案的石板交给了老师。老师认为这个年仅10岁的孩子一定是瞎写了一个答案，连看也没看一眼。过了很长时间，当同学们陆续把写有答案的石板交上时，老师才把目光转向高斯的答题板，使老师大为吃惊的是，小高斯的答案“5050”完全正确。高斯为什么会算得又快又准呢？

不要认为加法是简单运算，就只知道一味相加，其实数学是一门可以寻找出更简单、更有趣、更快捷的解题方法的功课，只需要掌握一定的方法和捷径。我们学习快速计算的方法，就是为了找到快速计算的捷径，从根本上解决算题慢的问题。

（2）算得慢，口算不快是最直接原因

数学讲究逻辑性和系统性，前面的知识是后面知识的前提和基础，而后面的知识是前面知识的深化和延伸，如果加法学不好，势必会影响乘法的学习。

整数的四则运算最基础的知识，是100以内数的基本口算，其中尤以“19乘以19乘法及对应除法”和“100以内进位加法与退位减法”最为重要，它是一切计算的基础，因此，必须达到“不假思索，脱口而出”的程度。如果到了中高年级还停留在数手指、画横杠、列竖式的阶段，那就必然会使运算速度大减。随着计算数字越来越大，计算步骤越来越复杂，如果基本口算不熟，那便不能适应要求了。

我们在平时的学习中，要严格要求自己，掌握口算要领、提高口算速度、提高口算准确度，一般的口算题要能脱口而出。

（3）常用数据未能牢记是主要原因

有些数据在运算中会被频繁使用，假如对这些数据能熟练掌握，那么在数学运算中就可以信手拈来，既准确又省时间。这也就是在本书中提到的认算式训练，同学们把常用的20以内的数字运算当作一个算式和一个符号来进行记忆，通过练习可以做到见题报数，对于提高运算速度非常有帮助。

（4）概念模糊、法则不熟是最基本原因

数学中的概念是指：人们在认识数学的过程中，把数学的规律、解决问题的方法总结出来，形成的各种公式、定理等。数学是一门非常精密的科学，需要深刻、透彻的理解。而概念是数学中最基本的内容，也是掌握其他数学知识的前提和基础，如果对概念似懂非懂、迷迷糊糊，便不能清晰地分析题目，更不能快速准确地进行数学计算。

要想提高数学计算速度、迅速提高学习效率，必须清晰地把握概念的内涵和外延，还要熟练掌握数学中的法则、性质、定律等。数学中的法

则、公式、定律、性质等是进行具体计算的依据，只有熟练地掌握这些法则、定律等，才能下笔如有神、得心应手。

（5）写得太慢

有些学生算不快，还与写字太慢有直接关系。两个具有同样计算速度的同学做同一张数学试卷，写字快的同学只用了30分钟，而另一个写字慢的同学用了35分钟。这说明写字快，学习更高效，写字慢，即使计算速度快，学习也不能达到高效。所以要想算得快、学习更高效，就要在提高计算速度的同时提高写字速度。

大量材料说明，随着年级的升高，数学计算的正确率反而呈逐步下降的趋势。这是为什么呢？追本溯源，关键是小学的基础没有打牢，这不能不说是个很严重的问题。有人说，影响计算正确率的原因是粗心，不是不会做。我们不禁要问：为什么有的人粗心，有的人细心呢？归根结底还是思维问题、智力问题。粗心的人往往思维不够严谨、不全面、不深刻，观察力、记忆力、理解力较差。你要想成为一个聪明的孩子，就必须从思想上认识到自己的不足。

3. 用兴趣培养为速算训练添动力

在数学学习过程中，要注意培养孩子计算的兴趣。“兴趣是最好的老

师”，兴趣是学习的内动力，是学习的基础。首先要激发孩子的计算兴趣，让孩子乐于学、乐于做，从而达到算得又准又快的目的。对于数学本身，特别是数学计算而言，好像只是枯燥乏味的数字“开会”，只是在玩一系列的数字游戏。对于小学生，比起好玩的游戏、卡通漫画和好看的电视来说，数学真可以算得上是乏味到家。

那么，怎样才能让小学生学好它呢？针对这一情况，我们做过一次问卷调查。结果显示，在100名小学生中，喜欢数学的仅占25%左右，不喜欢数学的占了51%左右，还有24%左右的学生则表示兴趣一般。而在那25%喜欢数学的小学生中，又分为三类：

第一类：从小就喜欢与数字打交道；

第二类：因某位数学老师的影响而喜欢上了数学；

第三类：偶尔一次考试的成功而被激发出了好胜心，从而喜欢上了数学。

从调查中，可以发现，喜欢数学的同学是从喜欢数字开始的。正是由于喜欢上了数字，才肯去钻研它，进而理解它、掌握它，最后终于能够克服它。如果想让孩子喜欢数学，提高计算能力，可以先从以下几个方面入手：

（1）认识计算的重要性

首先要明确计算准确的重要性，马虎不是小毛病，并举一些生产中的例子，让孩子认识到小马虎可能引起大事故，孩子从思想上认识了，在行动中也会自觉地重视起来。

（2）兴趣引路，提升计算积极性

首先要激发孩子的计算兴趣，使他乐于计算，使计算常态化。生活中创设孩子感兴趣的情境、开展计算比赛活动等形式来激发计算的兴趣，会收到比较好的效果。可以先出10道题，和孩子比赛，看谁算得又快又准。计算完成后，要注意评价方法，算得好要给予鼓励，算得不好也不要打消

孩子的积极性。家庭比赛会调动孩子的积极性，让他们形成计算习惯，希望家长多进行这样的比赛活动。

（3）使孩子弄清算理，熟练掌握基本规则

例如：要掌握乘法口诀，就应理解口诀的来源，如“四六二十四”是表示 4 个 6 是 24，即 6 +6 +6 +6 =24，这就可以帮助孩子记忆口诀。同时还要使他理解口诀的用法。如：4 ×6、6 ×4 都是用口诀“四六二十四”求积；24 ÷4、24 ÷6 也是用这同一句口诀求商。

（4）加强口算训练

在进行四则计算时，都要用到口算。如：一道三位数乘以两位数的笔算乘法题，就要用到八九次加、减、乘的口算；分数的通分、约分也都要用到乘、除法的口算。所以，应重视口算训练。口算的要求不宜过高，应先要求正确，再逐步达到迅速。

加强口算训练要有针对性。如：整数、小数加减法的笔算，它的基础是 20 以内进位加法和退位减法；多位数乘、除法的笔算，它的基础是九九乘法口诀、20 以内进位加法和退位减法、两位数乘一位数等；分数四则计算的基础是约分和通分。口算训练的内容应配合笔算的需要，口算训练的方法有视算、听算，可以口头回答，也可以书面写出得数，让孩子运用多种感觉器官参加运算。还可以采取连续口算的方式，以训练孩子的注意力

和记忆力。如家长口报 15 +7，孩子答 22，家长接着报“加 8”，孩子答 30，家长再报“减 3”，孩子答 27。这种短暂记忆的能力，在笔算时经常用到。如 47 ×8，先算 7 ×8 等于 56，写 6，脑中暂记 5，再算 4 ×8 等于 32，32 加 5 等于 37，最后得出 376。

（5）灵活运用运算方法

一、二年级的孩子虽然知道交换加数的位置结果不变，但遇到具体题目不一定能够灵活运用。如他们知道 7 +2 =9，但计算 2 +7 时往往仍感到困难，不善于运用 2 +7 也就是 7 +2。高年级学生也存在类似的问题，如遇到 7 ÷9 +5 ÷9 这样的题目，不善于用来计算。因此，在平常的学习中要有意识地加以训练。

（6）培养孩子估算和检验的习惯

小学生在计算时，只求算出得数，不注意检查。这就需要家长的指导与训练，使他们养成检验的习惯。在计算时，可指导孩子经常做些估算。如 8005 ×4，积一定是五位数，如果乘出来不是五位数，就有可能是多写或少写了零。检验能力及习惯应从低年级开始培养。开始用重算一遍的方法，到中年级可用加减互逆关系、乘除互逆关系进行验算。

（7）培养学生们的成就感

数学计算是很枯燥的，整数、小数、分数，加、减、乘、除，这些没有任何色彩的符号是很难吸引孩子的眼球的，如何调动孩子的积极性，使他们不厌烦呢？可以采用一些方法，像家庭竞赛、个人加分、评选计算标兵、计算得又快又准的话可以适当给予奖励。这样可以调动起孩子的积极性，使他们在整个的数学学习过程中产生不同的感受，当出现错误时，会产生自责感；当自己找到错误的原因时又会有喜悦感；当计算正确时会产生成功感；当连续几次正确率在 100% 时会产生自豪感。这些不同的感受都会从他们的言行中表现出来。

总之，计算是一项十分细致、精确的工作，因此既需要培养孩子对数

学的兴趣，又需要培养孩子的毅力和严肃认真的学习态度，防止因潦草、漫不经心而产生的计算错误。

4. 用数感培养为速算训练打基础

什么是数感呢？所谓数感是人的一种基本数学素养，是认知数学对象进而成为数学气质的心智技能，是学习数学的重要结构变量。通俗地说，数感就是对数与数之间关系的一种感悟，即对数的一种深入理解，然后内化成一种驾驭数的能力。它来自数学活动实践，又指导数学实践活动。它的形成不是一蹴而就，而是一个渐进积累、沉淀的过程；是在不断的数学活动中，在对数的充分感知、感应和感受中培养形成的。数感是一种主动、自觉或自动化地理解数和运用数的态度与意识，是对数学对象、材料直接迅速、正确敏锐的感受能力。《数学课程标准》指出："数感主要表现在：理解数的意义；能用多种方法来表示数；能在具体的情境中把握数的相对大小关系；能用数来表达和交流信息；能为解决问题而选择适当的算法；能估计运算的结果，并对结果的合理性做出解释。""数感"不是知识，也不是技能，它不是通过他人的传授而能够获得的。

培养数感，是数学课程改革的重要理念。"数感"不能通过他人的传

授而获得，培养数感，要紧密联系生活，要通过丰富多彩的生活情境去感知、去体验。其主要的策略有：联系生活事物，理解数的意义，建立数感；感受生活实例，把握数的大小，发展数感；进入生活情境，理解运算的意义，优化数感；加强生活应用，提倡算法多样化，巩固数感。

培养学生的数感，要让学生通过丰富多彩的生活情境去感知、去体验。

（1）联系生活事物，理解数的意义，建立数感

小学生的思维正从具体形象思维向抽象逻辑思维发展，根据这个特点，应多联系生活中的事物，去经历和体验，从而建立数感。数的概念本身是抽象的，只有为孩子提供充分的可感知的现实背景，才能使孩子真正理解。而能将数的概念与它们所表示的实际含义建立起联系，则是理解数的标志，也是建立数的概念的表现。

通过观察、操作、解决问题等丰富的活动，感受数的意义，体会数用来表示和交流的作用，初步建立数感。在认数的过程中，说一说自己身边的数，生活中的数，如何用数表示周围的事物等，会感到数学就在自己身边，运用数可以简单明了地表示许多现象。例如，在“11～20各数的认识”中，通过小棒操作，知道了“十个一是一个十”和“一个十与几个一和起来是十几”后，让孩子说一说自己的学号、自己家所在街道的号码、

十字路口红绿灯显示的秒数，翻数学课本的页数及估计其厚度等，使孩子在对这些具体数量的感知和体验中，进一步强化数感，加深对数的意义的认识。

首先，通过可容纳一万人的体育馆的主题图，让学生对10000有一个整体的感受。

其次，提供一些有关三位数、四位数有多大的具体而生动的实际例子，例如“广场上有330只鸽子”，“用肉眼能看到的星星有六七千颗”，让孩子结合现实素材感受这些大数的含义。

第三，用“多一些”、“少一些”、“多得多”、“少得多”等词语描述几个三、四位数的相对大小，进一步学习用具体的数描述生活中的事物。

第四，结合实际认识万以内数的近似数的教学，以及让学生估计一些物品的数量，展示用数来表达、交流的有关内容等。

第五，结合实际安排整百、整千数加减法的例题，让学生对万以内数以及数与数之间的关系有更丰富的体验。

第六，在“万以内的加减法”中出示多种算法和估算等。

在上述丰富具体的素材练习过程中，孩子能够逐步形成万以内数的概念。另外在认识大数和较大数后，又可以创设以下情境，引导学生进一步体验：你们班上有多少同学？假如每班学生按50人计算全校有1800人，相当于有多少个这样的班级？某城区有50000人，相当于多少个本校的学生数？

通过对现实素材的计算，感受数的意义，为孩子在以后的生活中有意识地运用打下基础，从而逐步建立数感。

（2）感受生活实例，把握数的大小，发展数感

引导孩子在生活实例中把握数的相对大小关系，不仅是理解数的概念，加深对数的实际意义的理解，更重要的是发展孩子的数感。例如，一年级从10以内数的认数开始，就用木块和小棒的多少来比较数的大小，认

识“<”、“>”，逐步建立数的大小的相对关系，5 比 1、2、3、4 大，但比 6、7、8、9 小。又如，分数的大小更具有相对性，同是一堆苹果的五分之一，如果这堆苹果有 50 个，它的五分之一就是 10 个；如果这堆苹果有 300 个，它的五分之一就是 60 个；如果是一车苹果，它的五分之一可能是成千上万个或者是几十甚至几百筐苹果。孩子有了这方面的意识，在以后遇到一些数学答案对就会自觉、主动地做出反思和评判，从总体上感觉是对还是错，并对计算结果的合理性做出解释。例如，超产后的产量应比原来多、节约后的开支应比原来少，等等。

“数感”的培养就是孩子对数的概念的敏感性培养，同时它需要在更多的机会中得到发展。单纯的训练容易使学生厌倦，而游戏是儿童的最爱，以数学游戏的形式来发展学生的数感是快乐而又富有成效的。如“算 24 点”游戏：家长可以随机抽取 4 张扑克牌，让学生用“+”、“-”、“×”、“÷”等方法算出 24。通过这个游戏，加深了孩子对数的理解，能在具体情境中把握数之间的大小关系。又如“抢 30”游戏：家长和孩子两个人轮流报数，最少报 1 个，最多报 2 个，报到 30 就胜出。孩子为了游戏的胜利而寻找窍门，发现要抢到 30 就必须抢到 27，要抢到 27 就必须抢到 24，……这些都是 3 的倍数。这些游戏孩子都很喜欢，在学校和同学玩，回家后还要和爸爸妈妈玩。在轻松愉快的游戏中，学生主动地用数与他人交流信息，不知不觉中发展了儿童的数感。

(3) 进入生活情境，理解运算的意义，优化数感

数感的另一个含义是在实际情境中把握运算的意义。学生的生活经验是他们学习数学的基础。他们更多关注的是发生在自己身边的新奇而有趣的事物，而他们在思考的过程中往往会联系到自己的生活经验。例如，孩子在解决“小明有 4 颗糖，奶奶又给他 3 颗，他现在有几颗糖?”的问题时，如果发生困难，他们会在头脑中假设桌子上有一些糖，实际情境会有助于问题的解决。当数和数的运算与情境中的事物相联系时，学生的头脑才能获得真正的意义。英国教育学者休格斯曾证明了当数在没有与有意义的情境相联系时，儿童在理解简单的数目加减法时会有困难。许多人反对让学生一开始就大量进行符号运算，认为这样并不利于学生建立数学概念，不利于数学思维的发展。

让孩子结合具体的问题选择恰当的算法，会增强他对运算实际意义的理解，优化孩子的数感。学习运算是为了解决问题，而不是单纯为了计算。以往的数学教学过多地强调学生运算技能的训练。简单地重复练习没有意义的题目，不仅感到枯燥无味，而且不了解为什么要计算，为什么一定要用固定的方法计算。一个问题可以通过不同的方法找到答案，一个算

式也可以用不同的方式得出结果，用什么方式方法更合适，得到的结果是否合理，这与问题的实际背景有直接关系。例如：21 人要过河，每条船最多可乘 5 人，至少需要几条船，怎样乘船才合理？这个问题不是简单地计算 21 ÷5 就可以解决的。在没有实际背景的情况下，简单地计算出 21 ÷ 5 =4…1，孩子就只体会到商 4 和余下的 1 是什么意思，4 表示 4 条船，1 表示如果 4 条船上都坐满 5 个人，还剩下 1 人也需要一条船，因此必须用 5 条船。但对这个实际问题来讲，这只是一种解决的办法。还可以 3 条船上各乘 5 人，另外两条船上各乘 3 人；或一条船上乘 5 人，4 条船上各乘 4 人等等。通过计算可以解决这个问题，但找到答案的方法并非只有一种，答案也并非只有一个。孩子在探索实际问题的过程中，切实了解了计算的意义 ，又学会如何解答，优化了孩子的数感。

总之，数感是人一生中学习数学和运用数学的核心品质和重要条件，它不能凭一时的兴趣和偶尔一次的感觉就可以形成，也不能靠强化记忆和多次传授得到，它是一种数学上的直感，就是生活中的“凭感觉”，是一个长期的培育工程。培养孩子数感的过程是循序渐进的，是一个潜移默化的过程。

5. 神奇速算，掀起计算新革命

速算是根据算式的不同特点，利用数的组成和分解、各种运算定律、性质或它们之间的特殊关系，使计算过程简单化，或直接得出结果。这种简便、迅速的运算，叫做简便运算，又叫简算，也叫“速算”。

速算法是根据社会发展的需要对常规计算方法的一种改革创新，是计算技术的一场革命。它的发展与普及有力地推动了我国数学的发展。速算教育的普及对提高民众素质、促进国民经济的发展都有着广泛的意义。

长期以来，人们进行计算，总是要通过笔算或借助于计算器去完成。其实，只要你能掌握速算的方法，你就能与计算器相媲美了，乘除比珠算

还要快，加减比笔算快得多。

速算最突出的优点是方便快捷，这对于在校学生来说是非常适宜的，在熟练掌握笔算技能的基础上，运用速算技能进行计算，就能大大减轻计算负担，节约学习时间，提高学习效率。同时，还能提升同学们的观察、分析、综合、口算的能力，提高思维的灵活性和敏捷性，能让学生从此不再恐惧数学，因为学生会觉得用这种方法解决数学计算问题真的太简单、太便捷了。尤其在考试中，计算题都用笔算，很繁杂费时；用计算器，考场上也不允许，若能运用速算方法，就可以省下不少时间来分析题意、复查正误，这对于提高考试成绩无疑是很有帮助的。

为了从此改变你的速算水平，让你成为真正的数学强者，超越更多优秀的同学并坦然地面对复杂的考试，取得骄人的成绩，请学习速算方法，相信速算一定会给你带来意外的收获。

要深刻地剖析速算，就要先分析速算与口算和笔算的关系。

（1）速算与口算

口算就是我们通常说的心算，计算时不借助计算工具（如笔、纸、算盘、计算器等），不表述计算过程，而是直接通过思维算出结果。

口算在我们实际生活中用途很广，小学生掌握熟练的口算技能技巧，可以提高计算能力，还可以解决我们实际生活中的一些具体问题。

口算是笔算的基础。小学生学习数学时，进行实际运算的过程，都是以口算为基础的，口算是四则运算的基本方法。其实，只要我们进行计算，无时不在运用口算。离开了口算，笔算是难以进行的。正是因为这样，我们的口算能力直接影响到笔算的计算能力。口算的价值很大，它的计算不仅在于它的正确，更为重要的还在于它的速度。我们要做到口算的敏捷，要注意经常练习口算，还要能够运用合理的计算方法。

速算是一种特殊的口算，它是根据数的特点，运用运算定律、运算性质使运算简便。

在学习速算的过程中，我们思维的灵活性和敏捷性也得到了提高。

（2）速算与笔算

我们平时的计算，主要是笔算，这是小学生学习数学的主体部分。笔算一般是借助计算工具来进行的。速算是口算的一种，它是人们在口算、笔算的长期实践中总结出来的简便、科学的计算方法。

在笔算的过程中，往往会遇到某些问题可以进行速算，这时，我们就可以不借助工具进行速算，使计算的速度提高，且又算得正确。从这个意义上讲，运用速算的方法，可以提高笔算的速度和能力。

口算是笔算的基础，笔算都是以口算为基本方法进行计算的，离开了口算，笔算是难以进行计算的。口算，其实也是笔算的一部分。

认识速算是更好地运用速算方法的前提和基础，通过上述对速算做出的深刻剖析，相信你一定对速算有了更进一步的认识和理解！

6. 快速计算能力是练出来的

一位学者说：“不管踩什么样的高跷，没有自己的脚是不行的。”运算实践是提高计算能力的唯一途径。

“实践出真知”，计算的技能技巧是从计算的实践中获得的，我们所介绍的各种算得快的技巧，也都是从计算的实践中总结概括出来的。要使自己的计算快而准确，就必须在实践中训练、提高。

任何一种好的方法，都是在实践中通过勤奋思考得来的。俗话说：“熟能生巧，巧能知新。”天才来自勤奋。学生若是思想懒惰，盲目练习式学习，即使可以用更好的方法去解题，他也会视而不见。从现在开始，多做练习，随时随地自己寻找习题。

速算技术是练出来的，只有多做练习才能“熟能生巧”，但是要想成为速算天才，除了多做练习、用心专一外，还要持之以恒，不要半途而废，实实在在的速算高手是建立在日积月累的练习基础上的。饭要一口一口吃，路要一步一步走，必须循序渐进，千万不要三天打鱼两天晒网，否则速算天才永远不是你。

有的同学说：“我做一些事情就是不能持之以恒，可能是因为我天生就对这些事情不感兴趣，或者越来越觉得这些事情好无聊，还有就是不知不觉就放弃了。”

如何做到持之以恒呢？以下几点建议，希望你去试一试。

第一，要给自己定一个明确的目标

在你学习或做其他事情之前，先想明白自己现在究竟要做什么事，要达到什么样的目标，要鼓励自己不达目的不罢休。

第二，排除一切可能的干扰

如果你在坚持做一件事情的时候，有其他的人或其他的事情干扰你，你或者是排除干扰，或者是做完这些事情后继续坚持原来的事情，切勿转移注意力放弃原来的想法和行为。

第三，每天问自己："今天我做了吗?"

每天要强化一种意识，让自己始终指向既定的目标，以保证注意力集中达成目标，避免分神和做无用之功，每天可以这样问自己："今天我做了吗?"这样每天提醒自己，让自己安下心来坚持下去。

要使自己真正成为学习高手，成为速算方面的天才，持之以恒是必定要走的路，因为你别无选择。

考高分上名校　学习方法最重要

第三节　认算式：速算新概念

1. 什么是认算式

在学校传统教育中，“2 + 3 = ”之类的一大批简单算式都是分别被当作一个算式来看待。而我们在进行口算训练时，把“2 + 3 = ”之类的一大批算式分别当作一个特殊的“字符”来看待，在进行口算的时候，总是把这些特殊的“字符”当作一个“字”来“认”，而不是去“算”。孩子只有对算式的概念进行了突破，突破了“算算式”的概念，才会真正认识到“认”比“算”快。

将一些简单的算式当作一个字符来认，这样一来，就会大大提高运算速度和准确度，这一点在小学里有特别的意义。一般孩子总觉得算术作业难做，而且总是出错，如果教孩子“认算式”，那些算式就像一个字一个字一样，一认就出来，也不用笔算，又快又准。

有些孩子形成了依赖用笔计算的习惯，不进行笔算他就觉得没有把握，这样学习效率就太低了，如此下去，到了初中、高中学习压力将会变得更大。

表面看起来，小学数学没有多少可学的，特别是很多女同学，认真地用笔计算，时间又充足，常常数学得100分，很多家长也常常感叹，“我女儿小学数学还是蛮不错的，数学考试常常满分，怎么一到初中数学就不行了呢?”这些同学在小学的数学不是没有问题，只是家长和老师忽视了，从来没有注意到：他们的速度太慢了。

从技术的角度来看，做数学题仅仅准确度高而速度不快也是一种严重的隐性“失误”，不过这种隐性失误无法从考试卷面觉察出来，而且，几乎被所有的老师和家长忽视了。

这个问题是非常重要的。很多同学特别是很多女同学都是输在这个起跑线。所以在小学就要牢牢把好“认算”关，真正重视起来，把它纳入孩子的教育计划中。如此一来，随着孩子年龄的增长、学龄的增长，学习成绩也会跟着提升。

开始训练时，家长可以用手指压住“2 + 3 =”，然后突然放开手指，旋即又压住，让孩子来认这个“字”。孩子开始会有些不习惯这样的“字”，家长可以告诉他这些“字”原本是一个算式，如果当一个“字”来认也是可以的，只是这个“字”的结构有些特殊罢了。当孩子的思维转了弯以后，很快就会“认”这些“字”了。

家长可以准备速算训练卡，结合软件进行口算训练。根据孩子的学习能力，选择适当的练习内容进行训练，最好从简单的开始。

使用题卡时请注意：

（1）首次做口算训练时，记下所花的时间，供日后比较分析。

（2）在认读时可以将整张题卡分成几个部分，分别认读。有哪些小题不流畅，则再认读，直至能将整张题卡流畅完成。

(3) 接着，让孩子先做好训练准备，家长持表，发口令“开始”，孩子执笔作答，记录时间。

(4) 每一次训练，都与达标速度比较一下，看看有没有差距，如果是小学一、二年级的学生，又未经训练，一般来说，短时间内达标是有困难的，掌握一门技术需要反复的训练。

(5) 每做一次训练，都与上一次的速度比较一下，看看有没有进步，进步了，家长应适当地赞扬一下。孩子这时需要鼓励，正如在球场上拼搏的球员需要自己的队友当啦啦队一样，家长切不可说“真笨，怎么搞得这么慢”。如果当家长的你是这般教育，那你做不了这等需要耐心和爱心才能做好的事情。

(6) 每次训练，时间不宜过长，以半小时为宜，如果孩子一时兴趣高，还可以适当延长训练时间。

(7) 为了迅速达标，孩子在答题时，家长应目不转睛地盯着孩子的答题动作。如果孩子写得数时，在哪一题下笔有停顿，就说明这道题他没有“认”会，还需要训练一下“认”算式，可以单“认”这些没“认”会的题。

(8) 每次的训练间隔最好在一星期左右，天天做这种训练容易令人生烦，要保护孩子的学习积极性。当然，如果孩子主动要求多练，那又另当别论。

(9) 如果孩子一个人单独拿这些口算训练题去训练，也是可以的。但大多数孩子会觉得没趣，容易产生疲劳感，那效果就会大打折扣，如果家长或邻居小朋友参与的话，那可能会收到意想不到的训练效果，孩子的学习状态也可以因此而改变，他就会非常高兴，不易疲劳。如果家长有兴趣，让孩子为你计时，你也测一下你的速度，让孩子来看看爸妈的本领，则更能增加这种训练的乐趣，使孩子觉得与玩游戏一样有趣，这就是“玩学习”。

2. 九九乘法拓展到十九乘以十九

印度的小朋友不仅会背九九乘法表，而且可以把 19×19 乘法口诀表倒背如流。印度正崛起为信息技术领域的超强国，其制作电脑软件领域的成就，无人能与其相比。印度原本就是数学强国，发明阿拉伯数字和 0 的概念的正是印度。从古时候开始，印度就涌现出很多数学天才。印度在信息技术领域具有雄厚实力的原因，也许可以从 19×19 口诀表当中找到。

“背诵 19×19 口诀，我们国家就能成为信息技术领域的超强国吗?”

“背诵 19×19 口诀，就能在数学竞赛中获奖?”

“背诵 19×19 口诀，真的会出现这样的奇迹吗？19×19 口诀里面到底有什么呢?”

事实上，19×19 口诀里蕴含着惊人的秘密。如果你能正确理解和背诵 19×19 口诀，就能神奇地提高数学能力。熟背 19×19 口诀，不仅可以提高数学的运算能力，而且可以锻炼思考力、分析力和创造力。19×19 口诀里，装着很多轻松解答小学高年级数学的法宝。不仅如此，升入初中、高中后也会得到很多帮助。具体作用如下：

（1）加快多位数的乘法运算

背诵 19×19 口诀，可以加快运算速度，这一点大家都能想到。把很多乘法预先背好了，当然就提高了心算能力。不仅如此，一边思考一边背诵 19×19 口诀，你还可以了解乘法的结构，掌握使复杂的乘法运算变得简单的思维方法。

如果是两位数的乘法运算，可以直接运用 19×19 口诀。举例来说，运算 372×19，如果是只背诵九九乘法口诀的小朋友，就需要分别计算 372×10 和 372×9，而背诵了 19×19 口诀的小朋友，却可以一步算出，事半功倍，就像在头脑中设置了简化两步运算的电脑程序。

为了加快两位数以上的乘法运算，需要进行拆数字的练习。482×18

是 482×20－482×2，可以这样拆开来进行运算，是因为 18＝20－2。

运用这个方法，在做多位数乘法运算的时候，我们就可以通过心算来轻松进行。而背诵 19×19 口诀的时候，如果只是盲目背诵，那么在进行多位数乘法运算时能够运用的部分就会很少。

（2）加法、减法、除法运算也会神奇地变快了

九九乘法口诀最多地被运用在乘法运算中，19×19 口诀也是如此。但 19×19 口诀不仅可以应用于乘法运算，把 19×19 口诀背好了，除法运算也会变快，因为除法是乘法的逆运算。

在背诵 19×19 口诀的过程中用到的方法，还会帮助你提高加法和减法的思考能力。因为要以 10、20 或 30 为中心来进行拆数字练习。

256÷16 是多少呢？只背诵九九乘法口诀的小朋友需要动手进行计算，而背诵了 19×19 口诀，就可以在看到题目的一瞬间就知道答案是 16，因为 16×16＝256 已经牢牢地定格在大脑里了。

加法运算怎样变快呢？看一下下面的加法运算。

139＋38＋52＋27＋491＋83＝

想要快速算出，绝不能依次相加。如果将个位数相加等于 10 的数进行组合，计算就会变得简单得多：

（139＋491）＋（38＋52）＋（27＋83）＝

同样，在减法运算中，如果把加起来后等于10的数字掌握牢固了，那么计算速度就会加快。反复做拆数字练习，减法运算自然就会变快。仔细揣摩尾数，找出相加后等于10的数，这个练习会使加法、减法、除法的运算速度神奇地变快。

在背诵19×19口诀的过程中，自然地达到了这种练习的效果。

（3）约数和位数，理解数的性质

当我们学习到约数和倍数、公约数和公倍数、最大公约数和最小公倍数，原来只做加减乘除的数学突然变难了。

以前我们只了解1、2、3……这些数是用来数数的，但是从现在开始学习像约数、倍数这样一个具有某种性质的数，就是学习数与数之间的关系。

举例来说，我们看到285这个数字，以前只认为是从第1数到第285的数而已，或者联想到285个苹果或者球放到一起的情形。

但从现在开始，我们还要想到其他内容，背过19×19口诀以后，285=15×19就会立刻在脑子里出现。我们也就理解了285这个数的性质。285即是15的倍数，也是19的倍数。反过来，285的约数中有15和19。

（4）分数运算既快速又轻松

在小学阶段学习的数学内容中，分数是有难度的。分母相同的分数还可以轻松掌握，可是分母不通的分数看着就头晕。在做分数的加减法和约分运算的时候，一定要理解约数和倍数。为了加快计算速度，应该迅速找出公约数和公倍数。

举个例子，将分母15和17进行同分，同分过程中包括下列计算：

15×17=255，　2×17=34，　3×15=45

如果背好了19×19口诀，就可以立刻计算出答案了吧？在学习19×19口诀的过程中，还可以帮助我们更好地理解约数和倍数的性质，分数计算也就变容易啦。

19×19 乘法口诀表

1×1=1			19×19=361	18×18=324	17×17=289	16×16=256	15×15=225	14×14=196	13×13=169	12×12=144
1×2=2	2×2=4			18×19=342	17×18=306	16×17=272	15×16=240	14×15=210	13×14=182	12×13=156
1×3=3	2×3=6	3×3=9			17×19=361	16×18=288	15×17=255	14×16=224	13×15=195	12×14=168
1×4=4	2×4=8	3×4=12	4×4=16			16×19=304	15×18=270	14×17=238	13×16=208	12×15=180
1×5=5	2×5=10	3×5=15	4×5=20	5×5=25			15×19=285	14×18=252	13×17=221	12×16=192
1×6=6	2×6=12	3×6=18	4×6=24	5×6=30	6×6=36			14×19=266	13×18=234	12×17=204
1×7=7	2×7=14	3×7=21	4×7=28	5×7=35	6×7=42	7×7=49			13×19=247	12×18=216
1×8=8	2×8=16	3×8=24	4×8=32	5×8=40	6×8=48	7×8=56	8×8=64			12×19=228
1×9=9	2×9=18	3×9=27	4×9=36	5×9=45	6×9=54	7×9=63	8×9=72	9×9=81		
1×10=10	2×10=20	3×10=30	4×10=40	5×10=50	6×10=60	7×10=70	8×10=80	9×10=90	10×10=100	
1×11=11	2×11=22	3×11=33	4×11=44	5×11=55	6×11=66	7×11=77	8×11=88	9×11=99	10×11=110	11×11=121
1×12=12	2×12=24	3×12=36	4×12=48	5×12=60	6×12=72	7×12=84	8×12=96	9×12=108	10×12=120	11×12=132
1×13=13	2×13=26	3×13=39	4×13=52	5×13=65	6×13=78	7×13=91	8×13=104	9×13=117	10×13=130	11×13=143
1×14=14	2×14=28	3×14=42	4×14=56	5×14=70	6×14=84	7×14=98	8×14=112	9×14=126	10×14=140	11×14=154
1×15=15	2×15=30	3×15=45	4×15=60	5×15=75	6×15=90	7×15=105	8×15=120	9×15=135	10×15=150	11×15=165
1×16=16	2×16=32	3×16=48	4×16=64	5×16=80	6×16=96	7×16=112	8×16=128	9×16=144	10×16=160	11×16=176
1×17=17	2×17=34	3×17=51	4×17=68	5×17=85	6×17=102	7×17=119	8×17=136	9×17=153	10×17=170	11×17=187
1×18=18	2×18=36	3×18=54	4×18=72	5×18=90	6×18=108	7×18=126	8×18=144	9×18=162	10×18=180	11×18=198
1×19=19	2×19=38	3×19=57	4×19=76	5×19=95	6×19=114	7×19=133	8×19=152	9×19=171	10×19=190	11×19=209

3. 认算式的训练方式

在快速计算训练的时候，要求训练者做到眼到、心到、脑到、口到。在进行反复训练的时候，最好在大脑中把算式过一遍。对于认算式的训练，要重点把握以下几个要点：

（1）随时随地训练“认算式”

认算式的练习没有捷径可走，首要的是进行大量的口算训练，在日常生活中我们可以采取游戏的方式来进行训练，也可以在生活中进行随时随地的训练。

有些家长非常用心地训练孩子的计算能力，这些方法大家可以参考：比如，告诉孩子，今天我们家计划用多少钱来购买日常生活用品以及买菜等，然后列清单，把钱给孩子去采购，钱的总数是确定的，那么购买什么东西，孩子自己掌握，这个时候，孩子就开始计算买什么东西，买多少，要花多少钱，是否能够完成够购买任务，如果孩子在某件东西上花多了钱，就没有钱买其他东西了。让孩子做主的过程，孩子会觉得很有趣，无形之中锻炼了计算能力，同时还锻炼孩子的思维能力和计划能力。

另外，在日常生活中，还可以通过扑克牌的游戏，让孩子来进行训练，比如，父母跟孩子之间，或者孩子跟小伙伴之间都可以进行，扑克牌去掉大小王，两个人均分52张牌，每张牌对应相应的数字，可以进行加法训练，每人出一张牌，看谁先报出两张牌相加的得数，算对就赢得对方的牌，可以计时3分钟或者谁先把对方的牌赢完，谁就获得胜利。以此类推，两个人可以玩乘法和减法的游戏，也可以3个人甚至4个人一起玩，看谁算得快，报答案快。在游戏中，孩子的计算能力得到快速提高，最终可以做到见题报数的能力。

第三种方式就是利用四快高效学习法训练软件进行口算训练。在软件中设计了视觉口算训练的内容，从易到难包含了100以内的加减法和20以内的乘除法运算，同学们在训练的时候，可以选择出题的速度，然互马上报出运算答案。每次训练时间为3分钟，如果3分钟能够跟上电脑出题的速度而且不出错误，就可以在下次训练的时候提高出牌的速度，这样坚持训练一段时间，就可以快速提高同学们的口算能力。如果同学们觉得一个人训练太枯燥，可以跟父母或者跟同学来进行PK赛，选择相同的题库和相同的出题速度，看谁可以挑战成功。

总的来说，认算式训练的结果就是把简单的算式当作一个字符来认，就像两个人见面一样，第一次见面大家可能觉得陌生，但是如果两个人每天都见面，过一段时间后，两个人就会彼此非常熟悉，一见面就会就认识对方。认算式训练需要的是时间和持续训练，最终每个人都可以掌握这样的基础能力。

（2）熟悉基础计算中进位和退位的算式

在认算式训练中，还有一些规律可以把握。在熟练掌握单位数加法不进位和减法不退位的基础上，在训练认算式的过程中我们可以运用“进位加法和退位减法基础表”来提高孩子对算式的“认”的能力。基础表如下所示：

进位加法、退位减法基础表

10 的进位加法：1+9=10　2+8=10　3+7=10　4+6=10　5+5=10

11 的进位加法：2+9=11　3+8=11　4+7=11　5+6=11

12 的进位加法：3+9=12　4+8=12　5+7=12　6+6=12

13 的进位加法：4+9=13　5+8=13　6+7=13

14 的进位加法：5+9=14　6+8=14　7+7=14

15 的进位加法：6+9=15　7+8=15

16 的进位加法：7+9=16　8+8=16

17 的进位加法：8+9=17

18 的进位加法：9+9=18

10 的退位减法：

{10−1=9, 10−9=1}　{10−2=8, 10−8=2}　{10−3=7, 10−7=3}　{10−4=6, 10−6=4}　10−5=5

11 的退位减法：

{11−2=9, 11−9=2}　{11−3=8, 11−8=3}　{11−4=7, 11−7=4}　{11−5=6, 11−6=5}

12 的退位减法：

{12−3=9, 12−9=3}　{12−4=8, 12−8=4}　{12−5=7, 12−7=5}　12−6=6

13 的退位减法：

{13−4=9, 13−9=4}　{13−5=8, 13−8=5}　{13−6=7, 13−7=6}

14 的退位减法：

{14−5=9, 14−9=5}　{14−6=8, 14−8=6}　14−7=7

15 的退位减法：

{15−6=9, 15−9=6}　{15−7=8, 15−8=7}

16 的退位减法：

{16−7=9, 16−9=7}　16−8=8

17 的退位减法：

{17−8=9, 17−9=8}

18 的退位减法：

18−9=9

这个基础表当中包含了所有的进位加法和退位减法的算式，我们在训练的过程中有两种方法进行训练。

第一种：总结式训练，总结式训练是熟背每个总结项目的全部算式。在训练的过程中可以和家长或者同学配合，当提问10的进位加法有哪些？你就能快速地背出：1+9=10、2+8=10、3+7=10、4+6=10、5+5=10。

第二种：拓展式训练，把原式子的数字扩大进行训练，比如12-4=8可以扩大为22-4=、32-4=。

熟练这两种练习方法之后我们就可以进行题卡的训练了。题卡的训练可以分为读卡和写卡两种，初练时可以选择读卡训练，先锻炼数感。在读卡的过程中切记以下三点：

①不要托长音，要干净利落。

②可以把题卡按4道题为一个小节进行训练，小节训练得熟练之后，按列进行训练。

③哪里跌倒就从哪里爬起来：哪道题错了就直接从这道题纠正答案继续报，不要重复报。

读卡训练熟练之后就可以进行写卡的训练了。每次读卡和写卡都要记好时间，与达标的速度比较一下，看看每次是否有进步。无论是读卡还是写卡的过程中一定要全神贯注，切忌东张西望。

（3）19×19速算有技巧

在19×19乘法表当中我们可以看到，每一段的前半部分是单位数乘以十几的比较简单，后半部分都是十几乘以十几的，对同学们来说比较困难。首先我们以第十一段为例，在十几乘以十几当中，11×10=110这个算式就很简单，所以我们不需要去重点练习，那么第十一段就从11×11=121开始。同样第十二段中12×11=132这个在第十一段中已经有了（11×12=132）。

19 段乘法练习表

四快学堂

1×1=1			19×19=361	18×18=324	17×17=289	16×16=256	15×15=225	14×14=196	13×13=169	12×12=144
1×2=2	2×2=4			18×19=342	17×18=306	16×17=272	15×16=240	14×15=210	13×14=182	12×13=156
1×3=3	2×3=6	3×3=9			17×19=323	16×18=288	15×17=255	14×16=224	13×15=195	12×14=168
1×4=4	2×4=8	3×4=12	4×4=16			16×19=304	15×18=270	14×17=238	13×16=208	12×15=180
1×5=5	2×5=10	3×5=15	4×5=20	5×5=25			15×19=285	14×18=252	13×17=221	12×16=192
1×6=6	2×6=12	3×6=18	4×6=24	5×6=30	6×6=36			14×19=266	13×18=234	12×17=204
1×7=7	2×7=14	3×7=21	4×7=28	5×7=35	6×7=42	7×7=49			13×19=247	12×18=216
1×8=8	2×8=16	3×8=24	4×8=32	5×8=40	6×8=48	7×8=56	8×8=64			12×19=228
1×9=9	2×9=18	3×9=27	4×9=36	5×9=45	6×9=54	7×9=63	8×9=72	9×9=81		
1×10=10	2×10=20	3×10=30	4×10=40	5×10=50	6×10=60	7×10=70	8×10=80	9×10=90	10×10=100	
1×11=11	2×11=22	3×11=33	4×11=44	5×11=55	6×11=66	7×11=77	8×11=88	9×11=99	10×11=110	11×11=121
1×12=12	2×12=24	3×12=36	4×12=48	5×12=60	6×12=72	7×12=84	8×12=96	9×12=108	10×12=120	11×12=132
1×13=13	2×13=26	3×13=39	4×13=52	5×13=65	6×13=78	7×13=91	8×13=104	9×13=117	10×13=130	11×13=143
1×14=14	2×14=28	3×14=42	4×14=56	5×14=70	6×14=84	7×14=98	8×14=112	9×14=126	10×14=140	11×14=154
1×15=15	2×15=30	3×15=45	4×15=60	5×15=75	6×15=90	7×15=105	8×15=120	9×15=135	10×15=150	11×15=165
1×16=16	2×16=32	3×16=48	4×16=64	5×16=80	6×16=96	7×16=112	8×16=128	9×16=144	10×16=160	11×16=176
1×17=17	2×17=34	3×17=51	4×17=68	5×17=85	6×17=102	7×17=119	8×17=136	9×17=153	10×17=170	11×17=187
1×18=18	2×18=36	3×18=54	4×18=72	5×18=90	6×18=108	7×18=126	8×18=144	9×18=162	10×18=180	11×18=198
1×19=19	2×19=38	3×19=57	4×19=76	5×19=95	6×19=114	7×19=133	8×19=152	9×19=171	10×19=190	11×19=209

下面给同学们介绍两种方法来方便记忆 19×19 乘法口诀。

第一种：儿歌记忆法，这是一首蜗牛与黄鹂鸟的儿歌，这首儿歌中一共有 10 句，在 19×19 乘法口诀表中每一段也刚好是十句，那么我们就套用这首儿歌的曲子来把每一段唱出来，以第十二段为例，同学们可以自己发挥把剩余的几段用同样的方法唱出。

蜗牛与黄鹂鸟	第 12 段		
阿门阿前一棵葡萄树	12×10=120	十二一十	一百二十整
阿嫩阿嫩绿的刚发芽	12×11=132	十二十一	一百三十二
蜗牛背着那重重的壳呀	12×12=144	十二十二	一四四呀
一步一步地往上爬	12×13=156	十二十三	一五六
阿树阿上两只黄鹂鸟	12×14=168	十二十四	一百六十八
阿嘻阿嘻哈哈在笑他	12×15=180	十二十五	一百八十整
葡萄成熟还早得很哪	12×16=192	十二十六	一九二呀

现在上来干什么　　$12 \times 17 = 204$　　十二十七　　二零四

阿黄阿黄你呀不要笑　　$12 \times 18 = 216$　　十二十八　　二百一十六

等我爬上它就成熟了　　$12 \times 19 = 228$　　十二十九　　二百二十八

第二种：速算技巧。在 19×19 乘法口诀表中重点记忆的是十几乘以十几的部分，因为这部分对同学们来说比较难，口算的话非常容易算错，下面给大家介绍一种十几乘以十几的快算方法来帮助大家记忆。

十几乘以十几的速算技巧

速算口诀：先写一个数加上另一个数的个位的和，再接着写上个位数的积（个位数的积满几十，前面的和就先加上几）。

王牌例题

①$12 \times 14$

计算过程：$12 + 4 = 16$，先写上 16

$2 \times 4 = 8$，再接着写上 8

所以计算结果为 168

（2）15×19

计算过程：15 +9 =24

5 ×9 =45

满十进位，24 +4 =28，先写上28，再接着写上5

所以计算结果为285

通过这两种方法，相信同学们可以很快地把19×19乘法口诀表记忆下来。

“进位加法、退位减法基础表”和“19×19乘法口诀表”是我们在训练认算式的过程中最为重要的基础，同学们只要运用正确的方法，看着难的、复杂的表格，我们也可以很快掌握。

第四节 综合运算能力训练

1. “加法算式”用“眼”看出得数

（1）余差法的巧妙运用

计时计算：完成以下10道题所用时间 ________ 秒。

1. 98 + 49 =	2. 179 + 101 =	3. 198 + 73 =
4. 99 + 168 =	5. 296 + 74 =	6. 177 + 201 =
7. 56 + 102 =	8. 89 + 98 =	9. 137 + 301 =
10. 99 + 107 =		

寻找规律

进行加法巧算时，可以先把接近整十、整百、整千……的数先看成整十、整百、整千……的数，再根据“多加的零头数要减去，少加的零头数再加上”的原则进行处理。我们通常把这里的“零头数”叫作“余差”。

王牌例题

① 298 + 56 =

计算过程：298 接近于300，298 + 56 可以看成300 + 56，多加了2，所以最后还要减2，即：(300 + 56) − 2 = 354。

② 364 + 103 =

计算过程：103 接近于100，364 + 103 可以看成364 + 100，少加了3，

所以最后还要加上3，即：(364+100) +3=467。

实战演习：完成以上10道题所用时间______________秒。

1. 399+78=　　2. 38+98=　　3. 297+72=

4. 89+303=　　5. 403+57=　　6. 109+96=

7. 203+67=　　8. 96+256=　　9. 107+97=

10. 9999+999+99+9=

(2) 换位置找最契合的朋友

计时计算：完成以下10道题所用时间______________秒。

1. 23+56+77=

2. 17.8+2.52+1.6+0.48+2.2=

3. 8.6+43+1.4=

4. 108+52+92+48=

5. 23+19+77=

6. 0.98+76+0.02+24=

7. 227+56+44+183=

8. 123+254+77+46=

9. 147+357+256+43+53=

10. 79+69+21=

寻找规律

根据加法结合律，几个数相加，其中若有能够凑整的，可以变更原式，使能够凑整的数结成一对好朋友，将它们先计算。

王牌例题

① 1674+756+326=

计算过程：1674 与 326 可凑整，所以先计算它们，然后再加 756，

即：（1674 + 326） + 756 = 2756

② 3.74 + 17.8 + 0.26 =

计算过程：3.74 与 0.26 可以凑整，所以先计算它们，然后再加 17.8，

即：（3.74 + 0.26） + 17.8 = 21.8。

实战演习：完成以下 10 道题所用时间 ________ 秒。

1. 277 + 26 + 123 =
2. 1.89 + 0.26 + 0.11 =
3. 58 + 0.28 + 42 =
4. 189 + 0.67 + 0.33 + 11 =
5. 23 + 159 + 77 + 41 =
6. 0.27 + 1.84 + 23 + 0.73 + 1.16 =
7. 135 + 627 + 375 + 665 + 173 =
8. 268 + 55 + 56 + 44 + 32 =
9. 346 + 592 + 108 + 454 =
10. 5.86 + 1.73 + 0.14 + 7.27 =

（3）恒等式变形巧点用

计时计算：完成以下 10 道题所用时间 ________ 秒。

1. 25 + 96 =
2. 124 + 103 =
3. 567 + 88 =
4. 46.7 + 5.9 =
5. 89 + 234 =
6. 8.6 + 0.96 =
7. 289 + 345 =
8. 442 + 287 =
9. 27.65 + 18.45 =
10. 865 + 755 =

寻找规律

在做加法时，常常用这样一种恒等变形：一个加数增加一个数，另一个加数同时减少同一个数，它们的和不变。

王牌例题

① 1651 + 99 =

计算过程：原式 = （1651 − 1） + （99 + 1）

=1650 +100

=1750

② 10. 58 +0. 65 =

计算过程：原式 = （10. 58 −0. 35） + （0. 65 +0. 35）

=10. 23 +1

=11. 23

实战演习：完成以下 10 道题所用时间__________ 秒。

1. 2582 +198 =　　2. 67 +98 =　　3. 395 +3458 =

4. 126. 7 +0. 98 =　　5. 387 +112 =　　6. 31. 11 +0. 92 =

7. 13. 38 +0. 81 =　　8. 283 +497 =　　9. 472 +96 =

10. 3. 61 +4. 91 =

（4）“找准基数”更便捷

计时计算：完成以下 10 道题所用时间 ______________秒。

1. 15 +14 +12 +12 +11 =

2. 11 +15 +11 +12 +14 =

3. 23 +21 +21 +24 +23 =

4. 54 +51 +51 +52 +54 =

5. 2. 1 +2. 4 +2. 3 +2. 5 +2. 1 =

6. 6. 94 +6. 95 +7. 01 +6. 98 +7. 02 =

7. 1. 4 +1. 3 +1. 2 +1. 1 +1. 4 =

8. 31 +35 +35 +32 +33 =

9. 62 +61 +64 +61 +61 =

10. 9. 1 +9. 4 +9. 2 +9. 3 +9. 2 =

寻找规律

速算技巧：当有许多大小不同而又比较接近的数相加时，可选其中的一个数（最好是整十、整百、整千……）作为基数，再找出每个加数与基数的差。大于基数的差作为加数，小于基数的差作为减数，把这些差累计起来，再加上基数与加数个数的乘积就可得到答案。

王牌例题

① $82+83+79+78+80+76+77+81=$

计算过程：先将这些数全部都看成是80，就是8个80，然后再将原来的每个数都与80相比，如果比80大的，多几就再加几，比80小的，少几就再减几，

即：原式 $=(80+2)+(80+3)+(80-1)+(80-2)+80+(80-4)+(80-3)+(80+1)$

$=80\times8+2+3-1-2-4-3+1$

$=636$

② $1.2+1.1+0.9+1.3+0.8=$

计算过程：先将这几个数全都看成1，就是5个1，然后再将原来的每个数与1相比，如果比1大的，多几就再加几，比1小的，少几就再减几，

即：原式 $=(1+0.2)+(1+0.1)+(1-0.1)+(1+0.3)+(1-0.2)$

$=1\times5+0.2+0.1-0.1+0.3-0.2$

$=5.3$

实战演习：完成以下10道题所用时间 ________ 秒。

1. $28+31+29+27+32+30=$

2. $2.1+1.8+2.2+1.9+2.0=$

3. $8.2+8.3+8.2+8.1+8.2=$

4. 13 + 12 + 11 + 14 + 13 =

5. 8.2 + 8.3 + 8.4 + 8.1 + 8.2 =

6. 31 + 32 + 33 + 31 + 35 =

7. 55 + 53 + 54 + 52 + 53 =

8. 3.41 + 3.46 + 3.07 + 3.31 + 3.21 =

9. 242 + 232 + 216 + 241 + 237 =

10. 8.54 + 8.14 + 8.55 + 8.53 + 8.58 =

(5) 逆序数相加，这样算更简单

计时计算：完成以下 10 道题所用时间 ________ 秒。

1. 47 + 74 =　　2. 24 + 42 =　　3. 67 + 76 =

4. 81 + 18 =　　5. 89 + 98 =　　6. 135 + 531 =

7. 345 + 543 =　　8. 147 + 741 =　　9. 346 + 643 =

10. 258 + 852 =

寻找规律

速算技巧：一个数的各位数字的倒序组成的数，叫作这个数的逆序数。计算它们的和，可以采用特殊的方法。

王牌例题

第一种情况：任何一个个位数不为 0 的两位数与它的逆序数的和，是这个数数字和的 11 倍。

① 51 + 15 =

计算过程：(5 + 1) × 11 = 66

第二种情况：一个三位数，如果它各数位间的差相等，那么这个数与它的逆序数的和，就等于它百位数字与个位数字的和的 111 倍。

② 234 + 432 =

计算过程：$(2+4)\times 111=666$

实战演习：完成以下10道题所用时间 ________ 秒。

1. $357+753=$　　2. $35+53=$　　3. $67+76=$

4. $81+18=$　　5. $789+987=$　　6. $72+27=$

7. $93+39=$　　8. $369+963=$　　9. $468+864=$

10. $159+951=$

（6）利用神奇中间项

计时计算：完成以下10道题所用时间 ________ 秒。

1. $93+94+95=$　　2. $30+31+32=$　　3. $71+72+73=$

4. $86+87+88=$　　5. $94+95+96=$　　6. $70+71+72+73+74=$

7. $89+90+91+92+93=$　　8. $61+62+63+64+65=$

9. $68+69+70+71+72=$　　10. $93+94+95+96+97=$

寻找规律

当一串连续的数的个数为奇数时，可以利用中间项求和，它们的和等于中间项乘以加数个数。注意：当连续数的个数是偶数时，仍然可以用这种办法，只不过把加式分为两部分就可以了。

王牌例题

① $1+2+3+4+5+6+7=$

计算过程：中间项为4，加数个数为7，所以 $1+2+3+4+5+6+7$ 的和为 $4\times 7=28$。

② $21+22+23+24+25+26+27=$

计算过程：中间项为24，加数个数为7，所以 $21+22+23+24+25+26+27$ 的和为 $24\times 7=168$。

实战演习：完成以下 10 道题所用时间 ____________秒。

1. $17+18+19=$

2. $78+79+80=$

3. $67+68+69=$

4. $26+27+28=$

5. $75+76+77=$

6. $51+52+53+54+55=$

7. $79+80+81+82+83=$

8. $67+68+69+70+71=$

9. $28+29+30+31+32=$

10. $33+34+35+36+37=$

(7) 奇数连续求和其实很简单

计时计算：完成以下 10 道题所用时间 ____________________ 秒。

1. $35+37+39=$

2. $65+67+69=$

3. $59+61+62=$

4. $31+33+35=$

5. $49+51+53=$

6. $45+47+49+51+53=$

7. $31+33+35+37+39=$

8. $81+83+85+87+89=$

9. $43+45+47+49+51=$

10. $85+87+89+91+93=$

寻找规律

两个连续奇数相加的和是：

$1+3=4=2\times2$ [项数 = (首项 + 尾项) ÷2 = (1+3) ÷2 =2]

三个连续奇数相加的和是：

$1+3+5=9=3\times3$ [项数 = (1+5) ÷2 =3]

四个连续奇数相加的和是：

$1+3+5+7=16=4\times4$ [项数 = (1+7) ÷2 =4]

五个连续奇数相加的和是：

$1+3+5+7+9=25=5\times5$ [项数 = (1+9) ÷2 =5]

……

由此，我们可以得出如下公式：

奇数连续数的总和 = 项数 × 项数，项数 = （首项 + 尾项） ÷2

王牌例题

① 1 +3 +5 +7 +9 +11 =

计算过程：1 +3 +5 +7 +9 +11 的项数为（1 +11） ÷2 =6，因为连续数的总和 = 项数 × 项数，6 ×6 =36

② 1 +3 +5 +7 + ⋯ +121 =

计算过程：1 +3 +5 +7 + ⋯ +121 的项数为（1 +121） ÷2 =61，因为连续数的总和 = 项数 × 项数，所以 61 ×61 =3721

实战演习：完成以下 10 道题所用时间______________ 秒。

1. 13 +15 +17 =	2. 21 +23 +25 =
3. 45 +47 +49 =	4. 55 +57 +59 =
5. 79 +81 +83 =	6. 25 +27 +29 +31 +33 =
7. 77 +79 +81 +83 +85 =	8. 55 +57 +59 +61 +63 =
9. 41 +43 +45 +47 +49 =	10. 65 +67 +69 +71 +73 =

2. 巧妙算出“减法算式”的得数

（1）互补数相减有绝招

计时计算：完成以下 10 道题所用时间______________ 秒。

1. 53 −47 =	2. 89 −11 =
3. 74 −26 =	4. 72 −28 =
5. 507 −493 =	6. 863 −137 =
7. 621 −379 =	8. 615 −385 =
9. 692 −308 =	10. 456 −544 =

寻找规律

两个数之和为满数（如 10、100、1000 等），这两个数叫互为补数。

两个互为补数的数相减，只要将大数自加再减满数便得其差。

王牌例题

① 63 - 37 =

计算过程：因为 63 + 37 = 100，所以 63 与 37 互为补数。因此只要用 63 + 63，再减去满数 100，即可得出得数：63 + 63 - 100 = 26。

② 651 - 349 =

计算过程：因为 651 + 349 = 1000，所以 651 与 349 互为补数。因此只要用 651 + 651，再减去满数 1000，即可得出得数：651 + 651 - 1000 = 302。

实战演习：完成以下 10 道题所用时间________秒。

1. 73 - 27 =　　2. 83 - 17 =

3. 67 - 33 =　　4. 71 - 29 =

5. 84 - 16 =　　6. 581 - 419 =

7. 679 - 321 =　　8. 711 - 289 =

9. 659 - 341 =　　10. 633 - 367 =

(2) 两数相反，就以乘代减

计时计算：完成以下 10 道题所用时间 ________ 秒。

1. 73 - 37 =　　2. 96 - 69 =　　3. 81 - 18 =　　4. 75 - 57 =

5. 97 - 79 =　　6. 92 - 29 =　　7. 53 - 35 =　　8. 63 - 36 =

9. 76 - 67 =　　10. 41 - 14 =

寻找规律

有这样一种两位数相减，相减的两位数的个位和十位数字恰好相反。

对于这种减法，可以用十位数字减去个位数字的差乘以9就行了。

王牌例题

① 83 - 38 =

计算过程：(8 - 3)　×9 = 45

② 87 - 78 =

计算过程：(8 - 7)　×9 = 9

实战演习：完成以下10道题所用时间______________秒。

1. 43 - 34 =　　2. 93 - 39 =　　3. 64 - 46 =　　4. 32 - 23 =

5. 51 - 15 =　　6. 71 - 17 =　　7. 43 - 34 =　　8. 95 - 59 =

9. 73 - 37 =　　10. 85 - 58 =

(3) 凑整求差一样简单

计时计算：完成以下10道题所用时间______________秒。

1. 666 - 6832 - 40 - 60 =

2. 482 - 75 - 25 - 24 - 76 =

3. 516 - 82 - 18 - 67 - 33 =

4. 5.23 - 0.11 - 0.89 - 0.81 - 0.19 =

5. 347 - 64 - 36 - 33 - 67 =

6. 5.4 - 0.69 - 0.32 - 0.68 - 0.31 =

7. 7.68 - 0.66 - 0.34 - 0.58 - 0.42 =

8. 327 - 27 - 73 - 14 - 86 =

9. 689 - 22 - 53 - 78 - 47 =

10. 9.06 - 0.56 - 0.44 - 0.47 - 0.53 =

寻找规律

整十、整百、整千……相加减，算起来都比较容易。在减法计算时，减数若有可以凑整的条件，先凑整，再算其他，能使计算简便。

王牌例题

① 8.67 －1.43 －0.78 －1.57 －0.22 =

计算过程：在减数中，1.43 与 1.57 可以凑整，0.78 与 0.22 可以凑整。先凑整，再减比较容易计算。

8.67 －1.43 －0.78 －1.57 －0.22 =8.67 － （1.43 +1.57） － （0.78 +0.22）

=8.67 －3 －1

=4.67

② 729 －203 =

计算过程：用凑整的方法先把 203 看作 200 计算后，再减去少减的 3。

729 －203 =729 －200 －3

=529 －3

=526

实战演习：完成以下 10 道题所用时间________秒。

1. 2543 －998 =

2. 578 － （234 －122） =

3. 652 －29 －47 －71 －53 =

4. 614 －11 －89 －57 －43 =

5. 3.66 －0.62 －0.38 －0.61 －0.39 =

6. 357 －199 =

7. 3.29 －0.39 －0.61 －0.1 －0.9 =

8. 360 －75 －24 －28 －72 =

9. 298 －12 －88 －56 －44 =

10. 3.43 －0.32 －0.68 －0.48 －0.52 =

（4）同尾先减你做到了吗

计时计算：完成以下 10 道题所用时间________秒。

1. 335 - (154 + 35) =

2. 457 - (351 + 57) =

3. 551 - (461 + 51) =

4. 717 - (136 + 17) =

5. 50.5 - (17.3 + 0.5) =

6. 3.35 - (0.84 + 0.35) =

7. 8.95 - (6.33 + 0.95) =

8. 628 - (428 + 56) =

9. 63.1 - (0.81 + 0.68) =

10. 80.9 - (18.2 + 0.9) =

寻找规律

在减法计算时，若减数和被减数的尾相同，先用被减数减相同尾数的减数，能使计算更简单。

王牌例题

① 3568 - (178 + 568) =

计算过程：3568 - (178 + 568)

=3568 - 568 - 178

=3000 - 178

=2822

② 6.73 - (0.73 - 0.65) =

计算过程：6.73 - (0.73 - 0.65)

=6.73 - 0.73 + 0.65

=6 + 0.65

=6.65

实战演习：完成以下 10 道题所用时间__________秒。

1. 652 - (52 + 378) =

2. 3.07 - (0.07 - 50) =

3. 774 - (76 + 74) =

4. 837.6 - (0.6 + 73) =

5. 307 - (96 + 7) =

6. 31.3 - (15.4 + 1.3) =

7. 8.22 - (6.81 + 0.22) =

8. 27.1 - (6.1 + 7.1) =

9. 68. 6 - （51. 5 +8. 6） =

10. 2. 76 - （1. 01 +0. 76） =

（5）凑同求差简便易行

计时计算：完成以下 10 道题所用时间 ______________ 秒。

1. 489 - 93 =

2. 420 - 76 =

3. 321 - 164 =

4. 327 - 130 =

5. 279 - 185 =

6. 408 - 175 =

7. 461 - 196 =

8. 214 - 26 =

9. 309 - 84 =

10. 282 - 89 =

寻找规律

凑同求差法是把减数加上或减去一个数，使它与被减数的部分数字相同以方便运算，而后根据“少减再减，多减补加”的原则进行调整。

王牌例题

① 291 - 89 =

计算过程：291 - 89

=291 - 91 + 2

=202

② 468 - 156 =

计算过程：468 - 156

=468 - 158 + 2

=312

实战演习：完成以下 10 道题所用时间________________秒。

1. 317 - 94 =

2. 418 - 179 =

3. 259 - 208 =

4. 448 - 68 =

5. 411 - 63 =　　　　6. 452 - 126 =

7. 567 - 269 =　　　　8. 836 - 248 =

9. 647 - 349 =　　　　10. 456 - 378 =

（6）连减之妙

计时计算：完成以下 10 道题所用时间________秒。

1. 234 - 25 - 16 - 44 =　　　　2. 346 - 29 - 101 - 37 =

3. 674 - 236 - 101 - 57 =　　　　4. 521 - 63 - 98 - 42 =

5. 236 - 18 - 46 - 73 =　　　　6. 436 - 99 - 47 - 28 =

7. 267 - 36 - 17 - 79 =　　　　8. 3654 - 1296 - 423 - 85 =

9. 2697 - 1785 - 96 - 221 =　　　　10. 4236 - 57 - 228 - 1167 =

寻找规律

多位数连减，用补数加减的方法达到速算。先找到被减数的补数，然后将所有减数当成加数计算，加完后，再看和的补数是多少，和的补数就是所求的差。

王牌例题

① 654 - 35 - 67 - 43 - 168 =

计算过程：先找到减数的补数，再把所有减数看成加数

346 + 35 + 67 + 43 + 168 = 659

659 的补数是 341，原式所求的最后结果就是 341。

② 7784 - 65 - 13 - 269 - 1698 =

计算过程：先找到减数的补数，再把所有减数看成加数

2216 + 65 + 13 + 269 + 1698 = 4261

4261 的补数是 5739，原式所求的最后结果就是 5739。

考高分上名校　学习方法最重要

实战演习：完成以下 10 道题所用时间______________秒。

1. 367 - 53 - 38 - 125 =

2. 516 - 62 - 57 - 134 =

3. 483 - 52 - 69 - 42 =

4. 765 - 412 - 99 - 76 =

5. 632 - 423 - 56 - 18 =

6. 227 - 36 - 19 - 88 =

7. 864 - 520 - 36 - 77 =

8. 1398 - 456 - 85 - 29 =

9. 2431 - 564 - 72 - 269 =

10. 1923 - 598 - 654 - 175 =

3. “乘法算式”不用笔算也可以

（1）首同尾互补的两位数相乘

计时计算：完成以下 10 道题所用时间______________秒。

1. 34 × 36 =

2. 16 × 14 =

3. 52 × 58 =

4. 75 × 75 =

5. 76 × 74 =

6. 84 × 86 =

7. 88 × 82 =

8. 42 × 48 =

9. 89 × 81 =

10. 47 × 43 =

寻找规律

首乘大一，尾相乘。两个因数的首位数相同，尾数互补（即尾数相加为 10）时，其计算方法是：用首位数乘上比首位数大 1 的数作为前积，两个尾数相乘作为后积，两个积依次相连即是得数。注意，尾乘尾之积是一位数时，前面加 0 顶位。

王牌例题

① 26 × 24 =

计算过程：第一步：（2 + 1） × 2 = 6

第二步：4 × 6 = 24

前积后积连起来，即：624。

② 81 ×89 =

计算过程：第一步：（8 +1） ×8 =72

第二步：1 ×9 =9 单位数加 0 顶位

前积后积连起来，即：7209。

实战演习：完成以下 10 道题所用时间____________ 秒。

1. 53 ×57 =　　　　2. 44 ×46 =

3. 62 ×68 =　　　　4. 61 ×69 =

5. 67 ×63 =　　　　6. 37 ×33 =

7. 27 ×23 =　　　　8. 94 ×96 =

9. 39 ×31 =　　　　10. 41 ×49 =

（2） 尾同首互补的两位数相乘

计时计算：完成以下 10 道题所用时间 ________________秒。

1. 47 ×67 =　　2. 99 ×19 =　　3. 16 ×96 =　　4. 31 ×71 =

5. 69 ×49 =　　6. 77 ×37 =　　7. 13 ×93 =　　8. 76 ×36 =

9. 94 ×14 =　　10. 45 ×65 =

寻找规律

首乘加尾为前积，尾乘尾为后积。两个因数的尾数相同，首数互补（即首数相加为 10），其计算方法是：先写上十位数的积加上个位数的和，再接着写上个位数的积（如果个位数的积是单位数要补 0 顶位）。

王牌例题

① 26 ×86 =

计算过程：2 ×8 =16，16 +6 =22

6 ×6 =36

先写上22，再接着写上36，即：2236。

② $63\times43=$

计算过程：$6\times4=24$，$24+3=27$

$3\times3=9$

先写上27，再接着写上09，即：2709。

实战演习：完成以下10道题所用时间____________秒。

1. $24\times84=$　　2. $33\times73=$　　3. $46\times66=$　　4. $72\times32=$

5. $21\times81=$　　6. $38\times78=$　　7. $19\times99=$　　8. $26\times86=$

9. $74\times34=$　　10. $58\times58=$

（3）十位数相同的两位数相乘

计时计算：完成以下10道题所用时间____________秒。

1. $74\times79=$　　2. $89\times84=$　　3. $54\times59=$　　4. $11\times19=$

5. $83\times89=$　　6. $29\times29=$　　7. $24\times29=$　　8. $53\times54=$

9. $13\times19=$　　10. $69\times66=$

寻找规律

先写上被乘数加上乘数的个位数的和乘以十位数的积，再接着写上被乘数和乘数个位数的积。注意，个位数的积满几十，前面的积就先加上几。

王牌例题

① $33\times34=$

计算过程：$33+4=37$，$37\times3=111$

$3\times4=12$

满十进位，$111+1=112$，再接着写上2，即：1122。

② 65 ×67 =

计算过程：65 +7 =72，72 ×6 =432

5 ×7 =35

满十进位，432 +3 =435，再接着写上 5，即：4355

实战演习：完成以下 10 道题所用时间＿＿＿＿＿＿＿ 秒。

1. 44 ×46 =　　2. 75 ×77 =　　3. 57 ×51 =　　4. 93 ×99 =

5. 32 ×33 =　　6. 41 ×49 =　　7. 51 ×59 =　　8. 66 ×68 =

9. 35 ×36 =　　10. 77 ×79 =

（4）任意两位数乘以 99

计时计算：完成以下 10 道题所用时间＿＿＿＿＿＿＿ 秒。

1. 72 ×99 =　　2. 69 ×99 =　　3. 26 ×99 =　　4. 85 ×99 =

5. 34 ×99 =　　6. 32 ×99 =　　7. 39 ×99 =　　8. 28 ×99 =

9. 52 ×99 =　　10. 54 ×99 =

寻找规律

首减一，尾互补。一个两位数和 99 相乘就用它去 1 作为最后结果的首，再用 100 减去这个两位数作为最后结果的尾，尾互补得出单位数要补 0 顶位。

王牌例题

① 31 ×99 =

计算过程：31 －1 =30，先写上 30

100 －31 =69，再接着写上 69

所以计算结果为 3069

② 57 ×99 =

计算过程：57 - 1 = 56，先写上 56

100 - 57 = 43，再接着写上 43

所以计算结果为 5643

实战演习：完成以下 10 道题所用时间＿＿＿＿＿＿秒。

1. 35 × 99 =　　2. 47 × 99 =　　3. 72 × 99 =　　4. 89 × 99 =

5. 82 × 99 =　　6. 61 × 99 =　　7. 74 × 99 =　　8. 52 × 99 =

9. 70 × 99 =　　10. 25 × 99 =

(5) 十几乘以十几

计时计算：完成以下 10 道题所用时间＿＿＿＿＿＿秒。

1. 19 × 19 =　　2. 14 × 18 =　　3. 13 × 15 =　　4. 12 × 19 =

5. 18 × 19 =　　6. 17 × 19 =　　7. 16 × 18 =　　8. 15 × 15 =

9. 16 × 17 =　　10. 13 × 19 =

寻找规律

遇到十几乘以十几，先写一个数加上另一个数的个位的和，再接着写上个位数的积（个位数的积满几十，前面的和就先加上几）。

王牌例题

① 12 × 14 =

计算过程：12 + 4 = 16，先写上 16

2 × 4 = 8，再接着写上 8

所以计算结果为 168

② 15 × 19 =

计算过程：15 + 9 = 24

5 × 9 = 45

满十进位，24 +4 =28，先写上 28，再接着写上 5

所以计算结果为 285

实战演习：完成以下 10 道题所用时间______________ 秒。

1. $11\times15=$　　2. $12\times13=$　　3. $19\times13=$　　4. $16\times17=$

5. $12\times12=$　　6. $11\times18=$　　7. $15\times18=$　　8. $16\times17=$

9. $12\times16=$　　10. $13\times18=$

（6）几十一乘以几十一

计时计算：完成以下 10 道题所用时间______________ 秒。

1. $61\times71=$　　2. $41\times91=$　　3. $21\times81=$　　4. $61\times81=$

5. $31\times71=$　　6. $81\times91=$　　7. $11\times41=$　　8. $31\times61=$

9. $51\times81=$　　10. $21\times61=$

寻找规律

几十一乘以几十一时，先写上十位数的积，再写上十位数的和（和满几，十位数的积就先加上几），最后再写上 1。

王牌例题

① $21\times31=$

计算过程：$2\times3=6$，先写上 6

$2+3=5$，再接着写上 5

最后写上 1，即：计算结果为 651

② $71\times81=$

计算过程：$7\times8=56$，满十进位，$56+1=57$，先写上 57

$7+8=15$，再接着写上 5

最后写上 1，即：计算结果为 5751

考高分上名校　学习方法最重要

实战演习：完成以下 10 道题所用时间______________ 秒。

1. $21\times61=$ 2. $51\times61=$ 3. $41\times71=$ 4. $31\times91=$

5. $41\times41=$ 6. $11\times51=$ 7. $21\times91=$ 8. $61\times91=$

9. $41\times91=$ 10. $31\times31=$

（7）几十九乘以几十九

计时计算：完成以下 10 道题所用时间______________ 秒。

1. $69\times69=$ 2. $79\times99=$ 3. $39\times89=$ 4. $19\times39=$

5. $29\times39=$ 6. $49\times59=$ 7. $69\times79=$ 8. $49\times29=$

9. $19\times69=$ 10. $39\times39=$

寻找规律

被乘数和乘数的十位加 1 再相乘，再相加，然后用相乘结果的 10 倍减去相加的结果，最后再接着写上 1。

王牌例题

① $39\times49=$

计算过程：$(3+1)\times(4+1)=20$，$(3+1)+(4+1)=9$

$200-9=191$，先写上 191，再接着写上 1

即：计算结果为 1911

② $59\times79=$

计算过程：$(5+1)\times(7+1)=48$，$(5+1)+(7+1)=14$

$480-14=466$，先写上 466，再接着写上 1

即：计算结果为 4661

实战演习：完成以下 10 道题所用时间______________ 秒。

1. 29 ×59 =　　2. 69 ×89 =　　3. 39 ×79 =　　4. 49 ×59 =

5. 59 ×19 =　　6. 89 ×19 =　　7. 59 ×69 =　　8. 39 ×29 =

9. 39 ×59 =　　10. 89 ×89 =

（8）九十几乘以九十几

计时计算：完成以下 10 道题所用时间______秒。

1. 99 ×99 =　　2. 96 ×96 =　　3. 93 ×98 =　　4. 91 ×91 =

5. 94 ×95 =　　6. 97 ×98 =　　7. 94 ×96 =　　8. 93 ×94 =

9. 94 ×94 =　　10. 96 ×96 =

寻找规律

前积为 100 减补数之和，后积为补数之积，单位数要补 0 占位。算出被乘数和乘数个位数的补数，然后相加，再用 100 减去补数的和，先写上和的结果，再接着写上补数的积。

王牌例题

① 93 ×97 =

计算过程：7 +3 =10，100 －10 =90，先写上 90

7 ×3 =21，再接着写上 21

即：计算结果为 9021

② 95 ×99 =

计算过程：5 +1 =6，100 －6 =94，先写上 94

5 ×1 =5，单位数要补 0 占位，再接着写上 05

即：计算结果为 9405

实战演习：完成以下 10 道题所用时间______秒。

1. 92 ×97 =　　2. 93 ×98 =　　3. 93 ×96 =　　4. 95 ×94 =

5. 92 ×94 =　　6. 95 ×97 =　　7. 93 ×99 =　　8. 94 ×97 =

9. 91 ×99 =　　10. 92 ×95 =

（9）平方快算

计时计算：完成以下 10 道题所用时间______________ 秒。

1. 25 ×25 =　　2. 37 ×37 =　　3. 69 ×69 =　　4. 55 ×55 =

5. 77 ×77　　6. 36 ×36 =　　7. 46 ×46 =　　8. 309 ×309 =

9. 208 ×208 =　　10. 204 ×204 =

寻找规律

任意两位数的平方快算：头乘头为前积，头尾相乘的二倍为二积，尾乘尾为三积，二积和三积满几十就要往前进几。如果是一个三位数的平方，那么这个三位数的十位必须是 0。速算技巧：头乘头为前积，头尾相乘的二倍为二积，尾乘尾为三积，二积和三积都照写不用进位。

王牌例题

① 23 ×23 =

计算过程：2 ×2 =4

2 ×3 ×2 =12

3 ×3 =9

三个积相连，结果满十的要进位，4 +1 =5，先写上 5，再接着写上 2，最后写 9

即：计算结果为 529

② 305 ×305 =

计算过程：3 ×3 =9

3 ×5 ×2 =30

5 ×5 =25

考高分上名校　学习方法最重要

三个积相连，不需要进位，最后结果 93025

实战演习：完成以下 10 道题所用时间＿＿＿＿＿＿秒。

1. $36\times36=$　　2. $42\times42=$　　3. $63\times63=$　　4. $56\times56=$

5. $42\times42=$　　6. $106\times106=$　　7. $209\times209=$　　8. $66\times66=$

9. $28\times28=$　　10. $108\times108=$

（10）任意两位数乘以两位数

计时计算：完成以下 10 道题所用时间＿＿＿＿＿＿秒。

1. $65\times21=$　　2. $21\times65=$　　3. $43\times87=$　　4. $32\times76=$

5. $65\times76=$　　6. $21\times98=$　　7. $13\times43=$　　8. $98\times32=$

9. $32\times21=$　　10. $65\times43=$

寻找规律

先用被乘数分别与乘数的整十位和个位数相乘，再把两个数相加。

王牌例题：

① $23\times27=$

计算过程：$23\times20=460$

$23\times7=161$

$460+161=621$，最后结果 621

② $53\times76=$

计算过程：$53\times70=3710$

$53\times6=318$

$3710+318=4028$，最后结果 4028

实战演习：完成以下 10 道王牌例题所用时间＿＿＿＿＿＿秒。

1. 27 × 56 =　　2. 68 × 73 =　　3. 31 × 38 =　　4. 56 × 71 =

5. 98 × 43 =　　6. 46 × 10 =　　7. 87 × 65 =　　8. 21 × 76 =

9. 54 × 87 =　　10. 43 × 54 =

(11) 一个数与 11 相乘

计时计算：完成以下 10 道题所用时间______________ 秒。

1. 38 × 11 =　　2. 98 × 11 =　　3. 56 × 11 =　　4. 21 × 11 =

5. 44 × 11 =　　6. 29 × 11 =　　7. 147 × 11 =　　8. 61 × 11 =

9. 174 × 11 =　　10. 215 × 11 =

考高分上名校　学习方法最重要

寻找规律

两头一拉，中间相加，进位要累加。乘数的首数、尾数不动两边拉，上位加下位，其和插中间就是乘积结果。

王牌例题

① 24 × 11 =

计算过程：24 两位数分开，即：2　4

24 两位数相加，即：2 + 4 = 6

6 放于 2 与 4 中间，即：264

② 231 × 11 =

计算过程：把 2 和 1 拉开，即：2　1

231 三位数分别相加，即：2 + 3 = 5，3 + 1 = 4

5 和 4 放于 2 和 1 中间，即：2541

实战演习：完成以下 10 道题所用时间______________ 秒。

1. 12 × 11 =　　2. 25 × 11 =　　3. 36 × 11 =　　4. 321 × 11 =

5. 13 × 11 =　　6. 117 × 11 =　　7. 130 × 11 =　　8. 86 × 11 =

9. 68 × 11 =　　10. 136 × 11 =

（12）一个数与 111 相乘

计时计算：完成以下 10 道题所用时间______________ 秒。

1. 20 × 111 =　　2. 44 × 111 =　　3. 95 × 111 =　　4. 52 × 111 =

5. 55 × 111 =　　6. 28 × 111 =　　7. 560 × 111 =　　8. 728 × 111 =

9. 768 × 111 =　　10. 568 × 111 =

寻找规律

两位数乘 111，积的首尾数字与两位数的两个数字相同，中间的两个数字是两位数的两个数字的和。当然如果两个数字的和满十，仍要向前一位进一。

三位数乘 111，首尾数字与三位数的首尾数字相同，中间的三个数字是：前一个是三位数前两位数字的和，后面一个是三位数后两位数字的和，中间的数是三位数三个数字的和。当然，如果相加满十，仍要注意进位。

王牌例题

① 25 × 111 =

计算过程：积的首尾数字与两位数的两个数相同，即：2　5

中间的两个数字是两位数的两个数字的和，即：5 + 2 = 7

所以此题的计算结果为 2775

② 231 × 111 =

计算过程：积的首尾数字与三位数的首尾数字相同，即：2　1

前一个是三位数前两位数字的和，即：2 + 3 = 5，中间的数是三位数三个数字的和。2 + 3 + 1 = 6，后面一个是三位数后两位数字的和，3 + 1 = 4

考高分上名校　学习方法最重要

所以此题的计算结果为 25641

实战演习：完成以下 10 道题所用时间______________秒。

1. 36 ×111 =　　2. 243 ×111 =　　3. 27 ×111 =　　4. 39 ×111 =

5. 67 ×111 =　　6. 87 ×111 =　　7. 88 ×111 =　　8. 51 ×111 =

9. 140 ×111 =　　10. 211 ×111 =

（13）一个数与 375 相乘

计时计算：完成以下 10 道题所用时间______________秒。

1. 714 ×375 =　　2. 868 ×375 =　　3. 106 ×375 =　　4. 82 ×375 =

5. 98 ×375 =　　6. 300 ×375 =　　7. 606 ×375 =　　8. 88 ×375 =

9. 60 ×375 =　　10. 140 ×375 =

寻找规律

因为 375 =1000 ÷8 ×3，所以计算一个数乘 375 时，可以将这个数除以 8，再乘 3，最后再扩大 1000 倍即可。

王牌例题

① 88 ×375 =

计算过程：88 ÷8 ×3 =33

33 ×1000 =33000，最后结果 33000

② 440 ×375 =

计算过程：440 ÷8 ×3 =165

165 ×1000 =165000，最后结果 165000

实战演习：完成以下 10 道题所用时间______________秒。

1. 880 ×375 =　　2. 96 ×375 =　　3. 40 ×375 =　　4. 56 ×375 =

5. 60 ×375 =　　6. 140 ×375 =　　7. 398 ×375 =　　8. 147 ×375 =

9. 822 ×375 =　　10. 108 ×375 =

4. “除法算式”脱口秀

（1）一个数除以 0. 5

计时计算：完成以下 10 道题所用时间____________秒。

1. 56 ÷0. 5 =　　2. 26 ÷0. 5 =　　3. 103 ÷0. 5 =　　4. 47 ÷0. 5 =

5. 69 ÷0. 5 =　　6. 88 ÷0. 5 =　　7. 128 ÷0. 5 =　　8. 268 ÷0. 5 =

9. 36 ÷0. 5 =　　10. 252 ÷0. 5 =

寻找规律

一个数除以 0. 5，可以将这个数乘以 2，得出的积即是要求的商。

王牌例题

① 3 ÷0. 5 =

计算结果：3 ×2 =6

最后结果 6

② 75 ÷0. 5 =

计算结果：75 ×2 =150

最后结果 150

实战演习：完成以下 10 道题所用时间____________秒。

1. 5 ÷0. 5 =　　2. 35 ÷0. 5 =　　3. 76 ÷0. 5 =　　4. 625 ÷0. 5 =

5. 66 ÷0. 5 =　　6. 124 ÷0. 5 =　　7. 263 ÷0. 5 =　　8. 689 ÷0. 5 =

9. 76 ÷0. 5 =　　10. 88 ÷0. 5 =

(2) 一个数除以 3

计时计算：完成以下 10 道题所用时间____________秒。

1. 792 ÷ 3 =　　2. 297 ÷ 3 =　　3. 277 ÷ 3 =　　4. 492 ÷ 3 =

5. 911 ÷ 3 =　　6. 114 ÷ 3 =　　7. 488 ÷ 3 =　　8. 237 ÷ 3 =

9. 852 ÷ 3 =　　10. 398 ÷ 3 =

寻找规律

若一个数除以 3，不能整除，商的整数部分为 3 的整数倍，小数部分分两种情况，若余数是 1，小数部分必为 $0.\dot{3}$；若余数是 2，小数部分必为 $0.\dot{6}$。

王牌例题

① 23 ÷ 3 =

计算过程：23 ÷ 3 商的整数部分是 7

余数是 2，所以小数部分为 $0.\dot{6}$

最后结果 $7.\dot{6}$

② 34 ÷ 3 =

计算过程：34 ÷ 3 商的整数部分是 11

余数是 1，所以小数部分为 $0.\dot{3}$

最后结果 $11.\dot{3}$

实战演习：完成以下 10 道题所用时间____________秒。

1. 25 ÷ 3 =　　2. 29 ÷ 3 =　　3. 53 ÷ 3 =　　4. 73 ÷ 3 =

5. 100 ÷ 3 =　　6. 549 ÷ 3 =　　7. 972 ÷ 3 =　　8. 315 ÷ 3 =

9. 592 ÷ 3 =　　10. 515 ÷ 3 =

（3）一个数除以 4

计时计算：完成以下 10 道题所用时间＿＿＿＿＿＿秒。

1. 285 ÷4 =　　2. 196 ÷4 =　　3. 175 ÷4 =　　4. 18 ÷4 =

5. 441 ÷4 =　　6. 507 ÷4 =　　7. 235 ÷4 =　　8. 503 ÷4 =

9. 338 ÷4 =　　10. 646 ÷4 =

寻找规律

一个数除以 4，如果不能整除，若余数是 1，小数点后必是 0. 25；若余数是 2，小数点后必是 0. 5；若余数是 3，小数点后必是 0. 75。

王牌例题

①17 ÷4 =

计算过程：17 ÷4 的整数部分是 4，余 1

根据规律小数部分是 0. 25

最后结果 4. 25

②34 ÷4 =

计算过程：34 ÷4 的整数部分是 8，余 2

根据规律小数部分是 0. 5

最后结果 8. 5

实战演习：完成以下 10 道题所用时间＿＿＿＿＿＿秒。

1. 39 ÷4 =　　2. 63 ÷4 =　　3. 231 ÷4 =　　4. 429 ÷4 =

5. 349 ÷4 =　　6. 637 ÷4 =　　7. 330 ÷4 =　　8. 817 ÷4 =

9. 87 ÷4 =　　10. 515 ÷4 =

（4）一个数除以 5

计时计算：完成以下 10 道题所用时间＿＿＿＿＿＿秒。

1. 285 ÷5 =　　2. 198 ÷5 =　　3. 175 ÷5 =　　4. 441 ÷5 =

5. 235 ÷5 =　　6. 503 ÷5 =　　7. 817 ÷5 =　　8. 366 ÷5 =

9. 652 ÷5 =　　10. 87 ÷5 =

寻找规律

一个数除以 5，可先求出被除数乘以 2 的积，再在个位前面点上小数点。

王牌例题

① 35 ÷5 =

计算过程：35 ×2 =70

再在个位前面点上小数点，最后结果 7

② 167 ÷5 =

计算过程：167 ×2 =334

再在个位前面点上小数点，最后结果 33. 4

实战演习：完成以下 10 道题所用时间______________ 秒

1. 26 ÷5 =　　2. 83 ÷5 =　　3. 173 ÷5 =　　4. 189 ÷5 =

5. 374 ÷5 =　　6. 516 ÷5 =　　7. 288 ÷5 =　　8. 784 ÷5 =

9. 352 ÷5 =　　10. 326 ÷5 =

（5）一个数除以 9

计时计算：完成以下 10 道题所用时间______________ 秒。

1. 651 ÷9 =　　2. 589 ÷9 =　　3. 179 ÷9 =　　4. 341 ÷9 =

5. 908 ÷9 =　　6. 884 ÷9 =　　7. 701 ÷9 =　　8. 384 ÷9 =

9. 269 ÷9 =　　10. 181 ÷9 =

寻找规律

一个数除以9，若不能被9整除，余数是“几”，得出的商小数部分就是“几”，即它的小数部分的数字和余数相同。

王牌例题

① 37 ÷9 =

计算过程：37 ÷9 的整数部分是4，余1

所以根据上面的规律最后结果是$4.\dot{1}$

② 76 ÷9 =

计算过程：76 ÷9 的整数部分是8，余4

所以根据上面的规律最后结果是$8.\dot{4}$

实战演习：完成以下10道题所用时间______________秒。

1. 64 ÷9 =　　2. 91 ÷9 =　　3. 762 ÷9 =　　4. 289 ÷9 =

5. 359 ÷9 =　　6. 160 ÷9 =　　7. 368 ÷9 =　　8. 779 ÷9 =

9. 258 ÷9 =　　10. 639 ÷9 =

（6）一个数除以25

计时计算：完成以下10道题所用时间______________秒。

1. 860 ÷25 =　　2. 284 ÷25 =　　3. 290 ÷25 =　　4. 159 ÷25 =

5. 439 ÷25 =　　6. 437 ÷25 =　　7. 325 ÷25 =　　8. 68 ÷25 =

9. 526 ÷25 =　　10. 534 ÷25 =

寻找规律

一个数除以25，先将被除数乘以4，然后在积的十位前面点上小数点。

王牌例题

① $24 \div 25 =$

计算过程：$24 \times 4 = 96$

最后结果 0.96

② $218 \div 25 =$

计算过程：$218 \times 4 = 872$

最后结果 8.72

实战演习：完成以下 10 道题所用时间______________ 秒。

1. $310 \div 25 =$　　2. $437 \div 25 =$　　3. $56 \div 25 =$　　4. $217 \div 25 =$

5. $371 \div 25 =$　　6. $638 \div 25 =$　　7. $137 \div 25 =$　　8. $167 \div 25 =$

9. $109 \div 25 =$　　10. $483 \div 25 =$

第五节　典型应用题解题思维训练

1. 归一问题

【含义】在解题时，先求出一份是多少（即单一量），然后以单一量为标准，求出所要求的数量。这类应用题叫作归一问题。

【数量关系】总量 ÷ 份数 = 1 份数量　　1 份数量 × 所占份数 = 所求几份的数量

另一总量 ÷（总量 ÷ 份数）= 所求份数

【解题思路和方法】先求出单一量，以单一量为标准，求出所要求的数量。

例 1　买 5 支铅笔要 0.6 元钱，买同样的铅笔 16 支，需要多少钱？

解：（1）买 1 支铅笔多少钱？　　0.6 ÷ 5 = 0.12（元）

（2）买 16 支铅笔需要多少钱？0.12 × 16 = 1.92（元）

列成综合算式　0.6 ÷ 5 × 16 = 0.12 × 16 = 1.92（元）

答：需要 1.92 元。

例 2　3 台拖拉机 3 天耕地 90 公顷，照这样计算，5 台拖拉机 6 天耕地多少公顷？

解：（1）1 台拖拉机 1 天耕地多少公顷？　90 ÷ 3 ÷ 3 = 10（公顷）

（2）5 台拖拉机 6 天耕地多少公顷？10 × 5 × 6 = 300（公顷）

列成综合算式　$90 \div 3 \div 3 \times 5 \times 6 = 10 \times 30 = 300$（公顷）

答：5 台拖拉机 6 天耕地 300 公顷。

例 3　5 辆汽车 4 次可以运送 100 吨钢材，如果用同样的 7 辆汽车运送 105 吨钢材，需要运几次？

解：（1）1 辆汽车 1 次能运多少吨钢材？　$100 \div 5 \div 4 = 5$（吨）

（2）7 辆汽车 1 次能运多少吨钢材？　$5 \times 7 = 35$（吨）

（3）105 吨钢材 7 辆汽车需要运几次？$105 \div 35 = 3$（次）

列成综合算式　$105 \div (100 \div 5 \div 4 \times 7) = 3$（次）

答：需要运 3 次。

2. 归总问题

【含义】解题时，常常先找出“总数量”，然后再根据其他条件算出所求的问题，叫归总问题。所谓“总数量”是指货物的总价、几小时（几天）的总工作量、几亩地上的总产量、几小时行的总路程等。

【数量关系】1 份数量 × 份数 = 总量　　　总量 ÷ 1 份数量 = 份数

总量 ÷ 另一份数 = 另一每份数量

【解题思路和方法】先求出总数量，再根据题意得出所求的数量。

例 1　服装厂原来做一套衣服用布 3.2 米，改进裁剪方法后，每套衣服用布 2.8 米。原来做 791 套衣服的布，现在可以做多少套？

解：（1）这批布总共有多少米？　$3.2 \times 791 = 2531.2$（米）

（2）现在可以做多少套？　$2531.2 \div 2.8 = 904$（套）

列成综合算式　$3.2 \times 791 \div 2.8 = 904$（套）

答：现在可以做 904 套。

例 2　小华每天读 24 页书，12 天读完了《红岩》一书。小明每天

读36页书，几天可以读完《红岩》？

解：（1）《红岩》这本书总共多少页？$24\times12=288$（页）

（2）小明几天可以读完《红岩》？$288\div36=8$（天）

列成综合算式 $24\times12\div36=8$（天）

答：小明8天可以读完《红岩》。

例3　食堂运来一批蔬菜，原计划每天吃50千克，30天慢慢消费完这批蔬菜。后来根据大家的意见，每天比原计划多吃10千克，这批蔬菜可以吃多少天？

解：（1）这批蔬菜共有多少千克？ $50\times30=1500$（千克）

（2）这批蔬菜可以吃多少天？ $1500\div(50+10)=25$（天）

列成综合算式 $50\times30\div(50+10)=1500\div60=25$（天）

答：这批蔬菜可以吃25天。

3. 和差问题

【含义】已知两个数量的和与差，求这两个数量各是多少，这类应用题叫和差问题。

【数量关系】大数＝（和＋差）÷2　　　小数＝（和－差）÷2

【解题思路和方法】简单的题目可以直接套用公式，复杂的题目变通后再用公式。

例1　甲乙两班共有学生98人，甲班比乙班多6人，求两班各有多少人？

解：甲班人数＝$(98+6)\div2=52$（人）

乙班人数＝$(98-6)\div2=46$（人）

答：甲班有52人，乙班有46人。

例2　长方形的长和宽之和为18厘米，长比宽多2厘米，求长方形的面积。

解：长=（18+2）÷2=10（厘米）　宽=（18-2）÷2=8（厘米）

长方形的面积 =10×8=80（平方厘米）

答：长方形的面积为80平方厘米。

例3　有甲乙丙三袋化肥，甲乙两袋共重32千克，乙丙两袋共重30千克，甲丙两袋共重22千克，求三袋化肥各重多少千克。

解：甲乙两袋、乙丙两袋都含有乙，从中可以看出甲比丙多（32-30）=2千克，且甲是大数，丙是小数。由此可知

甲袋化肥重量=（22+2）÷2=12（千克）

丙袋化肥重量=（22-2）÷2=10（千克）

乙袋化肥重量=32-12=20（千克）

答：甲袋化肥重12千克，乙袋化肥重20千克，丙袋化肥重10千克。

4. 和倍问题

【含义】已知两个数的和及大数是小数的几倍（或小数是大数的几分之几)，要求这两个数各是多少，这类应用题叫作和倍问题。

【数量关系】总和 ÷（几倍+1）=较小的数　总和 - 较小的数 = 较大的数

较小的数 ×几倍 = 较大的数

【解题思路和方法】简单的题目直接利用公式，复杂的题目变通后利用公式。

例1　果园里有杏树和桃树共248棵，桃树的棵数是杏树的3倍，求杏树、桃树各多少棵?

解：（1）杏树有多少棵？　248÷（3+1）=62（棵）

（2）桃树有多少棵？　62×3=186（棵）

答：杏树有62棵，桃树有186棵。

例2　东西两个仓库共存粮480吨，东库存粮数是西库存粮数的1.4倍，求两库各存粮多少吨？

解：（1）西库存粮数=480÷（1.4+1）=200（吨）

（2）东库存粮数=480-200=280（吨）

答：东库存粮280吨，西库存粮200吨。

例3　甲站原有车52辆，乙站原有车32辆，若每天从甲站开往乙站28辆，从乙站开往甲站24辆，几天后乙站车辆数是甲站的2倍？

解：每天从甲站开往乙站28辆，从乙站开往甲站24辆，相当于每天从甲站开往乙站（28-24）辆。把几天以后甲站的车辆数当作1倍量，这时乙站的车辆数就是2倍量，两站的车辆总数（52+32）就相当于（2+1）倍，那么，几天以后甲站的车辆数减少为（52+32）÷（2+1）=28（辆）

所求天数为：（52-28）÷（28-24）=6（天）

答：6天以后乙站车辆数是甲站的2倍。

5. 差倍问题

【含义】已知两个数的差及大数是小数的几倍（或小数是大数的几分之几），要求这两个数各是多少，这类应用题叫作差倍问题。

【数量关系】两个数的差÷（几倍-1）=较小的数

较小的数×几倍=较大的数

【解题思路和方法】简单的题目直接利用公式，复杂的题目变通后利

用公式。

例 1　果园里桃树的棵数是杏树的 3 倍，而且桃树比杏树多 124 棵。求杏树、桃树各多少棵？

解：（1）杏树有多少棵？　124 ÷（3 − 1）= 62（棵）

（2）桃树有多少棵？　62 × 3 = 186（棵）

答：果园里杏树是 62 棵，桃树是 186 棵。

例 2　爸爸比儿子大 27 岁，今年，爸爸的年龄是儿子年龄的 4 倍，求父子二人今年各是多少岁？

解：（1）儿子年龄 = 27 ÷（4 − 1）= 9（岁）

（2）爸爸年龄 = 9 × 4 = 36（岁）

答：父子二人今年的年龄分别是 36 岁和 9 岁。

例 3　商场改革经营管理办法后，本月盈利比上月盈利的 2 倍还多 12 万元，又知本月盈利比上月盈利多 30 万元，求这两个月盈利各是多少万元？

解：如果把上月盈利作为 1 倍量，则（30 − 12）万元就相当于上月盈利的（2 − 1）倍，因此上月盈利 =（30 − 12）÷（2 − 1）= 18（万元）

本月盈利 = 18 + 30 = 48（万元）

答：上月盈利是 18 万元，本月盈利是 48 万元。

6. **倍比问题**

【含义】有两个已知的同类量，其中一个量是另一个量的若干倍，解题时先求出这个倍数，再用倍比的方法算出要求的数，这类应用题叫作倍比问题。

【数量关系】总量 ÷ 一个数量 = 倍数　　另一个数量 × 倍数 = 另一总量

【解题思路和方法】先求出倍数，再用倍比关系求出要求的数。

例 1　100 千克油菜籽可以榨油 40 千克，现在有油菜籽 3700 千克，可以榨油多少？

解：（1）3700 千克是 100 千克的多少倍？　$3700 \div 100 = 37$（倍）

（2）可以榨油多少千克？　$40 \times 37 = 1480$（千克）

列成综合算式　$40 \times (3700 \div 100) = 1480$（千克）

答：可以榨油 1480 千克。

例 2　今年植树节这天，某小学 300 名师生共植树 400 棵，照这样计算，全县 48000 名师生共植树多少棵？

解：（1）48000 名是 300 名的多少倍？　$48000 \div 300 = 160$（倍）

（2）共植树多少棵？　$400 \times 160 = 64000$（棵）

列成综合算式　$400 \times (48000 \div 300) = 64000$（棵）

答：全县 48000 名师生共植树 64000 棵。

例 3　凤翔县今年苹果大丰收，田家庄一户人家 4 亩果园收入 11111 元，照这样计算，全乡 800 亩果园共收入多少元？全县 16000 亩果园共收入多少元？

解：（1）800 亩是 4 亩的几倍？　$800 \div 4 = 200$（倍）

（2）800 亩收入多少元？　$11111 \times 200 = 2222200$（元）

（3）16000 亩是 800 亩的几倍？$16000 \div 800 = 20$（倍）

（4）16000 亩收入多少元？　$2222200 \times 20 = 44444000$（元）

答：全乡 800 亩果园共收入 2222200 元，全县 16000 亩果园共收入 44444000 元。

考高分上名校　学习方法最重要

考高分上名校 学习方法最重要

7. 相遇问题

【含义】两个运动的物体同时由两地出发相向而行，在途中相遇。这类应用题叫作相遇问题。

【数量关系】相遇时间＝总路程÷（甲速＋乙速）

总路程＝（甲速＋乙速）×相遇时间

【解题思路和方法】简单的题目可直接利用公式，复杂的题目变通后再利用公式。

例1　南京到上海的水路长392千米，同时从两港各开出一艘轮船相对而行，从南京开出的船每小时行28千米，从上海开出的船每小时行21千米，经过几小时两船相遇？

解：392÷（28＋21）＝8（小时）

答：经过8小时两船相遇。

例2　小李和小刘在周长为400米的环形跑道上跑步，小李每秒钟跑5米，小刘每秒钟跑3米，他们从同一地点同时出发，反向而跑，那么，二人从出发到第二次相遇需多长时间？

解："第二次相遇"可以理解为二人跑了两圈。因此总路程为400×2

相遇时间＝（400×2）÷（5＋3）＝100（秒）

答：二人从出发到第二次相遇需100秒时间。

例3　甲乙二人同时从两地骑自行车相向而行，甲每小时行15千米，乙每小时行13千米，两人在距中点3千米处相遇，求两地的距离。

解："两人在距中点3千米处相遇"是正确理解本题题意的关键。

从题中可知甲骑得快，乙骑得慢，甲过了中点3千米，乙距中点3千米，就是说甲比乙多走的路程是（3×2）千米，因此，

相遇时间 = （3 ×2） ÷ （15 − 13） =3（小时）

两地距离 = （15 +13） ×3 =84（千米）

答：两地距离是 84 千米。

8. 追及问题

【含义】两个运动物体在不同地点同时出发（或者在同一地点而不是同时出发，或者在不同地点又不是同时出发）做同向运动，在后面的，行进速度要快些，在前面的，行进速度较慢些，在一定时间之内，后面的追上前面的物体。这类应用题就叫作追及问题。

【数量关系】追及时间 = 追及路程 ÷ （快速 − 慢速）

追及路程 = （快速 − 慢速） ×追及时间

【解题思路和方法】简单的题目直接利用公式，复杂的题目变通后利用公式。

例 1　好马每天走 120 千米，劣马每天走 75 千米，劣马先走 12 天，好马几天能追上劣马?

解：（1）劣马先走 12 天能走多少千米?　75 ×12 =900（千米）

（2）好马几天追上劣马?　900 ÷ （120 − 75） =20（天）

列成综合算式　75 ×12 ÷ （120 − 75） =900 ÷45 =20（天）

答：好马 20 天能追上劣马。

例 2　我人民解放军追击一股逃窜的敌人，敌人在下午 16 点开始从甲地以每小时 10 千米的速度逃跑，解放军在晚上 22 点接到命令，以每小时 30 千米的速度开始从乙地追击。已知甲乙两地相距 60 千米，问解放军几个小时可以追上敌人?

解：敌人逃跑时间与解放军追击时间的时差是（22 − 16）小时，这段时间敌人逃跑的路程是［10 × （22 − 6）］千米，甲乙两地相距

考高分上名校　学习方法最重要

60 千米。由此推知：

追及时间 = [10 ×（22 − 6）+60] ÷（30 − 10）=220 ÷ 20 = 11（小时）

答：解放军在 11 小时后可以追上敌人。

例 3　一辆客车从甲站开往乙站，每小时行 48 千米；一辆货车同时从乙站开往甲站，每小时行 40 千米，两车在距两站中点 16 千米处相遇，求甲乙两站的距离。

解：这道题可以由相遇问题转化为追及问题来解决。从题中可知客车落后于货车（16 ×2）千米，客车追上货车的时间就是前面所说的相遇时间，

这个时间为　16 ×2 ÷（48 − 40）=4（小时）

所以两站间的距离为　（48 +40）×4 =352（千米）

列成综合算式　（48 +40）×[16 ×2 ÷（48 − 40）] = 88 ×4 = 352（千米）

答：甲乙两站的距离是 352 千米。

9. 植树问题

【含义】按相等的距离植树，在距离、棵距、棵数这三个量之间，已知其中的两个量，要求第三个量，这类应用题叫作植树问题。

【数量关系】线形植树　棵数 = 距离 ÷ 棵距 + 1

环形植树　棵数 = 距离 ÷ 棵距

方形植树　棵数 = 距离 ÷ 棵距 − 4

三角形植树　棵数 = 距离 ÷ 棵距 − 3

面积植树　棵数 = 面积 ÷（棵距 × 行距）

【解题思路和方法】先弄清楚植树问题的类型，然后可以利用公式。

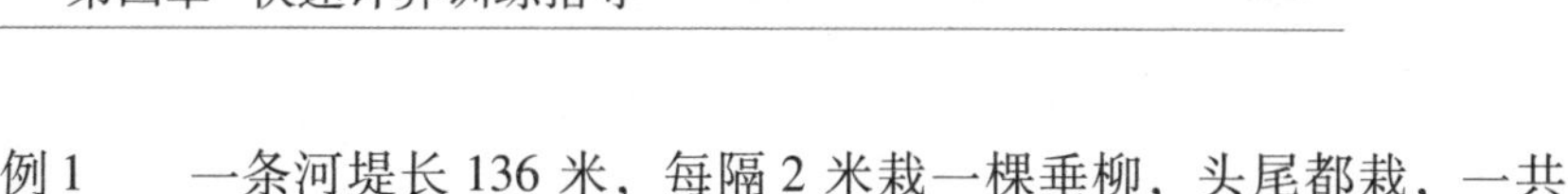

例1　一条河堤长136米，每隔2米栽一棵垂柳，头尾都栽，一共要栽多少棵垂柳？

解：$136\div2+1=68+1=69$（棵）

答：一共要栽69棵垂柳。

例2　一个圆形池塘周长为400米，在岸边每隔4米栽一棵白杨树，一共能栽多少棵白杨树？

解：$400\div4=100$（棵）

答：一共能栽100棵白杨树。

例3　一个正方形的运动场，每边长220米，每隔8米安装一个照明灯，一共可以安装多少个照明灯？

解：$220\times4\div8-4=110-4=106$（个）

答：一共可以安装106个照明灯。

例4　给一个面积为96平方米的住宅铺设地板砖，所用地板砖的长和宽分别是60厘米和40厘米，问至少需要多少块地板砖？

解：$96\div(0.6\times0.4)=96\div0.24=400$（块）

答：至少需要400块地板砖。

例5　一座大桥长500米，给桥两边的电杆上安装路灯，若每隔50米有一个电杆，每个电杆上安装2盏路灯，一共可以安装多少盏路灯？

解：（1）桥的一边有多少个电杆？　$500\div50+1=11$（个）

（2）桥的两边有多少个电杆？　$11\times2=22$（个）

（3）大桥两边可安装多少盏路灯？$22\times2=44$（盏）

答：大桥两边一共可以安装44盏路灯。

10. **年龄问题**

【含义】这类问题是根据题目的内容而得名，它的主要特点是两人的年龄差不变，但是，两人年龄之间的倍数关系随着年龄的增长在发生变化。

【数量关系】年龄问题往往与和差、和倍、差倍问题有着密切联系，尤其与差倍问题的解题思路是一致的，要紧紧抓住“年龄差不变”这个特点。

【解题思路和方法】可以利用“差倍问题”的解题思路和方法。

例1　爸爸今年35岁，亮亮今年5岁，今年爸爸的年龄是亮亮的几倍？明年呢？

解：35÷5=7（倍）　（35+1）÷（5+1）=6（倍）

答：今年爸爸的年龄是亮亮的7倍，明年爸爸的年龄是亮亮的6倍。

例2　母亲今年37岁，女儿今年7岁，几年后母亲的年龄是女儿的4倍？

解：（1）母亲比女儿的年龄大多少岁？　37-7=30（岁）

（2）几年后母亲的年龄是女儿的4倍？30÷（4-1）-7=3（年）

列成综合算式　（37-7）÷（4-1）-7=3（年）

答：3年后母亲的年龄是女儿的4倍。

例3　3年前父子的年龄和是49岁，今年父亲的年龄是儿子年龄的4倍，父子今年各多少岁？

解：今年父子的年龄和应该比3年前增加（3×2）岁，今年二人的年龄和为

49+3×2=55（岁）

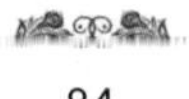

把今年儿子年龄作为 1 倍量，则今年父子年龄和相当于（4 + 1）倍，因此，今年儿子年龄为　55 ÷（4 + 1）= 11（岁）

今年父亲年龄为　11 × 4 = 44（岁）

答：今年父亲年龄是 44 岁，儿子年龄是 11 岁。

11. 行船问题

【含义】行船问题也就是与航行有关的问题。解答这类问题要弄清船速与水速，船速是船只本身航行的速度，也就是船只在静水中航行的速度；水速是水流的速度，船只顺水航行的速度是船速与水速之和；船只逆水航行的速度是船速与水速之差。

【数量关系】（顺水速度 + 逆水速度）÷ 2 = 船速

（顺水速度 − 逆水速度）÷ 2 = 水速

顺水速 = 船速 × 2 − 逆水速 = 逆水速 + 水速 × 2

逆水速 = 船速 × 2 − 顺水速 = 顺水速 − 水速 × 2

【解题思路和方法】大多数情况可以直接利用数量关系的公式。

例 1　　一只船顺水行 320 千米需用 8 小时，水流速度为每小时 15 千米，这只船逆水行这段路程需用几小时？

解：由条件知，顺水速 = 船速 + 水速 = 320 ÷ 8，而水速为每小时 15 千米，所以，

船速为每小时　　320 ÷ 8 − 15 = 25（千米）

船的逆水速为　　25 − 15 = 10（千米）

船逆水行这段路程的时间为　320 ÷ 10 = 32（小时）

答：这只船逆水行这段路程需用 32 小时。

例 2　　甲船逆水行 360 千米需 18 小时，返回原地需 10 小时；乙船逆水行同样一段距离需 15 小时，返回原地需多少时间？

考高分上名校　学习方法最重要

解：由题意得，甲船速＋水速＝360÷10＝36

甲船速－水速＝360÷18＝20

可见（36－20）相当于水速的2倍，

所以，水速为每小时（36－20）÷2＝8（千米）

又因为，乙船速－水速＝360÷15，

所以，乙船速为 360÷15＋8＝32（千米）

乙船顺水速为 32＋8＝40（千米）

所以，乙船顺水航行360千米需要 360÷40＝9（小时）

答：乙船返回原地需要9小时。

例3　一架飞机飞行在两个城市之间，飞机的速度是每小时576千米，风速为每小时24千米，飞机逆风飞行3小时到达，顺风飞回需要几小时？

解：这道题可以按照流水问题来解答。

（1）两城相距多少千米？　（576－24）×3＝1656（千米）

（2）顺风飞回需要多少小时？1656÷（576＋24）＝2.76（小时）

列成综合算式［（576－24）×3］÷（576＋24）＝2.76（小时）

答：飞机顺风飞回需要2.76小时。

12. **列车问题**

【含义】这是与列车行驶有关的一些问题，解答时要注意列车车身的长度。

【数量关系】火车过桥：过桥时间＝（车长＋桥长）÷车速

火车追及：追及时间＝（甲车长＋乙车长＋距离）÷（甲车速－乙车速）

火车相遇：相遇时间＝（甲车长＋乙车长＋距离）÷（甲车速＋乙车

速）

【解题思路和方法】大多数情况可以直接利用数量关系的公式。

例1　　一座大桥长2400米，一列火车以每分钟900米的速度通过大桥，从车头开上桥到车尾离开桥共需要3分钟。这列火车长多少米？

解：火车3分钟所行的路程，就是桥长与火车车身长度的和。

（1）火车3分钟行多少米？　$900\times3=2700$（米）

（2）这列火车长多少米？　$2700-2400=300$（米）

列成综合算式　$900\times3-2400=300$（米）

答：这列火车长300米。

例2　　一列长200米的火车以每秒8米的速度通过一座大桥，用了2分5秒钟时间，求大桥的长度是多少米？

解：火车过桥所用的时间是2分5秒$=125$秒，所走的路程是（8×125）米，这段路程就是（200米+桥长），所以，

桥长为$8\times125-200=800$（米）

答：大桥的长度是800米。

例3　　一列长225米的慢车以每秒17米的速度行驶，一列长140米的快车以每秒22米的速度在后面追赶，求快车从追上到追过慢车需要多长时间？

解：从追上到追过，快车比慢车要多行（$225+140$）米，而快车比慢车每秒多行（$22-17$）米，因此，所求的时间为：

$(225+140)\div(22-17)=73$（秒）

答：需要73秒。

13. **时钟问题**

【含义】就是研究钟面上时针与分针关系的问题，如两针重合、两针

考高分上名校　学习方法最重要

垂直、两针成一线、两针夹角为60度等。时钟问题可与追及问题相类比。

【数量关系】分针的速度是时针的12倍，二者的速度差为11/12。

通常按追及问题来对待，也可以按差倍问题来计算。

【解题思路和方法】变通为“追及问题”后可以直接利用公式。

例1　从时针指向4点开始，再经过多少分钟时针正好与分针重合？

解：钟面的一周分为60格，分针每分钟走一格，每小时走60格；时针每小时走5格，每分钟走5/60＝1/12格。每分钟分针比时针多走（1－1/12）＝11/12格。4点整，时针在前，分针在后，两针相距20格。

所以分针追上时针的时间为：20÷（1－1/12）＝2（分钟）

答：再经过2分钟时针正好与分针重合。

例2　4点和5点之间，时针和分针在什么时候成直角？

解：钟面上有60格，它的1/4是15格，因而两针成直角的时候相差15格（包括分针在时针的前或后15格两种情况）。4点整的时候，分针在时针后（5×4）格，如果分针在时针后与它成直角，那么分针就要比时针多走（5×4－15）格，如果分针在时针前与它成直角，那么分针就要比时针多走（5×4＋15）格。再根据1分钟分针比时针多走（1－1/12）格就可以求出二针成直角的时间。

（5×4－15）÷（1－1/12）＝5（分钟）

（5×4＋15）÷（1－1/12）＝38（分钟）

答：4点05分及4点38分时两针成直角。

例3　6点与7点之间什么时候时针与分针重合？

解：6点整的时候，分针在时针后（5×6）格，分针要与时针重合，就得追上时针。这实际上是一个追及问题。

(5×6) ÷ (1－1/12) ＝36（分钟）

答：6 点 36 分的时候分针与时针重合。

14. 盈亏问题

【含义】根据一定的人数，分配一定的物品，在两次分配中，一次有余（盈），一次不足（亏），或两次都有余，或两次都不足，求人数或物品数，这类应用题叫作盈亏问题。

【数量关系】一般来说，在两次分配中，如果一次盈，一次亏，则有：

参加分配总人数＝（盈＋亏）÷分配差

如果两次都盈或都亏，则有：

参加分配总人数＝（大盈－小盈）÷分配差

参加分配总人数＝（大亏－小亏）÷分配差

【解题思路和方法】大多数情况可以直接利用数量关系的公式。

例 1　给幼儿园小朋友分苹果，若每人分 3 个就余 11 个；若每人分 4 个就少 1 个。问有多少小朋友？有多少个苹果？

解：按照“参加分配的总人数＝（盈＋亏）÷分配差”的数量关系：

（1）有小朋友多少人？　(11＋1) ÷ (4－3) ＝12（人）

（2）有多少个苹果？　3×12＋11＝47（个）

答：有小朋友 12 人，有 47 个苹果。

例 2　修一条公路，如果每天修 260 米，修完全长就得延长 8 天；如果每天修 300 米，修完全长仍得延长 4 天。这条路全长多少米？

解：题中原定完成任务的天数，就相当于“参加分配的总人数”，按照“参加分配的总人数＝（大亏－小亏）÷分配差”的数量关系，可以得知

原定完成任务的天数为　(260×8－300×4) ÷ (300－260) ＝

22（天）

这条路全长为　　　　300×（22+4）=7800（米）

答：这条路全长7800米。

例3　学校组织春游，如果每辆车坐40人，就余下30人；如果每辆车坐45人，就刚好坐完。问有多少车？多少人？

解：本题中的车辆数就相当于“参加分配的总人数”，于是就有

（1）有多少车？　（30－0）÷（45－40）=6（辆）

（2）有多少人？　40×6+30=270（人）

答：有6辆车，有270人。

15. **工程问题**

【含义】工程问题主要研究工作量、工作效率和工作时间三者之间的关系。这类问题在已知条件中，常常不给出工作量的具体数量，只提出“一项工程”、“一块土地”、“一条水渠”、“一件工作”等，在解题时，常常用单位“1”表示工作总量。

【数量关系】解答工程问题的关键是把工作总量看作“1”，这样，工作效率就是工作时间的倒数（它表示单位时间内完成工作总量的几分之几），进而就可以根据工作量、工作效率、工作时间三者之间的关系列出算式。

工作量=工作效率×工作时间　　工作时间=工作量÷工作效率

工作时间=总工作量÷（甲工作效率+乙工作效率）

【解题思路和方法】变通后可以利用上述数量关系的公式。

例1　一项工程，甲队单独做需要10天完成，乙队单独做需要15天完成，现在两队合作，需要几天完成？

解：题中的“一项工程”是工作总量，由于没有给出这项工程的具体

数量，因此，把此项工程看作单位“1”。由于甲队独做需 10 天完成，那么每天完成这项工程的 1/10；

乙队单独做需 15 天完成，每天完成这项工程的 1/15；两队合做，每天可以完成这项工程的（1/10 + 1/15）。

由此可以列出算式：　1 ÷（1/10 + 1/15）= 1 ÷ 1/6 = 6（天）

答：两队合做需要 6 天完成。

例 2　　一批零件，甲独做 6 小时完成，乙独做 8 小时完成。现在两人合做，完成任务时甲比乙多做 24 个，求这批零件共有多少个？

解一：设总工作量为 1，则甲每小时完成 1/6，乙每小时完成 1/8，甲比乙每小时多完成（1/6 − 1/8），二人合做时每小时完成（1/6 + 1/8）。

因为二人合做需要［1 ÷（1/6 + 1/8）］小时，这个时间内，甲比乙多做 24 个零件。所以（1）每小时甲比乙多做多少零件？

24 ÷［1 ÷（1/6 + 1/8）］= 7（个）

（2）这批零件共有多少个？　　7 ÷（1/6 − 1/8）= 168（个）

答：这批零件共有 168 个。

解二：上面这道题还可以用另一种方法计算：

两人合做，完成任务时甲乙的工作量之比为　1/6: 1/8 = 4: 3

由此可知，甲比乙多完成总工作量的　4 − 3　/　4 + 3　= 1/7

所以，这批零件共有　　24 ÷ 1/7 = 168（个）

例 3　　一件工作，甲独做 12 小时完成，乙独做 10 小时完成，丙独做 15 小时完成。现在甲先做 2 小时，余下的由乙丙二人合做，还需几小时才能完成？

解：必须先求出各人每小时的工作效率。如果能把效率用整数表示，就会给计算带来方便，因此，我们设总工作量为12、10、和15的某一公倍数，例如最小公倍数60，则甲乙丙三人的工作效率分别是：$60 \div 12 = 5$　　$60 \div 10 = 6$　　$60 \div 15 = 4$

因此，余下的工作量由乙丙合做还需要（$60 - 5 \times 2$）÷（$6 + 4$）$= 5$（小时）

答：还需要5小时才能完成。

16. 正反比例问题

【含义】两种相关联的量，一种量变化，另一种量也随着变化，如果这两种量中相对应的两个数的比的比值一定（即商一定），那么这两种量就叫作成正比例的量，它们的关系叫作正比例关系。正比例应用题是正比例意义和解比例等知识的综合运用。

两种相关联的量，一种量变化，另一种量也随着变化，如果这两种量中相对应的两个数的积一定，这两种量就叫作成反比例的量，它们的关系叫作反比例关系。反比例应用题是反比例的意义和解比例等知识的综合运用。

【数量关系】判断正比例或反比例关系是解这类应用题的关键。许多典型应用题都可以转化为正反比例问题去解决，而且比较简捷。

【解题思路和方法】解决这类问题的重要方法是：把分率（倍数）转化为比，应用比和比例的性质去解应用题。

正反比例问题与前面讲过的倍比问题基本类似。

例1　修一条公路，已修的是未修的1/3，再修300米后，已修的变成未修的1/2，求这条公路总长是多少米？

解：由条件知，公路总长不变。

原已修长度：总长度$=1:(1+3)=1:4=3:12$

现已修长度：总长度＝1：（1＋2）＝1：3＝4：12

比较以上两式可知，把总长度当作12份，则300米相当于（4－3）份，从而知公路总长为300÷（4－3）×12＝3600（米）

答：这条公路总长3600米。

例2　张晗做4道应用题用了28分钟，照这样计算，91分钟可以做几道应用题？

解：做题效率一定，做题数量与做题时间成正比例关系

设91分钟可以做X道应用题　则有　28：4＝91：X

28X＝91×4　　X＝91×4÷28　　X＝13

答：91分钟可以做13道应用题。

例3　孙亮看《十万个为什么》这本书，每天看24页，15天看完，如果每天看36页，几天就可以看完？

解：书的页数一定，每天看的页数与需要的天数成反比例关系

设X天可以看完，就有　24：36＝X：15　36X＝24×15　X＝10

答：10天就可以看完。

17. 按比例分配问题

【含义】所谓按比例分配，就是把一个数按照一定的比分成若干份。这类题的已知条件一般有两种形式：一是用比或连比的形式反映各部分占总数量的份数，另一种是直接给出份数。

【数量关系】从条件看，已知总量和几个部分量的比；从问题看，求几个部分量各是多少。　总份数＝比的前后项之和

【解题思路和方法】先把各部分量的比转化为各占总量的几分之几，

把比的前后项相加求出总份数，再求各部分占总量的几分之几（以总份数做分母，比的前后项分别做分子），再按照求一个数的几分之几是多少的计算方法，分别求出各部分量的值。

例 1　学校把植树 560 棵的任务按人数分配给五年级三个班，已知一班有 47 人，二班有 48 人，三班有 45 人，三个班各植树多少棵？

解：总份数为　47 + 48 + 45 = 140

一班植树　560 × 47/140 = 188（棵）

二班植树　560 × 48/140 = 192（棵）

三班植树　560 × 45/140 = 180（棵）

答：一、二、三班分别植树 188 棵、192 棵、180 棵。

例 2　用 60 厘米长的铁丝围成一个三角形，三角形三条边的比是 3：4：5。三条边的长各是多少厘米？

解：3 + 4 + 5 = 12　　60 × 3/12 = 15（厘米）

60 × 4/12 = 20（厘米）　60 × 5/12 = 25（厘米）

答：三角形三条边的长分别是 15 厘米、20 厘米、25 厘米。

例 3　某工厂第一、二、三车间人数之比为 8：12：21，第一车间比第二车间少 80 人，三个车间共多少人？

人　数	80 人	一共多少人？
对应的份数	12 − 8	8 + 12 + 21

解：80 ÷（12 − 8）×（8 + 12 + 21）= 820（人）

答：三个车间一共 820 人。

18. 百分数问题

【含义】百分数是表示一个数是另一个数的百分之几的数。百分数是

一种特殊的分数。分数常常可以通分、约分，而百分数则无需；分数既可以表示“率”，也可以表示“量”，而百分数只能表示“率”；分数的分子、分母必须是自然数，而百分数的分子可以是小数；百分数有一个专门的记号“%”。

在实际中常用到“百分点”这个概念，一个百分点就是1%，两个百分点就是2%。

【数量关系】掌握“百分数”、“标准量”“比较量”三者之间的数量关系：

百分数 = 比较量 ÷ 标准量　　标准量 = 比较量 ÷ 百分数

【解题思路和方法】一般有三种基本类型：

（1）求一个数是另一个数的百分之几；

（2）已知一个数，求它的百分之几是多少；

（3）已知一个数的百分之几是多少，求这个数。

常用百分率：

百分数又叫百分率，百分率在工农业生产中应用很广泛，常见的百分率有：

增长率 = 增长数 ÷ 原来基数 × 100%

合格率 = 合格产品数 ÷ 产品总数 × 100%

出勤率 = 实际出勤人数 ÷ 应出勤人数 × 100%

缺席率 = 缺席人数 ÷ 实有总人数 × 100%

发芽率 = 发芽种子数 ÷ 试验种子总数 × 100%

成活率 = 成活棵数 ÷ 种植总棵数 × 100%

出粉率 = 面粉重量 ÷ 小麦重量 × 100%

出油率 = 油的重量 ÷ 油料重量 × 100%

废品率 = 废品数量 ÷ 全部产品数量 × 100%

命中率 = 命中次数 ÷ 总次数 × 100%

烘干率 = 烘干后重量 ÷ 烘前重量 ×100%

及格率 = 及格人数 ÷ 参加考试人数 ×100%

例1　仓库里有一批化肥，用去720千克，剩下6480千克，用去的与剩下的各占原重量的百分之几？

解：（1）用去的占　720 ÷（720 +6480） =10%

（2）剩下的占　6480 ÷（720 +6480） =90%

答：用去了10%，剩下90%。

例2　红旗化工厂有男职工420人，女职工525人，男职工人数比女职工少百分之几？

解：本题中女职工人数为标准量，男职工比女职工少的人数是比较量，

所以（525 -420） ÷525 =0.2 =20%

或者　1 -420 ÷525 =0.2 =20%

答：男职工人数比女职工少20%。

例3　红旗化工厂有男职工420人，有女职工525人，男、女职工各占全厂职工总数的百分之几？

解：（1）男职工占　420 ÷（420 +525） =0.444 =44.4%

（2）女职工占　525 ÷（420 +525） =0.556 =55.6%

答：男职工占全厂职工总数的44.4%，女职工占55.6%。

19. “牛吃草”问题

【含义】“牛吃草”问题是大科学家牛顿提出的问题，也叫“牛顿问题”。这类问题的特点在于要考虑草边吃边长这个因素。

【数量关系】草总量 = 原有草量 + 草每天生长量 × 天数

【解题思路和方法】解这类题的关键是求出草每天的生长量。

例1　　一块草地，10头牛20天可以把草吃完，15头牛10天可以把草吃完。问多少头牛5天可以把草吃完？

解：草是均匀生长的，所以，草总量 = 原有草量 + 草每天生长量 × 天数。求"多少头牛5天可以把草吃完"，就是说5天内的草总量要5天吃完的话，得有多少头牛？

设每头牛每天吃草量为1，按以下步骤解答：

（1）求草每天的生长量

因为，一方面20天内的草总量就是10头牛20天所吃的草，即 $(1\times10\times20)$；

另一方面，20天内的草总量又等于原有草量加上20天内的生长量，所以

$1\times10\times20$ = 原有草量 + 20天内生长量

同理　$1\times15\times10$ = 原有草量 + 10天内生长量

由此可知：（20 − 10）天内草的生长量为　$1\times10\times20-1\times15\times10=50$

因此，草每天的生长量为　　$50\div(20-10)=5$

（2）求原有草量

原有草量 = 10天内总草量 − 10内生长量 $=1\times15\times10-5\times10=100$

（3）求5天内草总量

5天内草总量 = 原有草量 + 5天内生长量 $=100+5\times5=125$

（4）求多少头牛5天吃完草

因为每头牛每天吃草量为1，所以每头牛5天吃草量为5。

因此5天吃完草需要牛的头数　　$125\div5=25$（头）

答：需要5头牛5天可以把草吃完。

例2　一只船有一个漏洞，水以均匀速度进入船内，发现漏洞时已经进了一些水。如果有 12 个人淘水，3 小时可以淘完；如果只有 5 人淘水，要 10 小时才能淘完。求 17 人几小时可以淘完？

解：这是一道变相的“牛吃草”问题。与上题不同的是，最后一问给出了人数（相当于“牛数”），求时间。设每人每小时淘水量为 1，按以下步骤计算：

（1）求每小时进水量

因为，3 小时内的总水量 = 1 × 12 × 3 = 原有水量 + 3 小时进水量

10 小时内的总水量 = 1 × 5 × 10 = 原有水量 + 10 小时进水量

所以，（10 − 3）小时内的进水量为　1 × 5 × 10 − 1 × 12 × 3 = 14

因此，每小时的进水量为　14 ÷（10 − 3）= 2

（2）求淘水前原有水量

原有水量 = 1 × 12 × 3 − 3 小时进水量 = 36 − 2 × 3 = 30

（3）求 17 人几小时淘完

17 人每小时淘水量为 17，因为每小时漏进水为 2，所以实际上船中每小时减少的水量为（17 − 2），所以 17 人淘完水的时间是：

30 ÷（17 − 2）= 2（小时）

答：17 人 2 小时可以淘完水。

20. 鸡兔同笼问题

【含义】这是古典的算术问题。已知笼子里鸡、兔共有多少只和多少只脚，求鸡、兔各有多少只的问题，叫作第一鸡兔同笼问题。已知鸡兔的总数和鸡脚与兔脚的差，求鸡、兔各是多少的问题叫作第二鸡兔同笼问题。

【数量关系】第一鸡兔同笼问题：

假设全都是鸡，则有　兔数 =（实际脚数 − 2 × 鸡兔总数）÷（4 − 2）

假设全都是兔，则有　鸡数 =（4 × 鸡兔总数 − 实际脚数）÷（4 − 2）

第二鸡兔同笼问题：

假设全都是鸡，则有　　兔数 =（2 × 鸡兔总数 − 鸡与兔脚之差）÷（4 + 2）

假设全都是兔，则有　　鸡数 =（4 × 鸡兔总数 + 鸡与兔脚之差）÷（4 + 2）

【解题思路和方法】解答此类题目一般都用假设法，可以先假设都是鸡，也可以假设都是兔。如果先假设都是鸡，然后以兔换鸡；如果先假设都是兔，然后以鸡换兔。这类问题也叫置换问题。通过先假设，再置换，使问题得到解决。

例 1　　长毛兔子芦花鸡，鸡兔圈在一笼里。数数头有三十五，脚数共有九十四。请你仔细算一算，多少兔子多少鸡？

解：假设 35 只全为兔，则　鸡数 =（4 × 35 − 94）÷（4 − 2）= 23（只）

兔数 = 35 − 23 = 12（只）

也可以先假设 35 只全为鸡，则　兔数 =（94 − 2 × 35）÷（4 − 2）= 12（只）

鸡数 = 35 − 12 = 23（只）

答：有鸡 23 只，有兔 12 只。

例 2　　2 亩菠菜要施肥 1 千克，5 亩白菜要施肥 3 千克，两种菜共 16 亩，施肥 9 千克，求白菜有多少亩？

解：此题实际上是改头换面的“鸡兔同笼”问题。“每亩菠菜施肥（1 ÷ 2）千克”与“每只鸡有两个脚”相对应，“每亩白菜施肥（3 ÷ 5）千克”与“每只兔有 4 只脚”相对应，“16 亩”与“鸡兔总数”相对应，“9 千克”与“鸡兔总脚数”相对应。假设 16 亩全都是菠菜，则有

白菜亩数 = （9 - 1 ÷ 2 × 16） ÷ （3 ÷ 5 - 1 ÷ 2） = 10（亩）

答：白菜地有 10 亩。

例 3　李老师用 69 元给学校买作业本和日记本共 45 本，作业本每本 3.20 元，日记本每本 0.70 元。问作业本和日记本各买了多少本？

解：此题可以变通为"鸡兔同笼"问题。假设 45 本全都是日记本，则有

作业本数 = （69 - 0.70 × 45） ÷ （3.20 - 0.70） = 15（本）

日记本数 = 45 - 15 = 30（本）

答：作业本有 15 本，日记本有 30 本。

21. 方阵问题

【含义】将若干人或物依一定条件排成正方形（简称方阵），根据已知条件求总人数或总物数，这类问题就叫做方阵问题。

【数量关系】（1）方阵每边人数与四周人数的关系：

四周人数 = （每边人数 - 1） × 4

每边人数 = 四周人数 ÷ 4 + 1

（2）方阵总人数的求法：

实心方阵：总人数 = 每边人数 × 每边人数

空心方阵：总人数 = （外边人数） - （内边人数）

内边人数 = 外边人数 - 层数 × 2

（3）若将空心方阵分成四个相等的矩形计算，则：

总人数 = （每边人数 - 层数） × 层数 × 4

【解题思路和方法】方阵问题有实心与空心两种。实心方阵的求法是以每边的数自乘；空心方阵的变化较多，其解答方法应根据具体情况确定。

考高分上名校　学习方法最重要

例1　在育才小学的运动会上，进行体操表演的同学排成方阵，每行22人，参加体操表演的同学一共有多少人？

解：$22\times22=484$（人）

答：参加体操表演的同学一共有484人。

例2　有一个3层中空方阵，最外边一层有10人，求全方阵的人数。

解：$10-(10-3\times2)=84$（人）

答：全方阵84人。

例3　有一队学生，排成一个中空方阵，最外层人数是52人，最内层人数是28人，这队学生共多少人？

解：（1）中空方阵外层每边人数 $=52\div4+1=14$（人）

（2）中空方阵内层每边人数 $=28\div4-1=6$（人）

（3）中空方阵的总人数 $=14\times14-6\times6=160$（人）

答：这队学生共160人。

考高分上名校　学习方法最重要

22. 商品利润问题

【含义】这是一种在生产经营中经常遇到的问题，包括成本、利润、利润率和亏损、亏损率等方面的问题。

【数量关系】利润 = 售价 − 进货价　　利润率 =（售价 − 进货价）÷进货价 ×100%

售价 = 进货价 ×（1 + 利润率）

亏损 = 进货价 − 售价　　亏损率 =（进货价 − 售价）÷进货价 ×100%

【解题思路和方法】简单的题目可以直接利用公式，复杂的题目变通

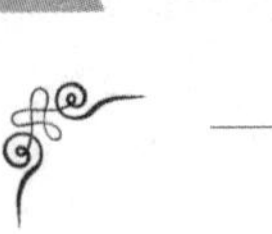

后利用公式。

例1　某商品的平均价格在一月份上调了10%，到二月份又下调了10%，这种商品从原价到二月份的价格变动情况如何？

解：设这种商品的原价为1，则一月份售价为（1+10%），二月份的售价为（1+10%）×（1-10%），所以二月份售价比原价下降了

1-（1+10%）×（1-10%）=1%

答：二月份比原价下降了1%。

例2　某服装店因搬迁，店内商品八折销售。苗苗买了一件衣服用去52元，已知衣服原来按期望盈利30%定价，那么该店是亏本还是盈利？亏（盈）率是多少？

解：要知亏还是盈，得知实际售价52元比成本少多少或多多少元，进而需知成本因为52元是原价的80%，所以原价为（52÷80%）元；

又因为原价是按期望盈利30%定的，所以成本为　52÷80%÷（1+30%）=50（元）

可以看出该店是盈利的，盈利率为　（52-50）÷50=4%

答：该店是盈利的，盈利率是4%。

例3　成本0.25元的作业本1200册，按期望获得40%的利润定价出售，当销售出80%后，剩下的作业本打折，结果获得的利润是预定的86%。问剩下的作业本出售时按定价打了多少折？

解：问题是要计算剩下的作业本每册实际售价是原定价的百分之几。从题意可知，每册的原定价是0.25×（1+40%），所以关键是求出剩下的每册的实际售价，为此要知道剩下的每册盈利多少元。

剩下的作业本售出后的盈利额等于实际总盈利与先售出的80%的盈利额之差，即：

0.25×1200×40%×86%－0.25×1200×40%×80%＝7.20（元）

剩下的作业本每册盈利 7.20÷［1200×（1－80%）］＝0.03（元）

又可知（0.25＋0.03）÷［0.25×（1＋40%）］＝80%

答：剩下的作业本是按原定价的八折出售的。

23. 存款利率问题

【含义】把钱存入银行是有一定利息的，利息的多少，与本金、利率、存期这三个因素有关。利率一般有年利率和月利率两种。年利率是指存期一年本金所生利息占本金的百分数；月利率是指存期一月所生利息占本金的百分数。

【数量关系】年（月）利率＝利息÷本金÷存款年（月）数×100%

利息＝本金×存款年（月）数×年（月）利率

本利和＝本金＋利息＝本金×［1＋年（月）利率×存款年（月）数］

【解题思路和方法】简单的题目可直接利用公式，复杂的题目变通后再利用公式。

例1 李大强存入银行1200元，月利率0.8%，到期后连本带利共取出1488元，求存款期多长。

解：因为存款期内的总利息是（1488－1200）元，

所以总利率为 （1488－1200）÷1200 又因为已知月利率，

所以存款月数为 （1488－1200）÷1200÷0.8%＝30（月）

答：李大强的存款期是30月即两年半。

考高分上名校 学习方法最重要

例2　银行定期整存整取的年利率是：二年期7.92%，三年期8.28%，五年期9%。如果甲乙二人同时各存入1万元，甲先存二年期，到期后连本带利改存三年期；乙直存五年期。五年后二人同时取出，那么，谁的收益多？多多少元？

解：甲的总利息

$[10000\times7.92\%\times2+10000\times(1+7.92\%\times2)]\times8.28\%\times3$

$=1584+11584\times8.28\%\times3=4461.47$（元）

乙的总利息　$10000\times9\%\times5=4500$（元）

$4500-4461.47=38.53$（元）

答：乙的收益较多，乙比甲多38.53元。

24. 溶液浓度问题

【含义】在生产和生活中，我们经常会遇到溶液浓度问题。这类问题研究的主要是溶剂（水或其他液体）、溶质、溶液、浓度这几个量的关系。例如，水是一种溶剂，被溶解的东西叫溶质，溶解后的混合物叫溶液。溶质的量在溶液的量中所占的百分数叫浓度，也叫百分比浓度。

【数量关系】溶液＝溶剂＋溶质　　　浓度＝溶质÷溶液×100%

【解题思路和方法】简单的题目可直接利用公式，复杂的题目变通后再利用公式。

例1　爷爷有16%的糖水50克，（1）要把它稀释成10%的糖水，需加水多少克？（2）若要把它变成30%的糖水，需加糖多少克？

解：（1）需要加水多少克？　$50\times16\%\div10\%-50=30$（克）

（2）需要加糖多少克？　$50\times(1-16\%)\div(1-30\%)-50=10$（克）

答：（1）需要加水30克，（2）需要加糖10克。

例2　要把30%的糖水与15%的糖水混合，配成25%的糖水600克，需要30%和15%的糖水各多少克？

解：假设全用30%的糖水溶液，那么含糖量就会多出

600×（30%−25%）=30（克）

这是因为30%的糖水多用了。于是，我们设想在保证总重量600克不变的情况下，用15%的溶液来“换掉”一部分30%的溶液。这样，每“换掉”100克，就会减少糖　100×（30%−15%）=15（克）

所以需要“换掉”30%的溶液（即“换上”15%的溶液）100×（30÷15）=200（克）

由此可知，需要15%的溶液200克。

需要30%的溶液　600−200=400（克）

答：需要15%的糖水溶液200克，需要30%的糖水400克。

例3　甲容器有浓度为12%的盐水500克，乙容器有500克水。把甲中盐水的一半倒入乙中，混合后再把乙中现有盐水的一半倒入甲中，混合后又把甲中的一部分盐水倒入乙中，使甲乙两容器中的盐水同样多。求最后乙中盐水的百分比浓度。

解：由条件知，倒了三次后，甲乙两容器中溶液重量相等，各为500克，因此，只要算出乙容器中最后的含盐量，便会知所求的浓度。下面列表推算：

	甲容器	乙容器
原　有	盐水500 盐500×12%=60	水500
第一次把甲中一半倒入乙中后	盐水500÷2=250 盐60÷2=30	盐水500+250=750 盐30

续表

	甲容器	乙容器
第二次把乙中一半倒入甲中后	盐水 250 + 375 = 625 盐 30 + 15 = 45	盐水 750 ÷ 2 = 375 盐 30 ÷ 2 = 15
第三次使甲乙中盐水同样多	盐水 500 盐 45 − 9 = 36	盐水 500 盐 45 − 36 + 15 = 24

由以上推算可知，乙容器中最后盐水的百分比浓度为 24 ÷ 500 = 4.8%

答：乙容器中最后的百分比浓度是 4.8%。

25. 构图布数问题

【含义】这是一种数学游戏，也是现实生活中常用的数学问题。所谓“构图”，就是设计出一种图形；所谓“布数”，就是把一定的数字填入图中。“构图布数”问题的关键是要符合所给的条件。

【数量关系】根据不同题目的要求而定。

【解题思路和方法】通常多从三角形、正方形、圆形和五角星等图形方面考虑。按照题意来构图布数，符合题目所给的条件。

例 1　十棵树苗子，要栽五行子，每行四棵子，请你想法子。

解：符合题目要求的图形应是一个五角星。

4 × 5 ÷ 2 = 10

因为五角星的 5 条边交叉重复，应减去一半。

例 2　九棵树苗子，要栽十行子，每行三棵子，请你想法子。

解：符合题目要求的图形是两个倒立交叉的等腰三角形，

一个三角形的顶点在另一个三角形底边的中线上。

例 3　九棵树苗子，要栽三行子，每行四棵子，请你想法子。

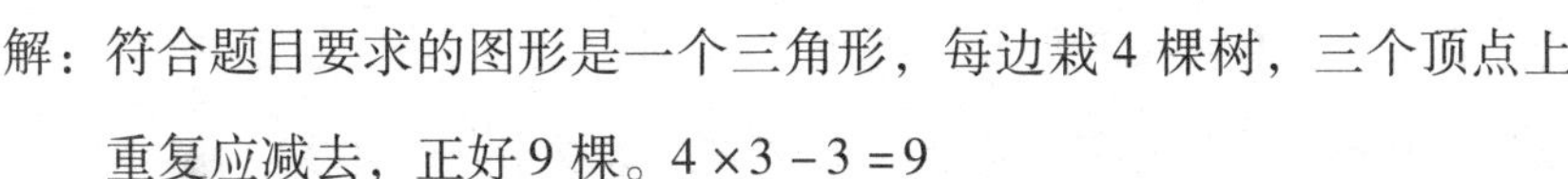

解：符合题目要求的图形是一个三角形，每边栽 4 棵树，三个顶点上重复应减去，正好 9 棵。$4\times3-3=9$

26. 抽屉原则问题

【含义】把 3 只苹果放进两个抽屉中，会出现哪些结果呢？要么把 2 只苹果放进一个抽屉，剩下的一个放进另一个抽屉；要么把 3 只苹果都放进同一个抽屉中。这两种情况可用一句话表示：一定有一个抽屉中放了 2 只或 2 只以上的苹果。这就是数学中的抽屉原则问题。

【数量关系】基本的抽屉原则是：如果把 $n+1$ 个物体（也叫元素）放到 n 个抽屉中，那么至少有一个抽屉中放着 2 个或更多的物体（元素）。

抽屉原则可以推广为：如果有 m 个抽屉，有 $k\times m+r$（$0<r\leqslant m$）个元素那么至少有一个抽屉中要放（$k+1$）个或更多的元素。

通俗地说，如果元素的个数是抽屉个数的 k 倍多一些，那么至少有一个抽屉要放（$k+1$）个或更多的元素。

【解题思路和方法】

（1）改造抽屉，指出元素；

（2）把元素放入（或取出）抽屉；

（3）说明理由，得出结论。

例 1　育才小学有 367 个 2000 年出生的学生，那么其中至少有几个学生的生日是同一天的？

解：由于 2000 年是闰年，全年共有 366 天，可以看作 366 个“抽屉”，把 367 个 2000 年出生的学生看作 367 个“元素”。367 个“元素”放进 366 个“抽屉”中，至少有一个“抽屉”中放有 2 个或更多的“元素”。

这说明至少有 2 个学生的生日是同一天的。

例 2　据说人的头发不超过 20 万跟，如果陕西省有 3645 万人，根据这些数据，你知道陕西省至少有多少人头发根数一样多吗？

解：人的头发不超过 20 万根，可看作 20 万个“抽屉”，3645 万人可看作 3645 万个“元素”，把 3645 万个“元素”放到 20 万个“抽屉”中，得到

$3645 \div 20 = 182 \cdots\cdots 5$　根据抽屉原则的推广规律，可知 $k + 1 = 183$

答：陕西省至少有 183 人的头发根数一样多。

例 3　一个袋子里有一些球，这些球只有颜色不同。其中红球 10 个，白球 9 个，黄球 8 个，蓝球 2 个。某人闭着眼睛从中取出若干个，试问他至少要取多少个球，才能保证至少有 4 个球颜色相同？

解：把四种颜色的球的总数 $(3+3+3+2)=11$　看作 11 个“抽屉”，那么，至少要取 $(11+1)$ 个球才能保证至少有 4 个球的颜色相同。

答；他至少要取 12 个球才能保证至少有 4 个球的颜色相同。

27. 公约公倍问题

【含义】需要用公约数、公倍数来解答的应用题叫作公约数、公倍数问题。

【数量关系】绝大多数要用最大公约数、最小公倍数来解答。

【解题思路和方法】先确定题目中要用最大公约数或者最小公倍数，再求出答案。最大公约数和最小公倍数的求法，最常用的是“短除法”。

例 1　一张硬纸板长 60 厘米，宽 56 厘米，现在需要把它剪成若干个大小相同的最大的正方形，不许有剩余。问正方形的边长是多少？

解：硬纸板的长和宽的最大公约数就是所求的边长。

60 和 56 的最大公约数是 4。

答：正方形的边长是 4 厘米。

例 2　甲、乙、丙三辆汽车在环形马路上同向行驶，甲车行一周要 36 分钟，乙车行一周要 30 分钟，丙车行一周要 48 分钟，三辆汽车同时从同一个起点出发，问至少要多少时间这三辆汽车才能同时又在起点相遇？

解：要求多少时间才能在同一起点相遇，这个时间必定同时是 36、30、48 的倍数。因为问至少要多少时间，所以应是 36、30、48 的最小公倍数。36、30、48 的最小公倍数是 720。

答：至少要 720 分钟（即 12 小时）这三辆汽车才能同时又在起点相遇。

例 3　一个四边形广场，边长分别为 60 米，72 米，96 米，84 米，现要在四角和四边植树，若四边上每两棵树间距相等，至少要植多少棵树？

解：相邻两树的间距应是 60、72、96、84 的公约数，要使植树的棵数尽量少，须使相邻两树的间距尽量大，那么这个相等的间距应是 60、72、96、84 这几个数的最大公约数 12。所以，至少应植树：

（60 + 72 + 96 + 84）÷ 12 = 26（棵）

答：至少要植 26 棵树。

28. 最值问题

【含义】科学的发展观认为，国民经济的发展既要讲求效率，又要节约能源，要少花钱多办事，办好事，以最小的代价取得最大的效益。这类应用题叫作最值问题。

【数量关系】一般是求最大值或最小值。

【解题思路和方法】按照题目的要求，求出最大值或最小值。

例1　在火炉上烤饼，饼的两面都要烤，每烤一面需要3分钟，炉上只能同时放两块饼，现在需要烤三块饼，最少需要多少分钟？

解：先将两块饼同时放上烤，3分钟后都熟了一面，这时将第一块饼取出，放入第三块饼，翻过第二块饼。再过3分钟取出熟了的第二块饼，翻过第三块饼，又放入第一块饼烤另一面，再烤3分钟即可。这样做，用的时间最少，为9分钟。

答：最少需要9分钟。

例2　在一条公路上有五个卸煤场，每相邻两个之间的距离都是10千米，已知1号煤场存煤100吨，2号煤场存煤200吨，5号煤场存煤400吨，其余两个煤场是空的。现在要把所有的煤集中到一个煤场里，每吨煤运1千米花费1元，集中到几号煤场花费最少？

解：我们采用尝试比较的方法来解答。

集中到1号场总费用为　$1\times200\times10+1\times400\times40=18000$（元）

集中到2号场总费用为　$1\times100\times10+1\times400\times30=13000$（元）

集中到3号场总费用为　$1\times100\times20+1\times200\times10+1\times400\times10=12000$（元）

集中到4号场总费用为　$1\times100\times30+1\times200\times20+1\times400\times10=11000$（元）

集中到5号场总费用为　$1\times100\times40+1\times200\times30=10000$（元）

经过比较，显然，集中到5号煤场费用最少。

答：集中到5号煤场费用最少。

例3　北京和上海同时制成计算机若干台，北京可调运外地10台，上海可调运外地4台。现决定给重庆调运8台，给武汉调运6台，若每台

运费如下表，问如何调运才使运费最省？

	重庆	武汉
北京	800	400
上海	500	300

解：北京调运到重庆的运费最高，因此，北京往重庆应尽量少调运。这样，把上海的4台全都调往重庆，再从北京调往重庆4台，调往武汉6台，运费就会最少，其数额为

$500\times4+800\times4+400\times6=7600$（元）

答：上海调往重庆4台，北京调往武汉6台，调往重庆4台，这样运费最少。

29. 列方程问题

【含义】把应用题中的未知数用字母X代替，根据等量关系列出含有未知数的等式——方程，通过解这个方程而得到应用题的答案，这个过程，就叫作列方程解应用题。

【数量关系】方程的等号两边数量相等。

【解题思路和方法】可以概括为“审、设、列、解、验、答”六字法。

（1）审：认真审题，弄清应用题中的已知量和未知量各是什么，问题中的等量关系是什么。

（2）设：把应用题中的未知数设为X。

（3）列：根据所设的未知数和题目中的已知条件，按照等量关系列出方程。

（4）解：求出所列方程的解。

（5）验：检验方程的解是否正确，是否符合题意。

（6）答：回答题目所问，也就是写出答问的话。

同学们在列方程解应用题时，一般只写出四项内容，即设未知数、列

方程、解方程、答语。设未知数时要在X后面写上单位名称，在方程中已知数和未知数都不带单位名称，求出的X值也不带单位名称，在答语中要写出单位名称。检验的过程不必写出，但必须检验。

例1　甲乙两班共90人，甲班比乙班人数的2倍少30人，求两班各有多少人?

解：第一种方法：设乙班有X人，则甲班有（90－X）人。

找等量关系：甲班人数＝乙班人数×2－30人。

列方程：　$90-X=2X-30$

解方程得　$X=40$　从而知　$90-X=50$

第二种方法：设乙班有X人，则甲班有（2X－30）人。

列方程　$(2X-30)+X=90$

解方程得　$X=40$　从而得知　$2X-30=50$

答：甲班有50人，乙班有40人。

例2　鸡兔35只，共有94只脚，问有多少兔？多少鸡?

解：第一种方法：设兔为X只，则鸡为（35－X）只，兔的脚数为4X个，鸡的脚数为2（35－X）个。

根据等量关系“兔脚数＋鸡脚数＝94”可列出方程　$4X+2(35-X)=94$

解方程得　$X=12$　则 $35-X=23$

第二种方法：可按“鸡兔同笼”问题来解答。假设全都是鸡，

则有　兔数＝（实际脚数－2×鸡兔总数）÷（4－2）

所以　兔数＝（94－2×35）÷（4－2）＝12（只）

鸡数＝35－12＝23（只）

答：鸡是23只，兔是12只。

例3　　仓库里有化肥940袋，两辆汽车4次可以运完，已知甲汽车每次运125袋，乙汽车每次运多少袋?

解：第一种方法：求出甲乙两车一次共可运的袋数，再减去甲车一次运的袋数，即是所求。$940 \div 4 - 125 = 110$（袋）

第二种方法：从总量里减去甲汽车4次运的袋数，即为乙汽车共运的袋数，再除以4，即是所求。$(940 - 125 \times 4) \div 4 = 110$（袋）

第三种方法：设乙汽车每次运X袋，可列出方程 $940 \div 4 - X = 125$

解方程得　　$X = 110$

第四种方法：设乙汽车每次运X袋，依题意得 $(125 + X) \times 4 = 940$

解方程得　　$X = 110$

答：乙汽车每次运110袋。

考高分上名校　学习方法最重要

第五章

快速书写训练指导

第一节　开篇测试

第二节　书写障碍正严重影响学习

第三节　快速书写引发书写革命

第四节　快速书写基础训练指导

第五节　顶格练字法书写训练

第六节　“四快作业体”书写训练

第七节　选择行书，快写尽在你的掌控之中

第八节　行书结构，自有独特的一面

第九节　行书快写，从笔画开始

第十节　行书快写，偏旁部首是根本

第一节　开篇测试

书写测试：请准备好计时的工具，用最快的速度在空白处抄写以下诗句，抄写完毕请记录时间并进行规范度自评。

春夜喜雨

杜甫

好雨知时节，当春乃发生。

随风潜入夜，润物细无声。

野径云俱黑，江船火独明。

晓看红湿处，花重锦官城。

日期：__________　字数：46 字　用时：________ 分钟

速度：________ 字/分钟

规范度自评：请在对应项目勾选分数，然后计算总分

项目	不好	一般	较好	优秀	总分
大小均匀	3	6	8	10	总分：
排列整齐	3	6	8	10	
行距均匀	3	6	8	10	36 分为优秀、32 分为良好、28 分为合格
字距一致	3	6	8	10	

通过简单的测试，训练者对自身的书写速度和书写规范度有一个了解。从今天起，我们开始进行书写训练，我们的目标是每分钟书写30字以上。

第二节　书写障碍正严重影响学习

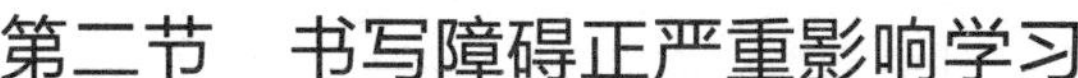

1. 写字问题成为普遍现象

在升学压力下，老师和学生家长非常重视孩子的学业成绩，反而忽视了孩子的书写习惯养成。目前，写字难看、写字姿势和执笔方法不正确，已成为绝大多数老师和家长的共识。据教育部公布的对3000多名教师的调查显示，60%的人认为学生汉字书写水平下降。

同学们书写问题主要有以下几个方面：

（1）大多数同学执笔方式与写字姿势不正确

在一所中学初三年级中，大约有三分之二的学生写字姿势和执笔方法不正确，同样的现象，在某所小学二年级中，大约70%的同学有类似问题。在一次对最优秀的33名学生监考过程中发现：如果从写字姿势和执笔方法来看，两项都合格的学生在33名学生中，竟然没有一人，要知道这些学生今后注定要写一辈子字，如不纠错就会错上一辈子。

据此可以推断，在中小学生中，写字姿势和执笔方法不正确的现象大量存在着。在中小学生中，写字姿势和执笔方法错误的通常表现为：

①写字时，头压得太低，并偏向左边；

②写字时，脚掌没有平放在地面上；

③写字时，指头尖距离笔尖太近；

④写字时，大拇指包住了食指，严重者食指已经弯曲变形。

上述现象，只要您仔细观察就会发现普遍存在，抓好同学们的基本写字执笔方法和写字姿势，最好是从小学起始年级开始，比如一、二年级小学生，一旦发现孩子写字姿势和执笔方法不正确，就应该立即予以纠正。当同学们一旦养成错误的习惯，以后要矫正非常困难。

（2）几种常见的书写不规范现象

①书写不规范

书写不规范似乎是小学生汉字书写中普遍存在的现象，书写规范主要是书写汉字的格式、结构、形体的不规范。在书写时经常是字写得很大个超出规定的格子，或是写得很小缩在格子的中间或某个角落，或是歪歪扭扭、颠倒书写，从而导致汉字书写的形态不美观、不大方。写字姿势和执笔姿势也欠规范，对运笔更是云里雾里，即使老师多次提醒，学生还是很难快速掌握，因此很难把汉字写规范。

②书写错误

这种书写现象一般出现在中高段小学生的汉字书写中。这个阶段的小学生，由于身心的成长，心理产生微妙的变化，最容易逐渐显现不重视汉字书写的心理。他们在书写汉字的过程中会常常出现缺撇少捺、多点多勾的现象，或是少写了偏旁、多加偏旁的现象。这一时期的小学生的辨别能力也较差，稍不加提示和强调就经常把形近字错认而导致书写错误，这也是书写错误中一个普遍现象。

③字迹潦草

调查显示：一部分学生在书写时经常是“心中无谱”，手无所措，笔无所向，字体忽大忽小，上歪下斜，且连成一片，很不协调。问之则不以为然，不加理睬，依旧我行我素。

2. 书写不规范，后果很严重

书写问题影响到底有多严重，相信很多家长和老师都非常清楚。

目前，无论中考还是高考，都采用计算机在互联网上阅卷。如果书写不规范，阅卷老师面对扫描上去的图案和文字，要么认不出来，要么打眼一看就觉得面目可憎，给人印象大打折扣，肯定会失去不该失去的分数，虽说仅有一两分之差，也足够让学生名落孙山。

另外，写字不规范，短期影响考试成绩，长期来看还影响同学们未来的就业问题。

人们常说："字如其人"、"字是门面"，在职场上，我们对应聘者的书写要求很高。很多成年人都有这样的感受：发现自己有拿不出手的一笔臭字，吃亏很多。所以说，写字不好长大了会很吃亏的！

小学生写字姿势不正确，危害更大，轻者影响写字质量，养成不良书写习惯；重者影响生长发育、不利于身心健康。不规范的读写姿势会产生几大危害：

（1）直接影响书写的质量与速度，导致学习跟不上

中小学生大量会用到书写，上课记笔记，下课做作业，考试要书写，书写速度慢，同学们书写很吃力，会占用大量的学习时间，养成拖拉的不良习惯，学习成绩下降。

（2）给长期居高不下的近视率雪上加霜

学生特别是小学生读写姿势和习惯不良，坐姿歪斜、弯腰曲背；容易趴在书桌上写作业，眼睛离书和作业本距离太近；斜放作业本写字，加之书本平放，眼睛斜视或视角不正。眼球长期调整过度，形成近视。

（3）容易造成脊柱弯曲，右手发育不良甚至畸形等后果，影响学生的身体发育

如果写字姿势不对，长期积累下来，还会对同学们的身心健康带来终身的影响，写字姿势对于书写非常重要。正确的写字姿势不仅能保证书写自如，减轻疲劳，提高书写水平，而且还能促进少年儿童身体的正常发育，预防近视、斜视、脊柱弯曲等多种疾病的发生。

执笔方法正确与否，关系到笔的控制能力、运笔的灵活性、书写的速度，直接影响书写的效果。良好的执笔方法必须从小培养，否则，一旦形成习惯，纠正起来很难。只有写字姿势和执笔方法正确了，上述各种危害才可以避免，字才有可能写得漂亮、美观，所以要重视写字姿势和执笔方法。

3. 作业拖拉根源何在？

（1）写字慢是关键

中小学生做作业时，书写速度有的快，有的慢。这一点，所有的家长也都知道，但是，所有的老师和家长都没有想到怎样才能提高孩子的书写速度，以此来减轻他们的课业负担。

不但如此，中小学生的纯书写错误率是非常高的，所有的老师和家长都把这种高误书率一致归于孩子的“高”书写速度，“指导”孩子：写慢点，再写慢点。其实，有很多作业做得好的学生的书写速度是非常快的，而不是很慢的。很多老师和家长在当懒汉教练，他们没有认真地想一想，孩子的书写错误率为什么如此之高，真的就是写快了吗？

老师和家长们认为：牺牲书写速度来降低书写错误率，是唯一的科学方法，别无他途，他们在指导孩子写作业时总是在一旁“教导”他们“慢点”、“慢点”。

其实牺牲写字速度来降低错误率是不可取的办法，最好的办法应该是在保持正确率的情况下，还要争取最快的写字速度，因为不讲究速度的书写是不科学的，也是不符合教育部要求的。

（2）追求完美——橡皮综合症

对于总是喜欢使用橡皮，不停地擦来擦去的现象，心理学上称之为“橡皮综合症”。原因是孩子学习压力大，心情焦虑，怕出错，对自己要求高或者是父母对孩子要求高造成的。对患有橡皮综合症的孩子，父母不要过多指责，也不要用打骂来纠正其不良行为，而要用奖励手段进行强化训练来达到目的。孩子在家做作业时尽量少用橡皮，如果作业本保持清洁，在一定时间内迅速准确地写好字，就要有一定奖励。

（3）学习基础差——学习没有兴趣，学习有困难

这种孩子是因为学习基础差，很多知识点没弄懂，很多题目不会做，所以一让他写作业，他就头疼，一个人干着自己头疼的事，当然不可能主动，当然是能拖则拖呀！

（4）被逼无奈——故意磨蹭

这是一种主观的磨蹭，很多孩子属于这种类型。为什么被逼无奈？被谁逼的呢？当然是爸爸妈妈！现在的家长望子成龙、望女成凤心切，生怕自己的孩子落后，希望孩子能做完学校的家庭作业后再多做些题目，能够考到前几名。所以，每天加了许多“妈妈作业”。孩子也不是省油的灯，听听一个孩子的说法吧：“快点写作业？我为什么要快呀？写完了我也不能出去玩，写完了老师的作业，我还要写妈妈布置的作业，写完妈妈布置的作业，爸爸的作业又来了，总之就是没有玩的时间，还不如慢点写呢!”

（5）时间观念差——不会管理时间

这种情况存在的最多，可以说，前面一、二、三种类型的“磨蹭”都或多或少有这样的问题。如果孩子不会管理时间，他对时间也就没有概念，写作业、做事磨蹭也就是自然的事了。解决的办法只有一个，就是给孩子自己管理自己时间的自由。

（6）注意力不集中——无关动作多

这种情况在小学低年级的孩子中尤其多，这些孩子由于年龄较小，他们的注意力时间比较短，一般在15～20分钟左右，如果让他们连续做作业超过20分钟，他就会坐不住，写一个字走神5分钟，当然作业就拖拖拉拉了。

（7）协调性差——感统失调

影响孩子磨蹭的原因还有一类是孩子生理方面的。当今中国家庭多为独生子女，不但伙伴少了，而且多数家长视孩子为掌上明珠，存在过分保护的问题，儿童应有的摸、爬、滚、打、蹦跳等行为，在发育的自然历程中被人为破坏。儿童该爬的时候没爬，日后可能出现不协调性、平衡感差；该哭的时候不让哭，口腔肌肉缺乏锻炼，心肺功能弱，甚至语言表达差。独生子女出现感觉统合障碍的主要原因是：缺乏运动、缺乏游戏、缺乏大自然的熏陶。

（8）条理性差——学习无方法

孩子写作业时不知道有什么作业，对各科作业的先后顺序不懂得合理安排，写作业时文具准备不齐全，用到的时候才慌慌忙忙去找……这样不能合理规划，写作业当然慢了！其实如果仔细观察这类孩子，就会发现：他们在生活中也是这样丢三落四，不懂得安排和规划。其实孩子会这样，责任完全在父母。

4. 规范书写有标准

（1）国家教育部对小学阶段书写规划的总目标：

能正确、规范、端正、清楚地书写汉字，并具有一定的速度。

第一学段（一、二年级）

掌握汉字的基本笔画和常用的偏旁部首，能按笔顺规则写字，写字姿势要正确，努力养成良好的写字习惯。

第二学段（三、四年级）

能使用硬笔熟练快速地书写汉字，并做到规范、端正、整洁，有一定的速度。

第三学段（五、六年级）

能够做到具有一定的速度书写，字要写得规范、端正、整洁，同时注意字的间架结构。

注意：教育部并没有要求每个同学练就一手好书法；而是充分考虑到中小学生的身体发育和书写要求，提出“正确、规范、端正、清楚”8个字的书写要求。

（2）怎样才能正确、规范、端正、清楚并带有一定速度地书写汉字呢?

①基本笔画标准、清楚

汉字在书写时，要求每个字的一笔一画都清清楚楚，合于笔形的规范，不可随意多一笔少一笔，或变动笔形；笔画的走向要符合规则，不可倒插笔。

②偏旁运用得当，结构搭配合理

在笔画的组合关系、字形结构和笔顺三个方面，也应按上面的要求，做到正确规范。不可变动笔画的相离、相接、相交的组合关系和位置；不可随意变动部件的位置和比例；不要违背笔顺规则，随意颠倒笔画的先后顺序。写行书时，笔画可作适当的简化和连接，笔画的组合形式也可作适当调整，但必须符合社会公认的规范，不可随意乱写。

③单字书写规范美观，匀称有力

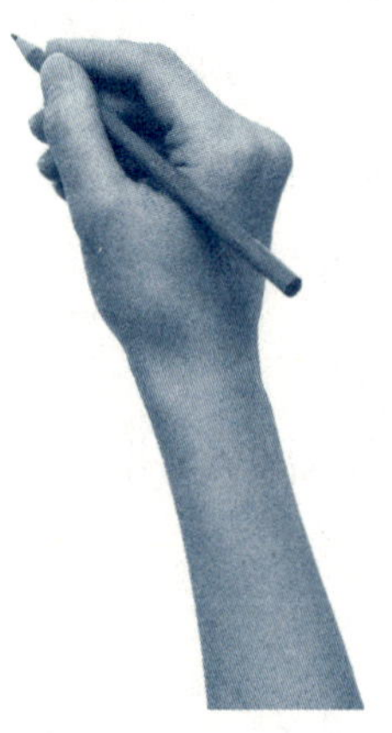

匀称指字的结构布局匀称，符合结构规律。有力首先指笔画有力，其

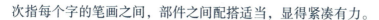

次指每个字的笔画之间，部件之间配搭适当，显得紧凑有力。

④篇章书写规范，单行整齐，整篇美观

字重心把握准确，字距密疏适宜，行距分朗大方。这是进一步的要求。熟练主要指书写的速度，其次对常用字也要写得熟练，不要有生有熟，夹杂其间，使人看了感到别扭。美观则指每个字以至全篇写得好看，给人以清晰感、愉悦感，力求达到形式美的要求。

孩子写好字，能磨炼性情，陶冶情操，同时还能培养良好的学习习惯，大家知道，汉字表意丰富，形体优美，已成为一种艺术——书法艺术。汉字的书法艺术是任何其他文字所无法相比的。作为家长，怎么督促孩子写规范字呢？四快学堂的专家们提出如下建议：

首先注重书写坐姿：有的孩子书写姿势不正确，有的出于舒服或趴在床上写字或歪着身子写字，长期下去，会造成学生脊椎变形、近视等问题。

其次是握笔姿势：因为同学们开始学习握笔写字的时候没有及时矫正，很多同学到了小学二年级以后，基本上形成了错误的握笔姿势，这个时候很难纠正，只能选择握笔器，强迫性矫正，否则，即使孩子长大后还是会使用错误的握笔方式。

书写规范，注重质量。家长对孩子的书写一定要严格要求，重点放在质量上，即便是铅笔字，下笔也要规范。开始练习写字时，量不能多，否则，孩子容易产生抵触情绪。

四快学堂独创三步练字法可以帮助同学们快速把字写规范、写端正，更为重要的是提高书写速度，更好地促进学习。

5. 书写训练不等于书法训练

小学生书写教育最大的误区就是，把书写教育当作书法艺术来教。写字不等于练书法，写字是技术，是每个学生都应该掌握的一项最最基本的

技术，而书法是艺术。写字不等于书法，技术不等于艺术。

从广义讲，书法是指语言符号的书写法则。换言之，书法是指按照文字特点及其含义，以其书体笔法、结构和章法写字，使之成为富有美感的艺术作品。随着文化事业的发展，书法已不仅仅限于使用毛笔和书写汉字，其内涵已大大增加。

从狭义讲，书法是指用毛笔书写汉字的方法和规律。包括执笔、运笔、点画、结构、布局（分布、行次、章法）等内容。例如，执笔指实掌虚，五指齐力；运笔中锋铺毫；点画意到笔随，润峭相同；结构以字立形，相安呼应；分布错综复杂，疏密得宜，虚实相生，全章贯气；款识字古款今，字大款小，宁高勿低等。

写汉字不等于会书法，但会书法必须先会写汉字。汉字是由点、横、竖、撇、捺、钩、挑等基本笔画构成，只有学会和掌握这些基本笔画的写法，符合汉字书写的基本规范和要求，才能把汉字写好，也才能进入学习书法的阶段。这就是书法与写字互为因果、相辅相成的辩证关系。由此看出，书法与写字紧密相连，又区别明显，写字有写字的规范，书法有书法的规律。两者的区别在于：

一般性的写字是记录语言的符号，可以按照西汉末年刘歆的《七略》和东汉学者许慎的《说文解字》里讲的“六书”，即象形、指事、会意、形声、转注、假借中的“象形”描摹成字，用“会意”、“形声”的要求与口头语言表达相符。而书法则是可作为书写者的一种思想情感的流露、精神风貌的表现、文化素养的反映。

一般性写字是人与人之间相互交往的一种普遍使用的工具，属于实用范畴。而书法则是充当了一种使人获得文化欣赏、精神享受的艺术形式，属于艺术范畴。

一般性的写字规范要求比较单一，一个字基本上是一种标准写法。而书法的表现形式则是多样的，只要不脱离汉字和传统名碑法帖的基本要

求，允许一个字有多种写法，如知、无、也、成、海、声字等，行书和草书都有几十种写法，王羲之《兰亭集序》中的20个“之”的写法都不尽相同。

一般性的写字只需字体正确、工整清楚、笔画到位、端庄大方即可，审美标准相对较低。而书法则同时强调墨色的浓淡枯润、线条的灵动流畅、笔力的内敛收放、字体的变化造型、布局的疏密挪让、内涵的丰富多彩，具有很高的艺术审美标准和强烈的价值取向。

一般性的写字不能称为作品，更不能作为艺术品进入市场进行交易（名人字是例外）。而真正的书法作品则可以变成商品进入市场进行买卖，实现其货币价值。

总之，无论是生成基础、表现形式、内涵标准，还是意义作用、价值取向、效益结果，书法与写字都有着明显的区别。

第三节　快速书写引发书写革命

1. 写字慢带来的问题是什么

(1) 写得慢，作业费时又费力

王帅是老师心目中的好学生，上课注意听讲，下课认真完成作业；王帅是父母心目中的乖儿子，一回家就关起门来写作业，一写就到九十点钟，从不贪玩，也不投机取巧。可让老师和家长纳闷和头疼的是，王帅学习这么努力和认真，可学习效率低下，写作业很慢，别人用一个小时完成的作业，他却用了两三个小时，考试更是如此，当别的同学快答完的时候，王帅才刚刚答完一半，即使急得满头是汗也快不起来。写字速度严重影响了他的考试成绩，所以每次考试结果总是不理想，在班上总是处于后几名的行列，于是，家长一语断言，王帅就是天生的笨孩子，没那聪明的脑瓜。

(2) 写字慢给孩子学习带来的负面影响

书写速度慢，看起来是个小问题，其实不可小视。书写速度慢会带来一系列的问题：

由于书写速度慢，原本半个小时可以完成的作业，却要用两三个小时去完成，硬是要拖到晚上十一二点，没有时间看课外读物，也没有时间玩。从早到晚忙于课业，负担重，休息少，影响身心发展，有可能引发厌学情绪。

没有多余的时间游戏、交友或者看课外书，个性发展和知识面的扩展受到限制。

抄写慢的人抄写时关注的是字词怎么写，而不是句子的意义，不能一边抄一边思考，影响了思维的发展。一个字、一个词要重复观看才能抄下来，生字、生词就不能变成熟字、熟词，语言发展就会受到限制，同时也说明他的观察能力差。

到了高年级，要求做笔记了，老师已经讲到第六点，孩子才写到第三点，该听的没听到，无法完成课堂笔记。

写字慢，还有一个大损失就是考试做不完题，白白丢分。

总之，书写速度慢，是孩子学习跟不上、成为后进生的一个重要因素。因此，提高小学生书写速度，是摆在低年级家长面前的一个刻不容缓的问题。

在考场上，每一分钟都是非常宝贵的，一寸光阴一寸金，时间那时才真是金子、银子，平时时间不够还可以挤出点时间来，这时就没法挤了，王帅就是一个典型的例子。平时写作业，没有人限制时间，他可以花上两三个小时，甚至可以花上四五个小时，可在考场上就不行了，要求在限定的时间内完成答卷，平时在学习中从不讲究速度的王帅这时当然会落后了。

我们从小学一年级就开始写字，但很多人大学毕业了，写了十几年的字，仍然写得难看，字的大小不均匀，笔画写不到位，写字东倒西歪，字迹潦草，经常涂改。不仅难看，很多同学（尤其是小学生）写字太慢，浪费了大量的时间和精力。

2. 如何解决书写快与书写规范之间的关系

（1）执笔和坐姿要正确

执笔方法正确与否，关系到笔的控制能力、运笔的灵活性、书写的速度，直接影响书写的效果。良好的执笔方法必须从小培养，否则，一旦形成习惯，纠正起来很难。

书写的姿势对于练习写字非常重要。正确的写字姿势不仅能保证书写自如，减轻疲劳，提高书写水平，而且还能促进少年儿童身体的正常发育，预防近视、斜视、脊椎弯曲等多种疾病的发生。

（2）要熟练掌握基本笔画的书写

只有熟练掌握了汉字的基本笔画的书写技巧，写字时才能举一反三，触类旁通，不至于“想一笔，写一笔”，从而提高书写的速度。汉字书写的基本笔画有点、横、竖、撇、捺、钩、折、提等八种。每个汉字都是由基本笔画组成的，因此写好笔画是写好汉字的基础。在笔画教学过程中，要让学生体会笔画的形状，领悟起笔、行笔和收笔，以及运笔的轻重、缓急和提按的要领，以便掌握好每个基本笔画的规范写法。

（3）揣摩分析，掌握字的结构

我们所说的提高学生书写速度应该是在学生把字写得规范工整的基础上。要提高书写速度，应该把握字形结构的匀称美观。因此在提高学生书写速度前，应该在字的结构上下功夫。要特别注意字形结构的处理规律。汉字字数繁多，字形各异，但其中也有一定的规律。

以下是三条正楷字结构的处理规律：

① 横平竖直

汉字中，横画和竖画占的比重最大，要求写得正，写得稳。正和稳的具体表现就是横要平，竖要直。这里所讲的“横平”，不是绝对的水平，而是视觉上的平稳，书写时略呈左低右高的斜势。竖直有两种基本要求：只有单一的竖画，要求正且直；有对称的两竖画，是短竖的，可以呈上开下合之势，是长竖的，可以基本并行。

② 间距匀称

在汉字中，有许多笔画是连续平等排列的，一画与一画之间的距离要保持均匀，不能忽大忽小、忽紧忽松，如“曹”字，有七个横画，横画间隔的空隙就要均匀。

③ 主次有别

这一规律有两方面的意思：一是突出主笔。一个字中往往有一笔是主要的。一般来讲，主笔所处的部位往往是字的顶盖、横腰、底托和垂中线。突出了这一笔，字就显得平稳，富有神采。如“鱼”字，最后一横是主笔，书写时就要写得长一点。二是突出主体。一个字由两个或几个部分并合的，其中有一部分处于主导部位，其他部分则要收缩、容让，这样才能突出重点，稳定字形。如“眼”字，“艮”是全字的主体，而“目”旁就要写得紧缩。

3. 阅卷老师喜欢看怎样的字迹

能让监考老师看着舒服的字：

（1）不漂亮但很清楚

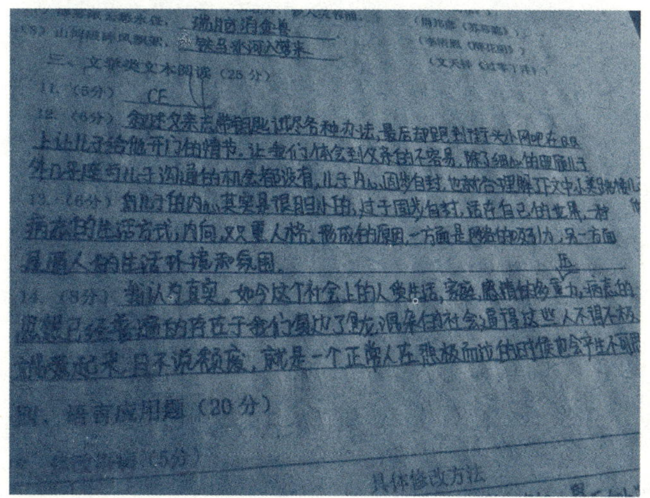

（2）实在不漂亮但确实清楚

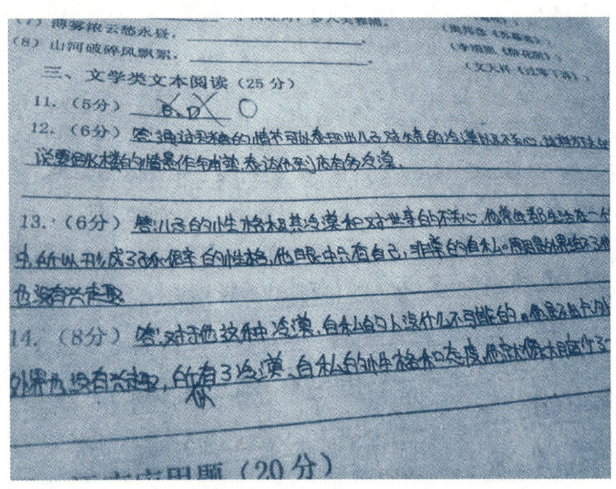
（8）山河破碎风飘絮，
三、文学类文本阅读（25分）
11.（5分）
12.（6分）
13.（6分）
14.（8分）

（3）非常不漂亮但非常清楚

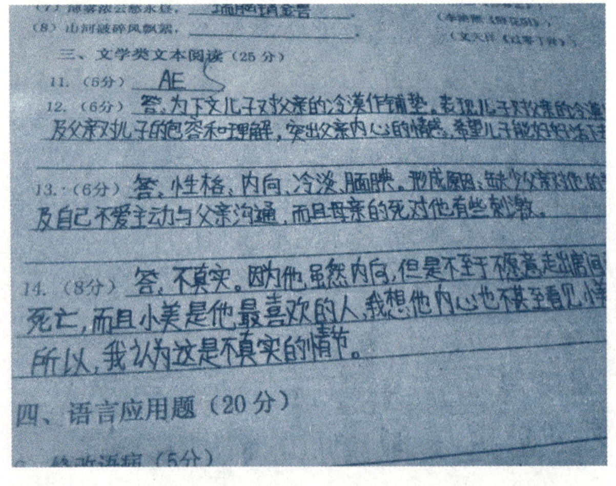
（8）山河破碎风飘絮，
三、文学类文本阅读（25分）
11.（5分）AE
12.（6分）答：为下文儿子对父亲的冷漠作铺垫，表现儿子对父亲的冷漠
及父亲对儿子的包容和理解，突出父亲内心的情感，希望儿子
13.（6分）答：性格：内向、冷淡、腼腆。形成原因：
及自己不爱主动与父亲沟通，而且母亲的死对他有些刺激。
14.（8分）答：不真实。因为他虽然内向，但是
死亡，而且小美是他最喜欢的人，我想他内心也
所以，我认为这是不真实的情节。
四、语言应用题（20分）

所以，你的字可以写得不漂亮，因为考试不是书法比赛。但是一定要写得清楚！

学长的建议

我去年参加的高考，感悟颇深，此经验在小升初和中考中同样适用，在此给大家分享一下。在高考之前的N个月，我们的语文老师一直要求我们写这样一种字，宽度与作文纸的格子基本一样，而高度只有作文纸格子

的三分之二，而且居中，这样写出的字你可以想象一下，就是基本连成一横行，但是行与行之间距离很大，高考是电脑阅卷，这种字体之所以被我们学校视为“高分字体”是因为所有的语文老师在电子阅卷后交流经验而产生的。写起来我感觉别扭，但是，在投影上一看，真的很可观，它不要求你的字漂亮，但可以遮盖你写字的一大部分缺点。

阅卷老师的建议

可以写得不漂亮，但一定要能看清楚。记住，你是参加考试，不是书法比赛！字横平竖直最重要，不要小的像蚂蚁爬，整体看起来要条理清晰，每一行要整齐明白。另外如果能把答题的要点写得突出一点，我代表改卷老师感谢你……我们是按得分点给分，不管写的多天花乱坠没有得分点0分，有得分点满分。写错了直接划掉，不要划来划去。每道题理好思路再往答题纸上写。每人每天改2000份试卷，不是每个人每时每刻都能情绪很好帮你做看图辨字。不要把上一道题写到下一题的位置，这样上一道题是得不了分的。改卷老师基本不偏好字体，需要的是整齐容易辨认。

4. 快速书写的标准是什么

快速书写的标准：

一，正确的执笔和坐姿；

二，手腕灵活度过关；

三，既快又好，在快的基础上求好，而不是慢写出来的好。

“快速书写”是孩子的一项基本学习技能。它既要书写者写得好看，同时也要写得快，是要求写得既快又好，而不是牺牲了速度的好，也不是光有速度不求质量的快。

国家教育部对学生写字的基本要求是：正确、规范、端正、清楚，并具有一定的速度。所以写字教学不同于书法教学，平时写字只要规范工整就行，不要用书法的标准去要求。

练就一手好书法不容易，但练好一手工整的字会很快，只要方向明确，方法正确，短时间内就会有明显进步。

平时练字、写作业都必须计时进行，没有时间概念写字就快不起来。

快速书写，能让孩子的书写速度提高 3 ~ 4 倍，达到每分钟书写 30 字以上，字写得快了，可以节省大量时间，同时当“快”成为孩子的习惯，那么其思维方式和行为也会随之快起来。在考试中就会得心应手，轻松考取好成绩，到那时，学习变成一件快乐的事，孩子就会不知不觉地爱上学习。

5. 三步快速练字法

三步快速练字法是四快学堂经过多年研究，开发出的一套可以在短时间内把字写得既快又好的一套练字方法。三步练字法共分三步：

第一步：正姿练手感

①正确的写字姿势：上身坐正，两肩齐平；头正，稍向前倾；背直，胸挺起，胸口离桌沿一拳左右；两脚平放在地上与肩同宽；左右两臂平放在桌面上，左手按纸，右手执笔。眼睛与纸面的距离应保持在一尺左右。

②手腕手指灵活度训练

通过画鸡蛋法、画倒 8 字法、画五角星法、计时写数等方法，全方位训练手腕手指的灵活度。

第二步：顶格练字法规范书写

顶格练字法规则就是练字时主要笔画的起笔或收笔都顶住字格框线。写横画时，横画不压上框线或下框线；写竖画时，竖画不压左框线或右框线；上端、下端、左端及右端的笔画，要顶住上、下、左、右框线。顶格练字法利用习字格对汉字笔画的分区定位，使主要笔画的起、收笔点都具有精确的长度，使学生在练写汉字时能够对所书写汉字的点画及结构准确定位，由于主要笔画都是顶住字格框线，学生易于操作和把握，增强了确定性。对于提高学生的练字效率与书写水平能起到一定的作用。

第三步：用四快作业体提高书写速度

四快作业体的特点：

①以圆笔为主，点画圆润，笔画起止、转折处产生圆润流转的形态，使文字看起来温润秀丽。

②笔画粗细均匀，没有棱角，没有顿笔，都是直线条，略带一点提按。

③结体扁方，每个字看上去都很工整大方。每一笔笔画到位 均匀。

第四节 快速书写基础训练指导

1. 正确的执笔姿势

执笔方法正确与否，关系到笔的控制能力、运笔的灵活性、书写的速度，直接影响书写的效果。良好的执笔方法必须从小培养，否则，一旦形成习惯，纠正起来很难。

正确的执笔方法，应采用三指执笔，五指并用。

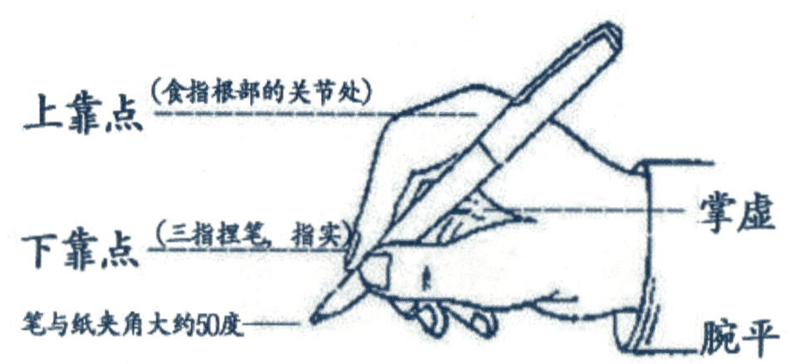

具体要求是：右手执笔，大拇指、食指、中指分别从三个方向捏住离笔尖3厘米左右的笔杆下端。食指稍前，大拇指稍后，中指在内侧抵住笔杆，无名指和小指依次自然地放在中指的下方并向手心弯曲。笔杆上端斜靠在食指的最高骨处，笔杆和纸面约呈50度角左右。执笔要做到“指实掌虚”，就是手指握笔要实，掌心要空，这样书写起来才能灵活运笔，提高书写速度。

2. 正确的写字姿势

书写的姿势对于练习写字非常重要。正确的写字姿势不仅能保证书写自如，减轻疲劳，提高书写水平，而且还能促进少年儿童身体的正常发育，预防近视、斜视、脊椎弯曲等多种疾病的发生。因此，必须引起重视。

正确的写字姿势要做到：

(1) 头正身直：眼睛和本子距离一尺左右，头要端正，背要伸直、自然，向前微倾，切不可扑向桌子，弯得像大虾。

(2) 臂开肩平：两臂平放桌面上，两肘相对，左右一样，双肩要平，不可左右高低不同。

(3) 足安胸舒：胸与课桌要保持一拳距离，不能紧抵桌沿。要使全身各部位感到舒服、轻松、自然、灵便。两脚分开，与肩同宽，平放地上，不可并拢或一前一后，更不可交叠。

(4) 本子放正：写字时，本子不能斜放，从上到下书写，本子随之由下往上移动。否则，会影响保持正确姿势，把桌面文具盒及多余课本放入课桌里。

总之，写字时头部不过分前倾，不耸肩、不歪头。两肩之间的连线与

桌缘平行，脊柱正直，前胸不受压迫，大腿水平，两足着地（或踏板），保持一个均衡稳定而又不易产生疲劳的体位。看书、写字时，眼与桌面上书本的距离一般应为 30～35 厘米，幼小儿童可稍近，年长的青少年可稍远。

3. **手指、手腕灵活度训练**

快速书写训练首先是手指、手腕灵活度训练，该项训练中分别进行五项训练，要求训练者在训练时首先按照标准进行规范书写，在此基础上提高速度，达到软件预设的标准即认为训练者具备了快速书写的能力。

准备工具：方格稿纸、铅笔、秒表（最好是由家长掐表计时）

（1）训练项目一：画鸡蛋

要求：鸡蛋大小要均匀（参考标准：小学一至二年级学生，不低于 100 个/分钟；小学三至四年级学生，不低于 130 个/分钟；小学五年级及以上，不低于 150 个/分钟）。

（2）训练项目二：一笔画五角星

要求：五角星大小要均匀，熟练后可从不同的角度起笔，都能一笔完成五角星（参考标准：小学一至二年级学生，不低于 110 个/2 分钟；小学三至四年级学生，不低于 140 个/2 分钟；小学五年级及以上，不低于 160

个/2 分钟）。

（3）训练项目三：画倒 8 字

要求：画在方格内，大小要均匀（参考标准：小学一至二年级学生，不低于 60 个/分钟；小学三至四年级学生，不低于 70 个/分钟；小学五年级及以上，不低于 80 个/分钟）。

（4）训练项目四：计时写数

要求：10 个数字：0，1，2，3，4，5，6，7，8，9 重复写 10 遍（参考标准：小学一至二年级学生，应在 70 秒以内写完；小学三至四年级学生，应在 50 秒以内写完；小学五年级及以上，应在 40 秒以内写完）。

这些训练项目，要求每天练习 8 分钟，上面的参考标准是取学生的平均数，一般坚持训练一段时间，学生都是能够达到的，如果学生的训练成绩能超过小学五年级的，就可以有意识地开始学习钢笔行书了。因为做课堂笔记没有快速的连笔行书书写能力，是不可能完成的。只有行书才能真正达到快速书写。

第五节　顶格练字法书写训练

1. 顶格练字法书写口诀

顶格练字规则

中国字，怎样练？
大小均匀是关键。
笔画到位为要点，
字形扁方更显眼。
顶格练字挺方便，
格分上下左右线。
上线为天下为地，
左右边线称墙壁。
上顶天，下踩地，
左靠墙，右贴壁。
横画不压上下线，
直竖不压左右边。
撇捺中竖略出格，
包围结构缩格填。
四快顶格容易练，
篇章布局更美观。

2. “顶格练字法”要点讲解与书写示范

顶格练字法的核心：①大小均匀；②笔画到位；③字体扁方。

（1）关于顶格练字法专用字格

顶格练字法字格的四条边框分别称之为：上线、下线、左线、右线，上线也可称作“天”，下线也可称作“地”，左线也可称作“墙”，右线也可称作“壁”，且格与格之间有一点空隙，为字间距。如下图：

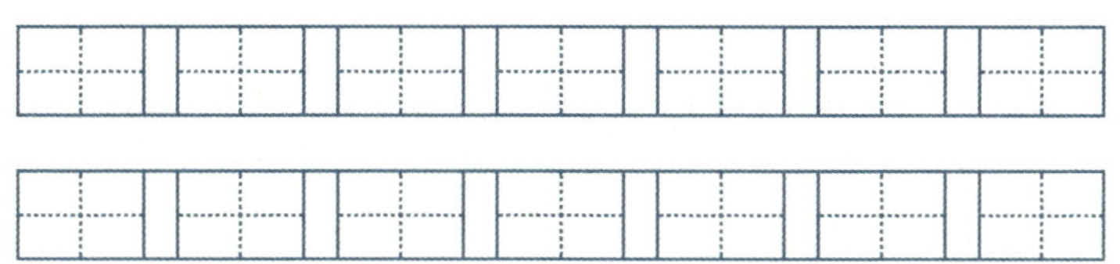

（2）“上顶天，下踩地，左靠墙，右贴壁”，具体是指

①上顶天，下踩地，是指字的最靠上方的笔画，如果是“点、撇、捺、竖画”，起笔都要顶住上边线，字的最靠下方的笔画，如果是“点、竖、撇、捺”画，收笔要顶住下边线，“钩”画出钩的地方应顶住下边线，如下图：

高齐东典公尖价

实钟练牵教补奇

②左靠墙，右贴壁，是指字的最靠左右边线的笔画，如果是“点、横、提、撇、捺、钩画”，起笔或者收笔都要顶住左右边线，如下图：

万后女早可河让

凉姐借级挨矮谁

（3）“横画不压上下线，竖画不压左右边”，具体是指

①横画不压上下线，指当最字的最上面或者最下面的笔画是“横”画时，横画不能压住上线边线，尽量靠近。如下图：

百石卫甲画更思

昂石主互法母汪

②竖画不压左右边，是当指字的最左边或者最右边的笔画是“竖”画时，竖画不能压住左右边线，尽量靠近。如下图：

日白目自山见中

虫市舟羽角面青

（4）“撇捺中竖略出格”，“撇”画、“捺”画和“中竖”这三种笔画的收笔可略微出格。如下图：

大太友合爸秀秋

草弟节申甲车来

（5）“包围结构缩格填”，是指包围结构的字，靠近边框的笔画，尽量靠近边框书写，但是不要压住边线。如下图：

回图团因困周园

国固圆同周区巨

（6）顶格练字法书写的唐诗《望月怀远》欣赏：

望月怀远　张九龄

海上生明月，天涯共此时。

情人怨遥夜，竟夕起相思。

灭烛怜光满，披衣觉露滋。

不堪盈手赠，还寝梦佳期。

（7）顶格练字法书写的唐诗《山居秋暝》欣赏：

山居秋暝 王维

空山新雨后，天气晚来秋。

明月松间照，清泉石上流。

竹喧归浣女，莲动下渔舟。

随意春芳歇，王孙自可留。

（8）顶格练字法书写的唐诗《送梓州李使君》欣赏：

送杜少府之任蜀川 王勃

城阙辅三秦，风烟望五津。

与君离别意，同是宦游人。

海内存知己，天涯若比邻。

无为在歧路，儿女共沾巾。

第六节　“四快作业体”书写训练

1. 什么是四快作业体

“四快”通过多年实践教学发现：学生练字存在“越练越差，越写越慢”的怪象。其根源在于九成家长把“书法艺术”与“作业书写”混为一谈，认为练好字的唯一途径就是“学书法”，结果往往事与愿违。

“四快”根据教学经验，针对新课标对小学生“能正确、规范、端正、清楚地书写汉字，并具有一定速度”的要求，自主研发创造了专供中小学生学习用的“四快作业体”。

“四快作业体”结构规范、布局美观、清晰易看、容易掌握，非常符合中小学生的书写要求。通过“正姿手感训练”、“顶格练字规则”、“四快作业体基本笔画写法训练”——三步练字法，让学生快速有效地提高书写能力，不仅书写规范，而且书写速度提高 3 到 5 倍，达到了事半功倍的神奇效果。如右图：

基本笔画写法

点提撇捺呈弧形，
横竖笔画略波形。
钩折转角尖带圆，
起笔切勿成棱角。
收笔不能有顿迹，
起收还忌露锋尖。
运笔快慢要适宜，
指力均匀无提按。

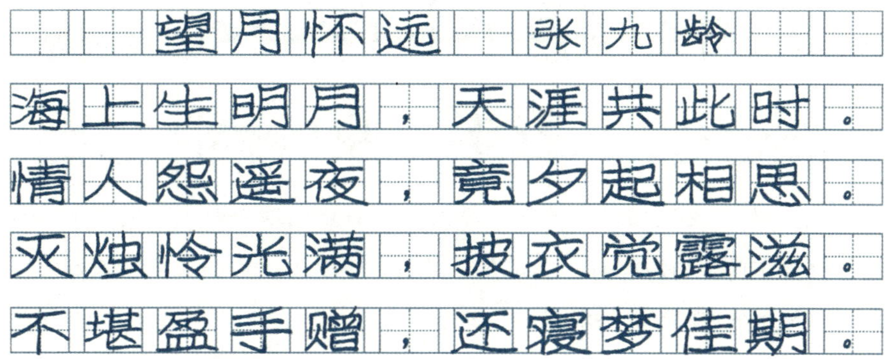

望月怀远 张九龄
海上生明月，天涯共此时。
情人怨遥夜，竟夕起相思。
灭烛怜光满，披衣觉露滋。
不堪盈手赠，还寝梦佳期。

2. 四快作业体的特点

特点一：以圆笔为主，点画圆润，笔画起止、转折处产生圆润流转的形态，使文字看起来温润秀丽。

特点二：笔画粗细均匀，没有棱角，没有顿笔，都是直线条，略带一点提按。

特点三：结体扁方，每个字看上去都很工整大方，每一笔笔画到位均匀。

3. 四快作业体基本笔画

⑴横 起笔不能成棱角，笔尖着纸后，主要靠拇指使力均匀地向右运笔，中间不能有提按，写出线条要粗细一样，略带波形。收笔不要顿笔，也不要露锋尖，稍一停顿即自然提起笔尖。例字：

土士无云南弄草

耳如娱装袋雪需

（2）竖 起笔不用顿笔，向正下方行笔，运笔靠食指使力，写出线条要一样粗细，收笔不用尖，不回锋，也不顿笔，力度均匀。例字：

止北角外怀处此

性师临艳卧却惯

（3）撇　起笔切勿有棱角，笔尖着纸后自然地由右上方向右下方运笔，只要靠食指均匀使力，之间不要提按。收笔不用尖，一样的粗细，不是越来越细的那种。例字：

火分父反关谷叭

爸变灰齐形须彩

（4）捺　捺的写法同撇，只是运笔方向相反，由左上向右下方运笔。使力主要靠拇指，起笔不用顿笔，收笔没有捺脚，收笔不要尖。例字：

禾介支秀季秋散

查笑欢备被远敢

（5）点　起笔不露锋尖，不是由轻到重顿笔，笔尖着纸即向右下或左下用食指运笔，划出很短的弧形线条，收笔时不顿笔，不露锋尖，不用顿笔回锋，点就是一个很短的弧线，一样的粗细，力度均匀。例字：

之永方亦主斗产

为良音穷穿点商

（6）折　横折，就是先写横画，接着写竖画；竖折，就是先写竖画，接着写横画；斜折，就是先写横画，接着写撇画，要注意转角处需尖带圆。例字：

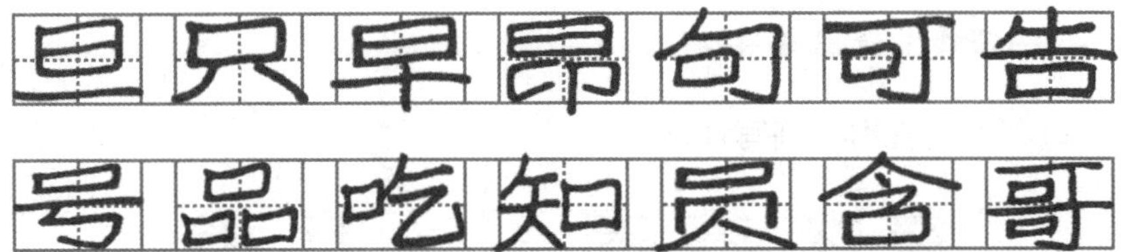

（7）钩

竖钩，先写竖画，竖画写到底端时，换用中指将笔锋朝左上方向推出钩笔。

竖弯钩，先写竖画，竖画写到底端后，接着换用拇指向右运笔，然后换用中指将笔锋朝左上方推出钩笔。

横折钩，先写横画，再接着用食指将折弯部写成撇画，然后换用中指将笔锋朝左上方推出钩笔。

推出的钩笔都呈短弧形，不能露锋尖，在转角处都要显得尖带圆。例字：

尤示光余月买兄

孙驼鸦拿豹暴薄

（8）提　提的写法就是撇的写法的逆方向运用，它是从左下方起笔，向右上方运笔。起笔时也切勿有棱角，只要靠拇指使力，不要有提按，线条粗细一样，收笔不要露锋尖。例字：

虫匀河站巧孔虾

红约组蚊孤场蛋

4. 四快作业体临摹字帖

(1)《春夜喜雨》临写训练

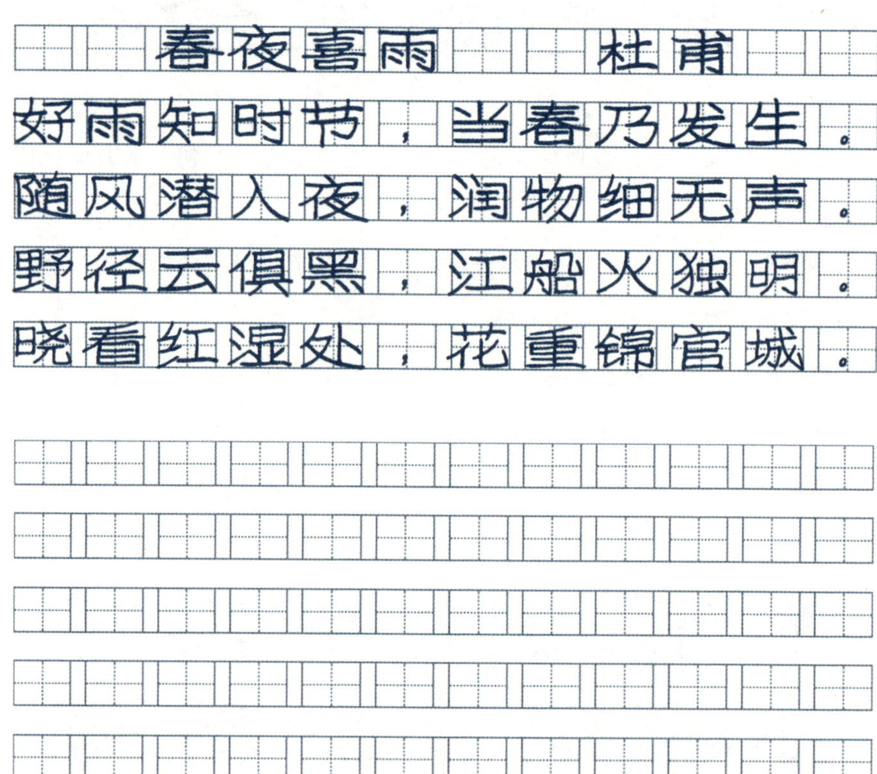

春夜喜雨 杜甫
好雨知时节，当春乃发生。
随风潜入夜，润物细无声。
野径云俱黑，江船火独明。
晓看红湿处，花重锦官城。

(2)《望月怀远》临写训练

望月怀远 张九龄

海上生明月，天涯共此时。
情人怨遥夜，竟夕起相思。
灭烛怜光满，披衣觉露滋。
不堪盈手赠，还寝梦佳期。

考高分上名校 学习方法最重要

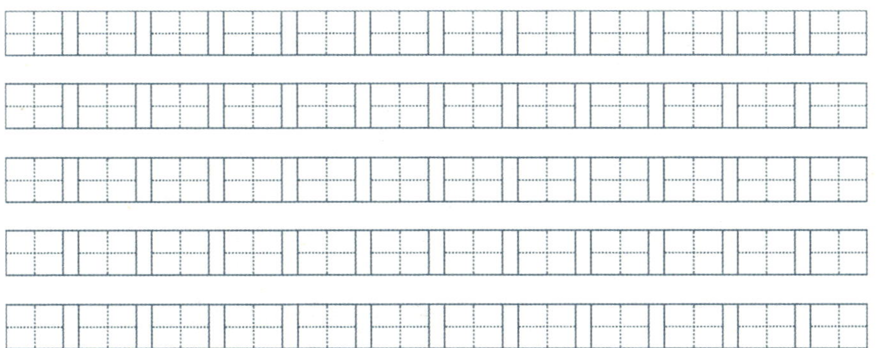

（3）《送杜少府之任蜀川》临写训练

送杜少府之任蜀川　王勃

城阙辅三秦，风烟望五津。

与君离别意，同是宦游人。

海内存知己，天涯若比邻。

无为在歧路，儿女共沾巾。

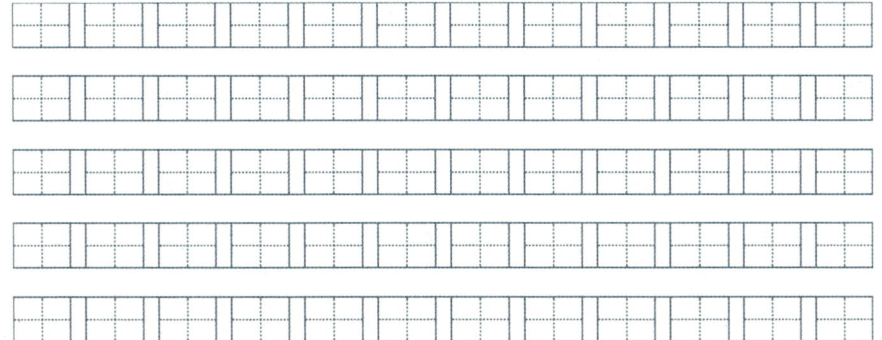

（4）作文本的篇章训练

北京

北京是我国的首都，是一座美丽的城市。

天安门在北京城的中央。红墙，黄瓦，又庄严又美丽。天安门前面是宽阔的广场。广场中间矗立着人民英雄纪念碑。

北京有许多又宽 长的柏油马路，道路两旁，绿树成荫，鲜花盛开。

北京新建了许多立交桥。立交桥的四周有绿毯似的草坪和拼成图案的花坛。各种车辆在桥下来来往往，川流不息。

北京有许多名胜古迹和风景优美的公园，还有许多新建的高楼大厦。站在高处一看，全城到处是绿

（5）单行本、白纸的篇章训练

沁园春·长沙　　毛泽东

独立寒秋，湘江北去，橘子洲头。看万山红遍，层林尽染；漫江碧透，百舸争流。鹰击长空，鱼翔浅底，万类霜天竞自由。怅寥廓，问苍茫大地谁主沉浮？携来百侣曾游。忆往昔峥嵘岁月稠。恰同学少年，风华正茂；书生意气，挥斥方遒。指点江山，激扬文字，粪土当年万户侯。曾记否，到中流击水，浪遏飞舟？

5. 汉字书写笔顺规则

（1）写字笔顺口诀

从上到下为主，从左到右为辅。

上下左右俱全，根据层次分组。

横竖交叉先横，撇捺交叉先撇。

中间突出先中，

中间突出的字，如“山”、“小”、“办”、“水”、“承”等。

右上有点后补，

上有点的字，如“犬”、“尤”、“戈”、“龙”、“成”等

上包下时先外，

上包下的字，如“冈”、“同”、“网”、“周”等。

下包上时先内，

下包上的字，如“凶”、“画”、“函”、“幽”等。

三框首横末折，

“三框”也叫“匠字框”，如“区”、“匹”、“巨”、“医”等。

大口最后封底，

“大口”即大口框，如“四”、“回”、“园”、“国”等。

(2) 基本规则

①先撇后捺：人 八 入

②先横后竖：十 王 干

③从上到下：三 竟 音

④从左到右：理 利 礼 明 湖

⑤先外后里：问 同 司

⑥先外后里再封口：国 圆 园 圈

⑦先中间后两边：小 水

(3) 补充规则

①点在上部或左上，先写点：衣 立 为

②点在右上或在字里，后写点：发 瓦 我

③上右和上左包围结构的字，先外后里：厅 座 屋

④左下包围结构的字，先里后外：远 建 廷

⑤左下右包围结构的字，先里后外：凶 画

⑥左上右包围结构的字，先外后里：同 用 风

⑦上左下包围结构的字，先上后里再左下：医 巨 匠 区。

(4) 特殊字和偏旁的笔顺

1988年3月25日国家语言文字工作委员会和新闻出版署联合发布的《现代汉语通用字表》确定了7000个汉字的规范笔顺。《现代汉语通用字笔顺规范》是在《现代汉语通用字表》的基础上形成的，将隐性的规范笔顺变成显性的，列出了三种形式的笔顺。同时，明确了字表中难以根据字序推断出规范笔顺的“火”、“叉”、“ 鬯”、“爽” 等一些字的笔顺，调整了“敝”、“脊” 两个字的笔顺。《现代汉语通用字笔顺规范》规定：

“忄”先写点和点，最后写竖。

“匕”先写撇，后写竖弯钩。

“万”先写横，再写横折钩，后写撇。

“母”字的最后三笔是点、横、点。

“及”先写撇，再写横折折撇，后写捺。

“乃”先写横折折钩，再写撇。这个字和“及”字形相近，但笔顺完全不同。

“火”先写上面两笔，即点和撇，再写“人”字。

“登”的右上角先写两撇，再写捺。

“减”先写左边的点和提，再写右边的“咸”字。

“爽”先写横，再从左到右写四个“×”，最后写“人”。

“讯”右半部分的笔顺是：横斜钩（不是横折弯钩）、横、竖（不是撇）。

“凸”第一笔先写左边的竖，接着写短横和竖，然后写横折折折，最后写下边的长横。

“凹”第一笔先写左边的竖，接着写横竖折折，然后写竖和横折，最后写下边的长横。

“出”先写竖折，然后写短竖，再写中间从上到下的长竖，最后是竖折和短竖。

“贯”上边是先写竖折，再写横折，第三笔写里面的竖，最后写长横。

“重”上面的撇和横写后，紧接着写日，再写竖，最后写下面两横（上短下长）。

“脊”字上边的笔顺是先写左边的点和提，再写右边的撇和点，最后写中间的人。

“义”先写点，再写撇和捺。点在上边或左上边的要先写，如“门、斗”等；点在右边或字里面的要后写，如“玉、瓦”等。

“匚”的字，先写“匚”上面的横，然后写“匚”里面的部分，最后才写“匚”最后的折，例如“匹、区、臣、匠、匣、匿”等。

“敝”的左边先写上部的点、撇，接着写左下角的竖、横折钩，然后

写中间的长竖，最后写里面的撇、点。这些字还有“弊、蹩、憋、鳖”等。

“噩”字的横、竖写后，接着写上边的左右两个“口”，再写中间的横和横下的两个“口”，最后写一长横。这样写符合从上到下、先中间后两边的规则，与“王”字的笔顺不同。

第七节　选择行书，快写尽在你的掌控之中

“四快作业体”适合小学阶段的学生训练使用，但初中、高中学生在练好四快作业体的基础上，根据自己的书写习惯，还可以进行行书的学习训练，这样才能真正达到快速书写、快速记笔记的目的。

那么，下面就让我们看看行书是怎么快写的。

1. 行书，写得快的关键

行书的书写即是在四快作业体的基础上，加快了书写速度，增加了笔画之间的连带而形成的。其造型美观，结体灵动，富于变化，书写流畅，是人们最为广泛使用的书体。行书的书写要求多与四快作业体相似，但运笔速度更具节奏感，笔画间的呼应也更加明显。

对行书的连笔成分，叫作游丝。它能给原来端正的四快作业体笔画带来动感和活力。但是连笔部分，不是文字笔画的组成部分，而是在书写时快速运笔而自然带出的，是书写产生的附带部分，能在笔画之间起相互呼应的作用。由于游丝部分没有按、顿、搓的运笔过程，因此在书写时，如果未能自然带出游丝，就不要刻意去描画。要使连笔部分写得自然而生动，在练习前，必须先分析范字的笔画，仔细揣摩笔画间的承接关系，做到心中有数，书写时才能得心应手。

行书有其自身的特点：

（1）用笔不同：笔画形态多变化，行书的书写较为快速、轻盈，笔画

连带明显，起伏较大。由于笔尖着纸的轻重变化较大，更能表现出笔画粗细有变，方圆有度的线条。

（2）字形变化各异：行书取奇正相错，有动有静，飘逸潇洒，妙趣横生。

纷	陈	昨	星
纷	陈	昨	星
劲	妍	哈	骨
劲	妍	哈	骨

（3）点画跳动，变化多姿：行书的结体形态与四快作业体相距不远，但笔画上却有增有减，笔画之间的游丝牵引，也是行书结构中不可缺少的组成部分。

2. 行书，凭什么这么快

行书之快，又快在哪里？通过对通篇文字的书写效果进行分析，行书书写快捷的因素，不是信笔由之、随意挥洒所能获得的，而是表现在以下五个方面集中发挥作用的结果。

（1）正确连笔书写

各部首之间一般连笔，一笔成字。为避免产生歧义，连笔时主笔略重，次笔及笔画有相连处的轻而快，有主次轻重之分，字到极熟，意连为

主。如：子、字、应、水、练、毛等字。

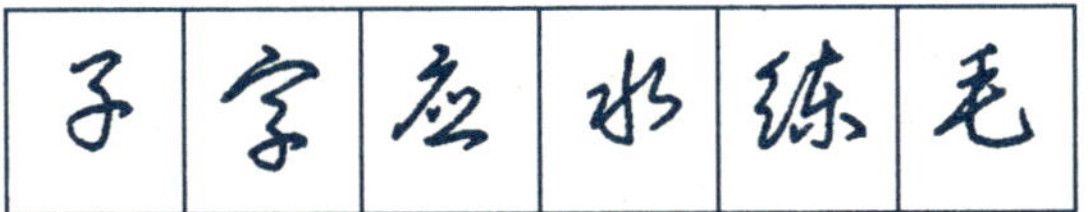

（2）减省字体笔画

为便于连续运笔和保持字形美观，对原有笔画采取减少、缩短长度、借用牵丝一笔带过等方法，以避免或减低笔势受婉转折返的阻滞程度。如：“同”字，写行书只用了两画，省去了四画；“时”字写行书只用了一画，省去了六画；“争”字写行书只用了一画，省去了五画……

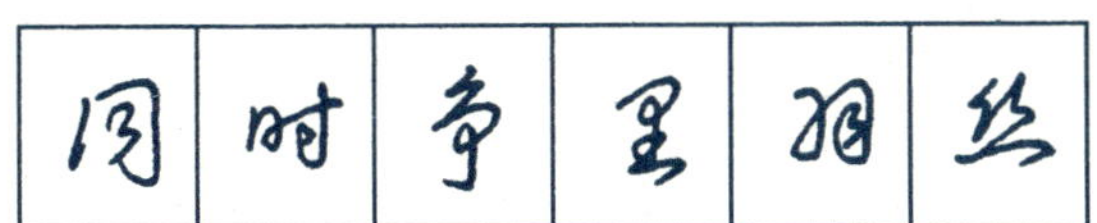

（3）改变书写笔顺

行书的书写有时候会改变笔顺，目的是更加便于书写。如王、朱、秀、五、交、分等字。在写行书时，改变书写笔顺一定要因地制宜、因势利导，而且要合乎规范，如果随意胡来，不仅书写别扭，而且结体混乱。

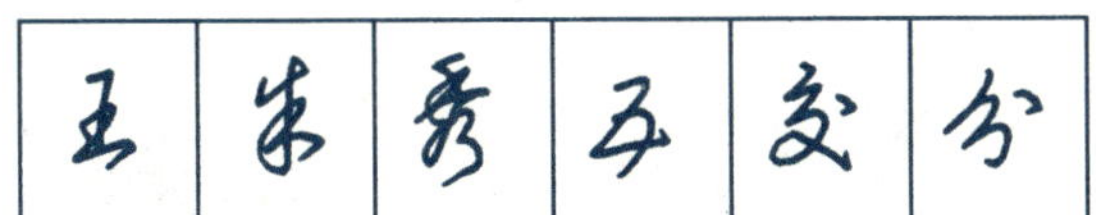

（4）简化结构

笔画少的字，结构较简单，在笔画繁多的字中，结构就比较复杂。复杂的字体结构不利于连续运笔，必须予以简化，提高书写效率。如：州、望、登、夜、青、感等字。

（5）改换原有字形

为便于快捷连笔书写，对于一些常见常用结构简单的汉字或笔画繁多、结构复杂的汉字，变更其原有字体形态。但是是有定格约束的，字形的变更必须约定俗成。如：行、世、老、天、辨等字。

第八节 行书结构，自有独特的一面

如果说四快作业体是端正静止的，那么行书则是活泼跳动的，行书易写易认，最为切合实际应用，行书结构的具体特点是什么呢？

独体字

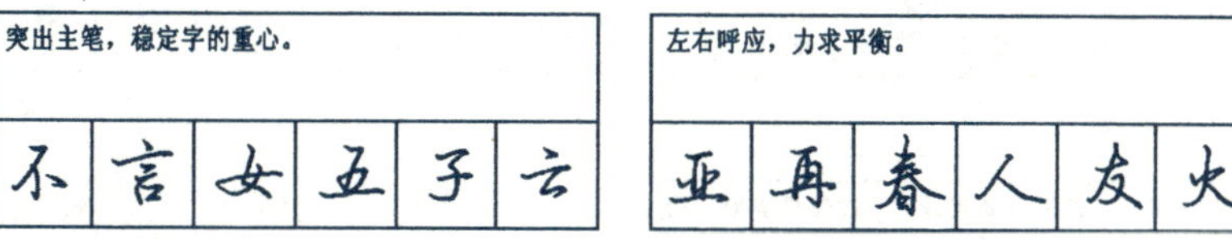

突出主笔，稳定字的重心。
不 言 女 五 子 云
左右呼应，力求平衡。
亚 再 春 人 友 火

左右结构

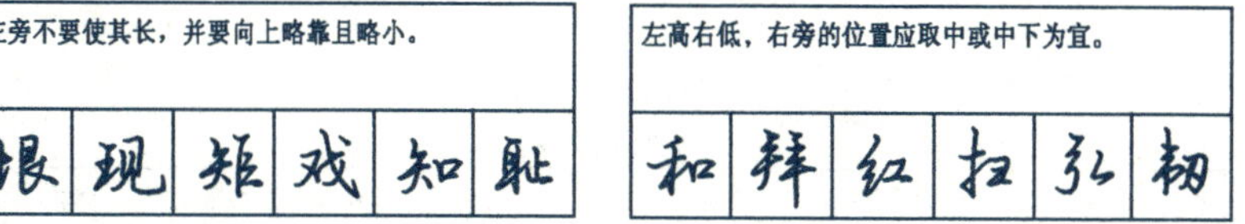

左旁不要使其长，并要向上略靠且略小。
垠 现 矩 戏 知 耻
左高右低，右旁的位置应取中或中下为宜。

左窄右宽的，左旁约占1/3的位置。

院	地	伏	温	涅	眺

左中右构构

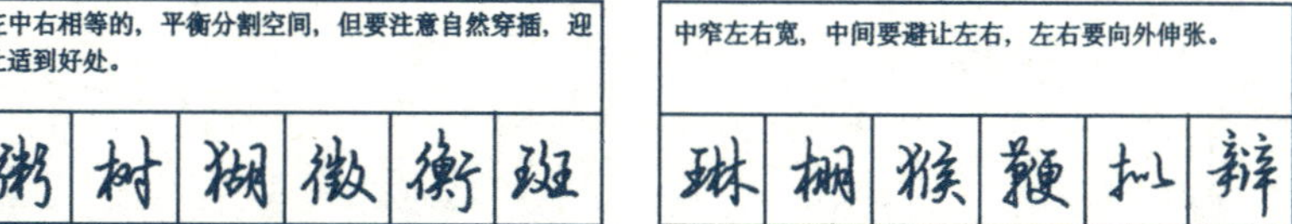

左中右相等的，平衡分割空间，但要注意自然穿插，迎让适到好处。
粥 树 糊 徽 衡 斑
中窄左右宽，中间要避让左右，左右要向外伸张。
琳 棚 猴 鞭 拙 辩

右宽中左窄，右占一半，中、左占一半，右部应伸展，中、左部应紧缩。					
涨	渺	鸿	滩	修	攸

左窄中右宽，这类字只要在书写时自左到右逐渐开张。					
湃	淑	做	潮	激	假

上下结构

上下均等，上、下各占一半，但上部在视觉上不宜太靠下。					
光	思	雪	盖	元	麦

上短下长，上部缩起以让下部，下部应写得舒展洒脱。					
草	肯	哭	炭	罪	笔

上长下短，上部可写得舒展，下部要巧妙地融入到上部留出的空间里，做好完美的统一。					
盘	焦	墅	恳	盟	整

上宽下窄，上宽部分对下窄部呈有盖之势。					
吞	寺	昼	室	会	春

上窄下宽，上部写得紧凑些，下部伸展自如，同时要托住上部，上下呼应。					
孟	炎	表	充	灵	集

上中下结构

上中下均等，上中下要均等分配，但要注意整体字的比例不能太偏长，要注意互相避让和穿插。					
素	草	慧	克	莫	蓝

上窄中下宽，上部尽量写得窄一些，宽则失势，中间取宽势，下部起到重心平衡作用。					
爱	蒙	象	葵	曼	受

中窄上下宽，中部要尽量收拢，上、下部分还是尽量写得舒展。					
京	章	靠	竞	寄	克

包围结构

右上包围，注意被包围的部分略向左靠，以求字的平衡。					
司	可	氧	甸	句	菊

左上包围，被包围的部分应略向右靠，且略低。					
厘	展	届	辰	眉	床

上包围下，注意被包围的部分尽量收拢且不能太靠下，框也不宜太大。					
周	闲	同	阁	肉	凤

左下包围，被包围部分要写得均衡平稳，且不宜太大，应收拢一点。					
道	趁	建	延	选	通

下包围上，被包围部分位置尽量居中，靠近下框。					
幽	出	函	画	击	齿

左包围右，包围的部分力求均衡，可略向右靠一点。					
匡	巨	医	区	匣	匪

全包围，字框略小，框内部分布局要平稳，且不宜靠下。					
困	国	图	固	因	圆

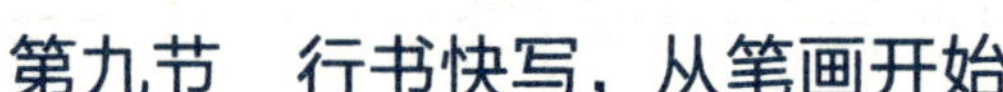

第九节　行书快写，从笔画开始

行书的基本笔画与四快作业体相差并不大，只不过加快了行笔的速度，加上了连带的笔势，运笔简便、随意，因而在其形态上增加了许多变化，大大丰富了笔画的表现力，而且能写得更快。如何写一手漂亮的行书，我们先从笔画开始学习。

点　起笔侧势由轻而重，迅速向右下侧按，然后向左收笔，或带出牵丝，或提笔蓄势。					
丶	永	交	主	良	宝

长点　由轻而重下笔向右下运行，笔画略带上弧，然后顺势向左收笔。					
㇏	夹	不	英	文	大

顾盼点　从左侧入纸略顿后向上挑出尖锋，顺势向右下重按，随即向左钩出，两笔之间笔断意连，相互顾盼。					
丷	原	性	典	余	京

合二点　左点人纸吃力顿推出尖锋，顺势连接右点，再向左下送出，笔势相抱。					
丷	祥	火	兑	常	卷

合三点　合三点由两个左点和一撇点组成。一般第一点独立，第二、三点连写，写法同顾盼点相同。					
⺍	觉	樱	兴	誉	举

竖三点　即三点水，通常是第二点和第三点连写，成一断二连三势，富有节奏感。					
氵	江	温	注	湘	活

连四点　第一点入纸稍顿后即向右上挑出，后点顿势相按，行笔似断似连，末点收住。四点要开，以托住下面的结构。					
灬	热	然	熊	烈	蒸

横　入纸轻按向右略上仰行笔，再向左收笔，平直中略有曲势。					
一	王	丁	立	可	平

短横 入纸轻而尖，顺势按笔立即向左下收，收笔略重，状若平点。

一	五	王	更	辰	震

垂露竖 入纸轻按顺势向下稳住笔管，徐徐而行，列位稍作顿笔向左上提起。

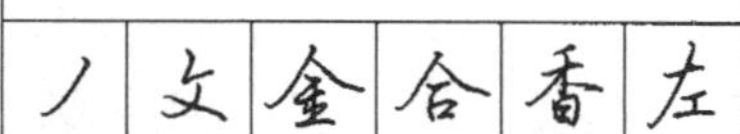

悬针竖 下笔稍顿后向下直行，行笔时上半蓄势，下半顺势送出，形似悬针。

丨	年	都	神	新	仲

撇 落笔稍重，向左侧行笔至末端略顿，在连接下一笔时顺势向上带出附钩。

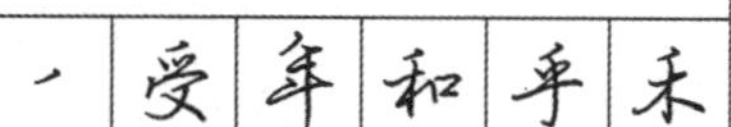

竖撇 上部起笔如竖画，下行至2/3处向左下撇出。

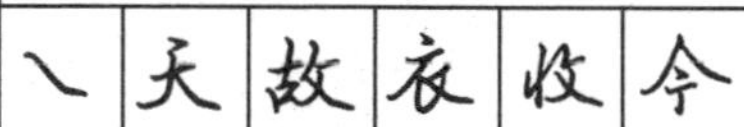

平撇 下笔重按，轻而向左侧略向下取平势撇出，注意要短而平，切忌太斜。

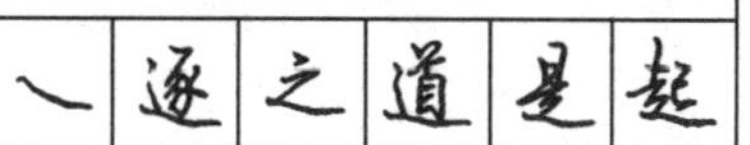

捺 笔尖由轻而重入纸，线条由细至粗，向右下方行笔，至捺脚处重按蓄势送出。

㇏	天	故	衣	收	今

平捺 多用于走字底。落笔右下方运行，切忌太斜，取平缓之势，顿出捺脚后平的送出。

反捺 由轻至重入纸，如长点的写法，整个笔画更长些。

㇏	史	故	夫	受	投

钩 前端和竖画写法一样，行笔至末端略顿蓄势钩出，运笔时可以更随意些。

亅	月	寺	乎	水	刻

横钩 横画行笔平直中略带曲意，钩笔劲健有力。

乛	宋	买	沈	堂	雪

浮鹅钩 前端和竖画写法一样，行至变折处略提圆转再向右行笔至钩处，稍顿蓄势向上勾出。形似泛在水面上的鹅。

乚	元	花	光	党	克

划钩 起笔稍按，向右下方运行略带弧形，但切忌太弯，至钩部向右上勾出。

㇂	武	我	代	成	盛

卧钩 笔尖由轻而重，线条由细至粗，中间成弧形，至钩处向内轻快勾出。

㇃	息	思	忠	想	慧

带下钩　落笔后以弧弯状行笔，行至钩处反向折转，顺势带出附勾。					
㇄	花	把	沈	九	说

折　写法与楷书基本相同，只是折处稍圆转些，也更随意一点。					
㇆	见	同	丑	思	南

环　半折，落笔后以逆时针方向运行，折处圆转、洒脱，末端回勾。					
㇄	画	道	出	幽	断

提　写法与楷书相同，但行书的提往往与牵丝相连，成为笔画间的过渡笔。有的呈折笔状，也有的和下笔直接相连。					
㇀	坤	地	理	衫	秋

第十节　行书快写，偏旁部首是根本

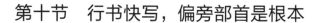

行书的学习宜从偏旁部首的练习中加以深入，因为汉字以合体为多，合体字皆是由两个或两个以上的独体字组合而成的，这些组合部分即称作“偏旁”，而按照汉字字形结构分析字义，取其相同部分作为查字依据，分部排列，相同部分即称为“部首”。

由于偏旁部首是构成汉字的基础，重复出现的频率极高，具有极为普遍的代表性，所以习字从偏旁部首入手，不失为一条最有效的捷径，掌握好一个偏旁部首，即可举一反三地运用到其他很多汉字中去，可达到事半功倍的效果。

下面我们将列表归纳出一些常见的偏旁部首的写法和范字的写法可供参考。

木字旁　木字旁通常有两种写法：一种先横后竖，再写撇，最后写右点，接近楷书写法；另一种先写短横，到横末上挑顺势写竖，最后写撇折挑，出锋迅速。					
木	林	格	样	横	楼

木字底　木字作字底时，撇、捺改写成左右两点的形态。					
木	朵	染	案	棠	桑

王字旁　王字旁先写横折竖，再写两短横，中间短横用弧线代替，成圈状，下面的短横用挑画代替。					
王	珍	琳	瑶	琢	瑜

示字旁　“示”作为行书偏旁，一般不写右下角一点，笔顺是：先写右点，顺势带下连写横折竖，再写撇折挑。挑和右部笔画相连，写法流畅，采用得较多。					
礻	祝	福	社	视	神

考高分上名校　学习方法最重要

单人旁　落笔稍重，向左下行笔，随后回锋翻笔，再顺势落笔写竖，先轻后重，最后回锋向右上挑出，和右边笔画相呼应，增强其动感。

亻 体 偶 俊 做 他

双人旁　双人旁的写法基本和单人旁相同，在单人旁的基础上多一撇，这一撇和另一撇有长短、屈伸之分，并有牵丝相连。

彳 行 彻 往 徐 德

宝盖头　轻落笔重按笔写点，然后勾出，顺势写左竖点，再连着折笔写横，末了折笔用力向左下勾出，整个宝盖头点画呼应，成上包下之势，字头宽敞，能包括或容纳下面部分。如"赛"字。

宀 官 字 塞 赛 寒

心字底　心字底一般有两种写法：一种是先写左点和仰钩，再写中间挑点和右点，行书中挑点和右点多连写，如"意"、"忠"两字；另一种写法是左点、仰钩、挑点和右点都连写，如"志"等字。

心 怎 念 悲 息 愈

绞丝旁　绞丝旁写时应形成三个曲折，这三个曲折要有大小、收放、虚实等变化。最后一笔挑要有力量，出锋尖锐，直对字心。

纟 绸 纶 组 织 综

言字旁　言字旁首点用右点或撇点，横较短，竖略向左斜，钩长而有力，迅速向右上挑出。

讠 谋 评 谢 诚 误

金字旁　第一笔撇稍长，然后写短横，接着写两横，再写竖挑。

钅 铁 错 钱 销 钢

食字旁　侧锋落笔写撇，随即回锋写横勾折，接着顺势写竖仰钩。整个食字旁线条清楚匀称，是一笔写成。如"饲"字。

饣 饲 饮 馍 饭 饿

竖心旁　先写左边竖点，回锋向上顺势写右点，然后写长竖。

忄 惕 惯 悦 惭 愧

提手旁　提手旁的横画，大多以平入走笔，右端向上翘，速顿后向上往下写竖钩。钩须有力，至钩末转笔挑出，直对字心。

扌 择 接 揭 握 批

米字旁　米字旁有三种写法：一是左点、右点、横画、竖钩、撇、右点，这是楷书的快写；二是左点、右点、横画、竖、撇折挑；三是左点、右点、竖钩、横折挑，竖钩和横折挑可连起来的。

米 粗 粉 粘 粮 糊

立刀旁　立刀旁只有两笔，左短竖有的写成挑点，末尾出锋，和竖钩起笔处呼应。不论短竖或挑点，位置宜高不宜低。竖钩较长，末尾可带钩，也可不带钩。

刂 则 制 刺 利 割

月字旁　落笔先写左竖撇，收笔时用力向左上出，然后顺势写横折竖钩，勾时须顿笔有力，最后随笔连写中间两短横，连写的点画要轻灵飞动。如"服"字。

月 脸 膝 期 朦 胧

石字旁　石字旁短横起笔尖入，至横末顺势写撇，不出锋，下面的"口"用竖和横折挑代替。右边笔画中有长撇或长竖的字时，石字旁的横折撇宜短不宜长，以免雷同。

石 破 碎 碟 硬 碰

考高分上名校　学习方法最重要

力字旁　力字旁宜略低，上部向右斜，与左边的笔画成一正斜之势。力字旁如取正势和左边笔画平行，则字形呆板无生气。撇画出锋处须干脆，不可拘泥。

力	动	助	劲	勤	勉

草字头　草字头通常有三种写法：一种先写横再写竖，最后写撇，如“草”字；一种是先写上部两个顾盼点，后写横，如“花”字。行书中遇到多个草字头的字，可变换写法。还有一种写法是先写竖，再写横，然后向上带出写撇，如“英”字。

艹	花	英	莫	蔡	葵

牛字旁　牛字旁一般采用两种写法：一种是将第一笔撇画和第二笔横画连写成撇折横，后顺势向上转笔写竖，最后写挑；还有一种是将所有笔画连写，一气呵成。

牛	特	牺	牲	牢	牵

火字旁　火字旁通常有两种写法：一种是左右两点分开写，须左低右高，然后写撇和右下点；另一种是左右两点连写，或写左点后顺势连写一短横，短横右端上翘，再写撇和挑点。

火	灯	爆	炊	炬	炸

反文旁　反文旁的短撇和横画多连写，有时省略了横画，如“敬”字。短撇和长撇连写。为了加强纵向的笔势，使上下更贯气，多用反捺代替斜捺。

文	效	微	傲	政	故

日字旁　日字旁写时狭长一点，便于安排右边的笔画，如右边笔画少，日字旁可略宽，以补空疏。该偏旁中间的短横多用点代替，下面的短横多用挑画代替，有时中间短横和挑画连写。

日	暗	暖	映	明	昨

西字头　西字头形宜扁，左边短竖和右边横折钩须有对比，一般左直右斜、左低右高，中间两竖不宜直，呈上开下合之势。

西	要	贾	粟	票	覆

立字旁　“立”部上点收笔带出锋尖与横意连。横、相向点和提可连写，提收笔与右部呼应，但要让右，不可过长。

立	站	竣	竭	端	靖

方字旁　方字旁有两种基本写法：一种是参照楷书写法，笔顺为右点、横、撇、横折钩；另一种笔顺为右点、横折撇、横折弯钩。后种写法因书写方便、流畅，使用较多。

方	放	施	族	旗	旅

女字底　女字底大致有两种写法：一种是将横写长，取横向的笔势，用以承负上部笔画；一种是将横写成弧线，和下面的字起过渡作用。

女	妥	姿	姜	要	娶

皿字底　皿字底呈扁形，下面的横画较长，以承托上部笔画。因皿字底呈扁形，取横势，上部笔画宜紧密，以取纵势为好。

皿	盘	监	盛	孟	盟

雨字头　雨字头中的四点一般简写为两点（或连写），左边用挑点，右边用撇点，左短右长，撇点和下一笔呼应。横、左竖和横钩一般连写，干脆利落。

雨	雷	霜	需	霸	

考高分上名校　学习方法最重要

广字头 这是左上包围的偏旁，头上斜点向下带出笔锋，接着横和撇连写。

广	唐	应	底	席	康

土字底 土字底大致有两种写法：一种是竖画、横画、横画，上一横画用弧线代替，增强流动性；另一种是横画、竖画、横画，横画右端上翻和竖画连写。

土	圣	坐	基	坚	坠

欠字旁 欠字旁中有两撇画，上面撇短，较直，下面一撇略长，较曲，两撇画切勿雷同。捺画多写成反捺，反捺能加强纵向笔势。

欠	次	歌	歇	欺	欧

左耳旁 左耳旁落笔写短横，顺势用笔而下写弧，再顿笔勾出，接着写竖钩，竖钩要挺劲，带有一定的弯势，如“院”字。

阝	队	阵	际	除	院

右耳旁 落笔由轻而重写横出折，再顺势写弯钩，然后翻笔而上写竖画，竖如悬针，上粗下细。一般来说，左耳收，右耳放；左耳流利，右耳工整；左耳竖有钩，右耳竖无钩；左耳占地小，右耳占地大。如“都”字。

阝	邮	那	郊	部	都

三撇旁 三撇旁的三撇忌雷同，通常连写，其长短、大小、疏密均要有变化，富有节奏感。

彡	形	影	彭	彩	彬

提土旁 提土旁有两种写法：一种是先写横画、竖画，再写横画，竖画多斜势，增强动感，末尾横画用挑画代替；另一种是先写横，至横末翻上顺势写竖，快速向右上挑出。

土	境	场	城	地	塔

户字头 户字头上部的点应在部首的中心线上，上半部的横折和横呈扁形，撇画须有力，可有长有短，亦可有钩向左上方带出。写时可根据每个字的字形情况而定。

户	启	扁	房	肩	雇

山字头 山字头（底）中的三竖应尽量有变化，不能太直，太直就显得欠生气，一般是中竖最高，左右两竖呈上开下合、左静右动之势。最后两笔也可连写，呈横钩状，如“岳”字。

山	岸	岩	炭	崇	岳

立字头 立字头上部的右点在部首的中间，后写短横，顺势往下写顾盼点（或两点连写），下面一横稍长一些。整个部首须肯定有力，连贯性强。

立	端	竖	章	意	亲

第六章

如何在训练“四快”时，同步训练注意力

第一节　如何在“快速阅读”训练中，同步训练注意力

熟悉“四快高效学习法”训练软件的家长都知道，在“快速阅读”这个板块当中，有四项训练内容：热身阶段、基本训练、实战练习、成果检测。

那么，在对孩子进行快速阅读能力训练的同时，如何能够训练孩子的注意力呢？

有一些家长向我们反映，孩子做了阅读能力的训练，成果检测的结果，阅读速度还可以，但是阅读效率比较低，也就是说孩子看完文章，在回答问题时，答错的题比较多。家长向我们咨询：应该如何提高孩子的效率？

实际上，孩子阅读文章时，如果没有能够抓住文章的关键词、关键句，答题时出错比较多，那就是说明孩子阅读时的注意力不够集中，出现了分心走神的情况。

出现这种状况的家长，我们普遍发现，在对孩子进行训练时，家长和孩子没有重视“热身阶段”和“基本训练”两部分，而是直接进行实战练习，心急地开始阅读文章，有的甚至连前面三项都不训练，就直接做成果检测，想赶紧过关。

这样的做法对训练孩子的阅读能力根本起不到真正的作用！

为什么我们要强调家长必须重视热身阶段和基本训练两部分？就是因为这两部分的训练，是在加强孩子的专注度训练，可以有效地提高孩子阅

读文章时的注意力，让孩子专心阅读，提高阅读效率。

热身阶段是整个训练的准备阶段。这个阶段提供的右脑阿尔法波音乐能够使孩子充分放松，使大脑的注意力和记忆力都处在最佳的学习状态。在聆听音乐和欣赏图片的同时，孩子配合进行腹式呼吸，可以有效地训练孩子的专注度，使训练效果达到最佳。如果孩子刚做完一件事，或者刚从外面玩了回来，进行热身阶段的训练，可以让孩子静下心来，很快进入学习状态。

基本训练这个阶段，是通过科学的眼球运动能力训练，进行视觉知觉能力训练、视幅训练和瞬间感知能力训练等，训练孩子的眼部肌肉运动能力，眼球对文字信息的瞬间捕捉能力等。这个阶段的14项小训练，都需要孩子集中注意力，快速跟着软件的节奏进行。因此，加强基本训练这个阶段的训练，也可以同时训练孩子的注意力。

四快家长QQ群有一位家长曾真切地向我们反映，孩子通过加强热身阶段和基本训练的练习，明显比以前坐得住了，注意力提高了很多。

关于孩子阅读能力与注意力相结合的训练，家长还应从小培养孩子的阅读习惯和阅读兴趣。在孩子低年级阶段，亲子阅读可以有效地提高孩子对文字的感知，培养孩子在阅读中获得乐趣。在四快家长QQ群里面，有些家长向我们感叹，孩子四五年级了，但是一点都不喜欢看书，作文半天憋不出一句话来。详细了解情况之后，我们发现，这跟家长没有重视孩子的阅读兴趣和阅读习惯有很大的关系。

为了增强孩子对文字的认知能力和眼球对文字信息的捕捉能力，我们特意将“速读训练卡”的制作和使用方法介绍给各位家长。在这里，也特别向“四快”品牌下其他家长提出来，因为“速读训练卡”也可以同时训练孩子的注意力。

“速读训练卡”的制作方法：准备硬卡纸（A4大小即可）若干张，选用孩子语文教材的生字、生词、成语、唐诗、谚语等作为素材，将这些文

字打印在硬卡纸上，一张纸一个词语或者短语。

“速读训练卡”的使用方法：与孩子面对面，双手拿着训练卡，卡片背面对着孩子，快速翻转卡片，让孩子集中精力，快速捕捉卡片上的文字。第一遍训练时，只要求说出卡片上的文字是什么就可以了；对于有识字要求的孩子，进行第二次翻转，要求孩子把卡片上的文字写出来。每次训练的卡片数量不宜太多，5～10 张即可。

在快速阅读训练中，特别强调热身准备，要求孩子通过呼吸训练、冥想训练、放松训练三种方式做好表静心调息，长期训练，孩子的专注力会有明显改善。

另外，在软件训练中，眼球运动、定点凝视、词语与短句捕捉、舒尔特表等训练科目，也要求孩子身心合一、眼脑同步，在训练中潜移默化地提高专注力。

第二节　如何在“快速记忆”训练中，同步训练注意力

“四快高效学习法”当中，向大家讲解了联想记忆法、挂钩记忆法、口诀记忆法、归纳记忆法、理解记忆法等十余种快速记忆方法。“四快”十分强调记忆方法的灵活运用，即不能对记忆方法死记硬背，而是要在学习的过程中，根据需要记忆的知识，灵活地运用记忆方法，把知识点记牢。

对孩子进行记忆方法的运用训练时，没有高度集中的注意力是不可能实现的。比如，快速记忆《三十六计》当中的成语，并且能把每个成语对号入座，明确地知晓是第几计。

《三十六计》的第一计是“瞒天过海”，那么我们如何能快速记住第一计就是“瞒天过海”呢？

在训练时，就需要提醒孩子，大脑要进行丰富的联想，数字“1”让我们想到什么？

数字“1”让我们想到衣服、阿姨、竹竿、树等，孩子可以选择一个自己觉得最简单的词语与“瞒天过海”联系记忆，比如“谁瞒天过海了”，“是阿姨，阿姨撒了谎，想瞒天过海了”。这样就记住了第一计是“瞒天过海”。

《三十六计》的第二计是“围魏救赵”，那么我们如何能快速记住第二计就是“围魏救赵”呢？

在训练时，就需要提醒孩子，大脑要进行丰富的联想，数字“2”让

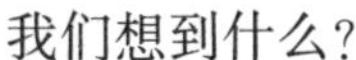

我们想到什么？

数字“2”让我们想到鸭子的形状，让孩子将“鸭子”和“围魏救赵”联系起来，进行天马行空的想象，比如“是谁围魏救赵了”，孩子的脑海里要出现一群鸭子去围魏救赵的画面，答案是“一群鸭子去围魏救赵了”。这样，就很轻松地记住了第二计是“围魏救赵”。

通过这样的训练，每次练习都需要孩子集中注意力，跟上家长的指导思路，尽情发挥大脑的想象力，在快速、有趣当中记忆知识。短短半个小时，就可以让孩子轻松地全部记住《三十六计》当中的全部成语，而且能准确说出某个成语是第几计。

如果家长能够坚持引导、鼓励孩子，让孩子训练、学会每种记忆方法，慢慢地，你就会发现，孩子的注意力会有明显的提高和改善，孩子的想象能力、归纳能力、分析能力、记忆能力等，都可以得到锻炼和提高。

第三节 如何在“快速计算”训练中，同步训练注意力

“四快高效学习法”当中，除了教材上面包含的中小学阶段必须掌握的速算题型，还有一套《家庭速算训练卡》。这套卡片总共5张，包括加法题卡、减法题卡、除法题卡、19×19乘法口诀表和写数马拉松。

家长需要明确的是：加法题卡、减法题卡、除法题卡，这三张速算训练卡的训练，不是为了测试孩子会不会做这些题，一、二年级学过加减乘除的孩子100%都会做，它训练的目的是为了测试孩子在保证100%正确的前提下，需要多长时间来完成，也就是说，这个训练需要的是速度和效率。

那么，为什么说这些题卡在训练孩子速算能力的同时，也是对孩子注意力的训练呢？

家长只要细心观察一下，就会发现，这三张题卡的下方，都有非常详细的时间要求和达标标准。也就是家长在给孩子做训练时，必须拿着秒表在手里，每次训练都需要计时。一般情况下，做一张卡片的训练，10分钟可以做7~8次。在这种短时间内，每次在“预备！开始！”的口令下，针对孩子的速算能力进行训练，当然可以高度集中孩子的注意力，达到训练注意力的目的。

速算训练卡的训练，可以有效地培养孩子的数感，纠正孩子粗心的毛病。很多孩子到了四、五年级，做简单的加减法，仍然会算错答案，究其原因，就是因为数感不够，对数字没有眼脑直射的反应能力。

关于注意力和速算能力相结合的训练，我们建议孩子越小开始越好。针对一、二年级低年级阶段的孩子，我们在全国四快家长 QQ 群里面，还特别为大家准备了三张“基础表”：加法基础表、退位减法基础表、不退位减法基础表。在进行这项训练时，也是要准备秒表，每一行或者每一列有多少个算式，就要求孩子在多少秒之内背出来。一张卡片的训练，大概只需要 10 分钟，孩子就可以对算式非常熟悉。在对基础表熟悉的情况下，孩子再来做《家庭速算训练卡》的训练，就会容易得多，孩子的信心也会更高。

在这些卡片当中，写数马拉松是对注意力训练的一种重要、有效的方式。写数马拉松是要求孩子在高度专注力的情况下，写数字，从 1、2、3、4、5……一直往后写，要求中间不能出现任何涂改、错误，包括写错了数字、漏写、写反等情况，只要一出错，就算游戏立即终止。

卡片下方给出了具体的要求，但在实际操作过程当中，孩子刚开始训练时，我们建议家长对孩子的训练采取不计时的方式，也就是说，只要孩子能够集中注意力来写，不管写多长时间都可以，写得越多越好。一般来说，一个小学生如果可以在毫无错误的情况下，从 1 写到 200，注意力就算是不错的；如果能写到 200 以上，就是优秀的注意力；如果能写到 300 以上，就是千里挑一的超强注意力！

在进行软件计算式训练时。要求孩子注意力高度集中，看到算式马上进行口算，每次训练 2～3 分钟，孩子的视觉注意力也同步得到提升。

在软件通关部分，每关要求限时完成 50 道题，孩子要做到眼到、脑到、手到，也是非常好的注意力训练方式。

第四节 如何在“快速书写”训练中，同步训练注意力

在孩子练习快速书写时，家长首先要注意帮助孩子纠正不正确的握笔姿势和坐姿。握笔姿势不对、坐姿不正确不仅会直接影响书写的效果，而且对孩子的视力、身体发育也会造成不良影响。

1. 纠正不正确的执笔姿势

执笔正确与否，直接影响到书写的速度。目前，绝大多数的学生执笔存在问题，主要表现：掐笔头，手指变形，太用力。

通过训练，使学生认识正确执笔的重要性，掌握正确的执笔方法。学生不正确的执笔表现在两个方面：一是执笔太下，太靠近笔尖；二是执笔太紧，拇指和食指关节严重弯曲、凸出，指力向掌心压，掌内不虚，指力耗费在笔杆上。执笔太下，拇指关节突出，遮挡了书写的笔尖，学生看不到书写的字体，必然要歪着头，才能看到书写的字体，造成头向左边歪斜。这两个毛病都会引起执笔不灵活，书写的笔画僵硬，书写的手容易疲劳。

正确的执笔方法应该是：右手执笔，在离笔尖约一寸的地方，大拇指与食指的关节自然弯曲；中指的第一节垫在笔杆下端；无名指、小指依次自然弯曲向手心，并放在中指下方；笔杆后端斜靠在虎口接近食指根处，与纸面约成50度角；五指自然有力，掌心要空。

家长们可以用橡皮筋固定法帮助孩子强制纠正，具体方法在四快训练

系统的快速书写里面。如果孩子实在不习惯橡皮筋，目前市场上也有握笔器，也可以通过这个来帮孩子。

2. 纠正不正确的坐姿，要求头正、身直、臂开、足安，眼到桌面一曲臂

我们讲不正确的坐姿即指在写字时头不正，身不直。长期以来，中小学生书写坐姿歪斜，头低得太下，眼到桌面有些不到10厘米，这些现象十分普遍。其产生的原因很多，一是从小学低年级开始，没有引起师生的重视，一些老师认为写字姿势无关紧要，结果习惯成自然。

纠正不良坐姿的有效措施是：用可具体操作的口诀来规范学生的书写行为。

口诀是：眼到桌面一曲臂。这个口诀的正确运用，还可随时纠正学生书写坐姿不正确的毛病，方法是：当学生做作业身歪，头低得太靠下时，即让其按以上的歌诀重复做一次便可。如果还改不了，便可让其暂时用左手曲臂，手掌托脸颊，右手做作业，以保证眼到桌面“一尺”的距离。坚持一段时间，正确的写字姿势便可形成。

3. 快速要书写注意力训练

那么，在训练孩子的快速书写能力时，是如何跟注意力训练相结合的呢？

孩子字要写得好，写得快，一定是手对笔的把控能力好。也就是说，孩子具有良好的手腕灵活度和写字的手感。我们在对孩子的手腕灵活度和手感进行训练时，每一项小训练，都结合掐秒表，计算单位时间的训练效果的方式，能够使孩子在注意力高度集中的状态下练习手腕灵活度和手感。

那么，我们家长平时在家怎么训练孩子的手腕灵活度呢？

准备工具：方格稿纸、铅笔、秒表（最好是由家长掐表计时）。

（1）训练项目一：画鸡蛋比赛

要求：一分钟之内看谁画的鸡蛋多，鸡蛋大小要均匀。（参考标准：小学一、二年级学生，不低于100个/分钟；小学三、四年级学生，不低于130个/分钟；小学五年级及以上，不低于150个/分钟。）

（2）训练项目二：一笔画五角星比赛

要求：两分钟之内看谁画的五角星多，五角星大小要均匀，熟练后可从不同的角度起笔，都能一笔完成五角星。（参考标准：小学一、二年级学生，不低于110个/2分钟；小学三、四年级学生，不低于140个/2分钟；小学五年级及以上，不低于160个/2分钟。）

训练项目三：计时写100个阿拉伯数字

10个数字：0、1、2、3、4、5、6、7、8、9重复写10遍。（参考标准：小学一、二年级学生，应在70秒以内写完；小学三、四年级学生，应在50秒以内写完；小学五年级及以上，应在40秒以内写完。）

这些训练项目，要求每天练习8分钟，每天坚持训练，在为快速书写打好基础的同时，也通过注意力的高度集中训练，强化了孩子的注意力，可以说是一举两得。

第七章

“四快高效学习法”（卓越版）安装注册指导

一、安装前必读

二、安装软件

三、注册软件

四、忘记密码

一、安装前必读

安装前必读的重要事项：

（1）软件注册时，请确定您的电脑处在网络连接状态。

（2）序列号是本产品不可分割的付费部分，请妥善保管不要丢失或是转借给他人使用。如发现涂层已经刮开，请勿购买；一经您本人刮开，恕不退货。

（3）如序列号中出现“0”，皆为数字零，没有字母 O。

（4）为方便孩子记忆使用，用户名、密码尽可能为中文、英文、数字，不要使用特殊字符。

（5）注册时务必填写真实信息，以确保自己可以获得升级指导服务。

（6）一个序列号可以注册几次？

答：在同一台电脑上，因为重装系统，或者卸载软件，需要重新安装注册本软件，那么一个序列号可以注册无数次，不限次数。但如果是换电脑安装注册，序列号的注册次数为 5 次，并且不能两台同时注册使用。请家长在安装软件之前，固定一台电脑给孩子训练使用，不要频繁换电脑。如序列号使用超过次数限制，需要另外购买新序列号。

（7）如果不小心把序列号弄丢了怎么办？

答：如果您的序列号已经注册过，在重装软件时，丢失了序列号，可以致电客服部帮助查询，但必须同时提供自己注册的用户名、密码、QQ 号码或者手机号，客服人员才能确认将序列号告知家长。如果未注册本软件就丢失序列号，我公司将不对该种行为负责，家长需要重新联系客服购买序列号。

二、安装软件

用户购买“四快高效学习法”之后，就可以使用软件盒中的安装光盘

进行安装。

安装方法如下：

将光盘插入光驱，用鼠标右键点击光盘，选择“打开”，将光盘文件打开后，双击 setup. exe，然后按照系统提示完成安装。如遇杀毒软件提示，选择“允许程序运行”：（电脑无光驱的用户，请联系客服，索要电子版安装包）

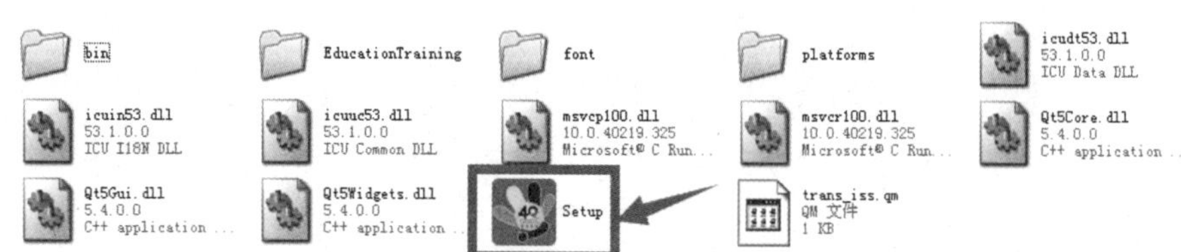

第一步：安装程序启动后，进入安装协议界面，点击“已经阅读并同意安装”前面的方框，再点击“立即安装”（如下图）。

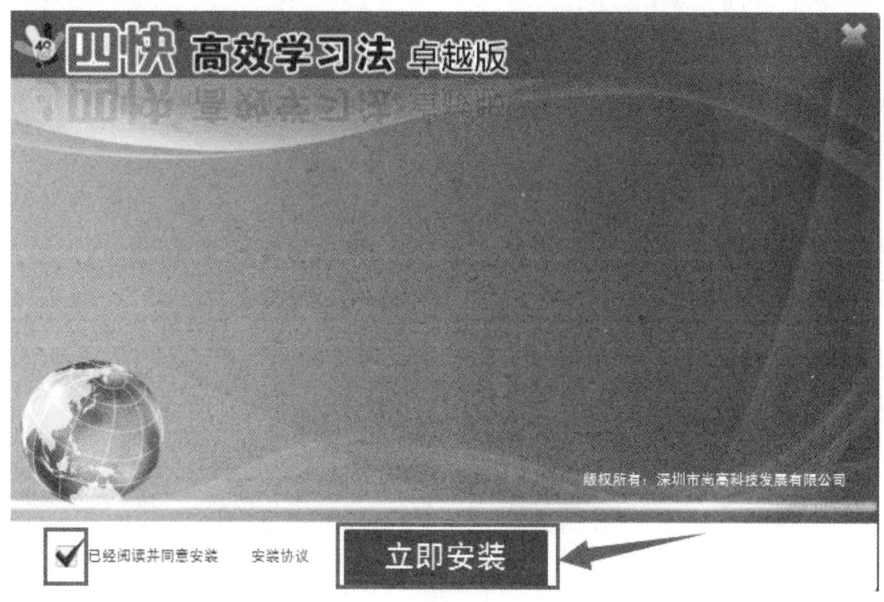

第二步：显示“正在安装”，等待软件自动安装（如下图）。

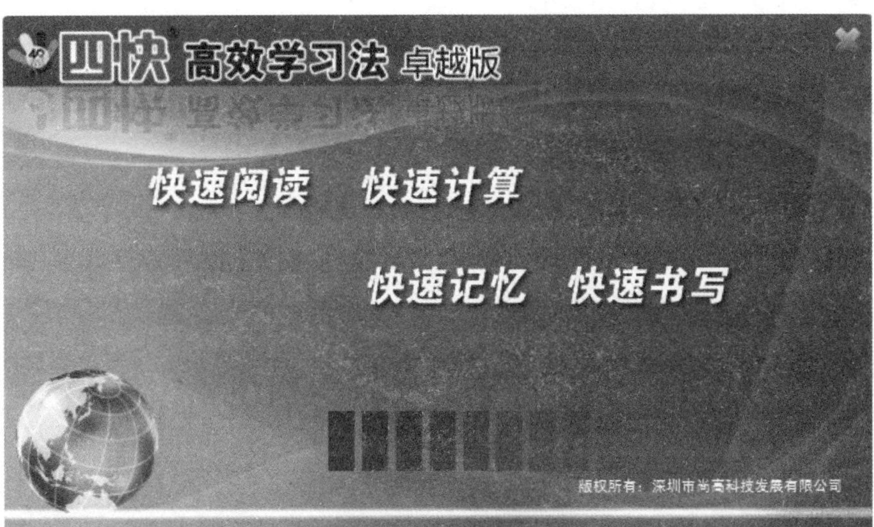

第三步：进入安装结束界面，点击“安装完成”（如下图）。

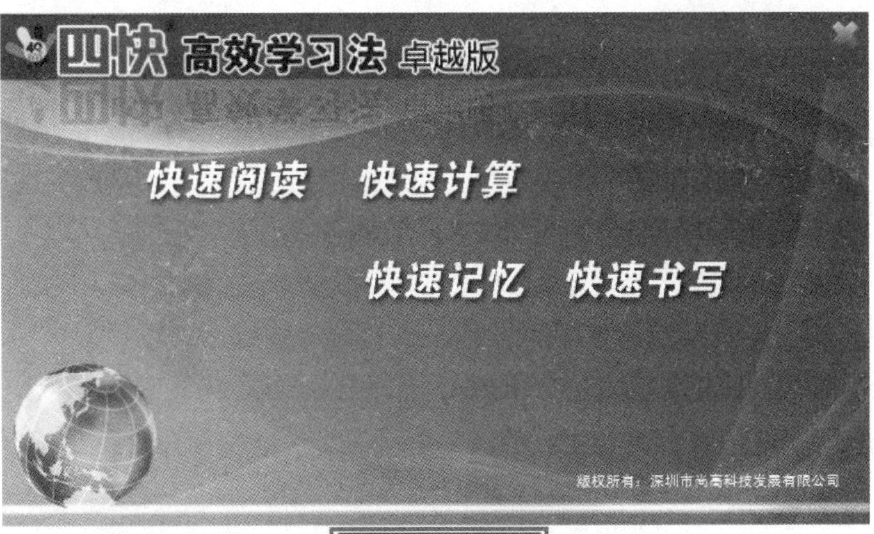

考高分上名校　学习方法最重要

三、注册软件

首次注册用户：

第一步：点击“安装完成”后，自动跳转到注册界面，点击“注册”，输入产品序列号（如下图）。

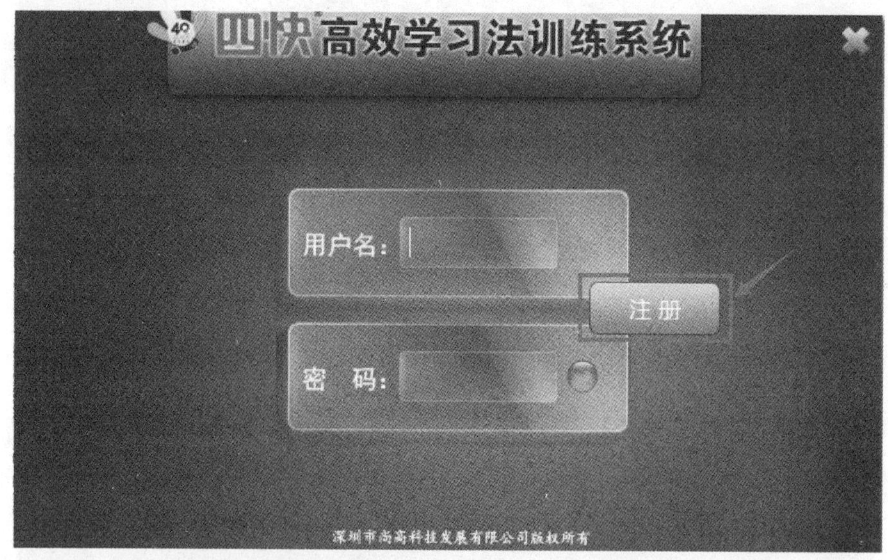

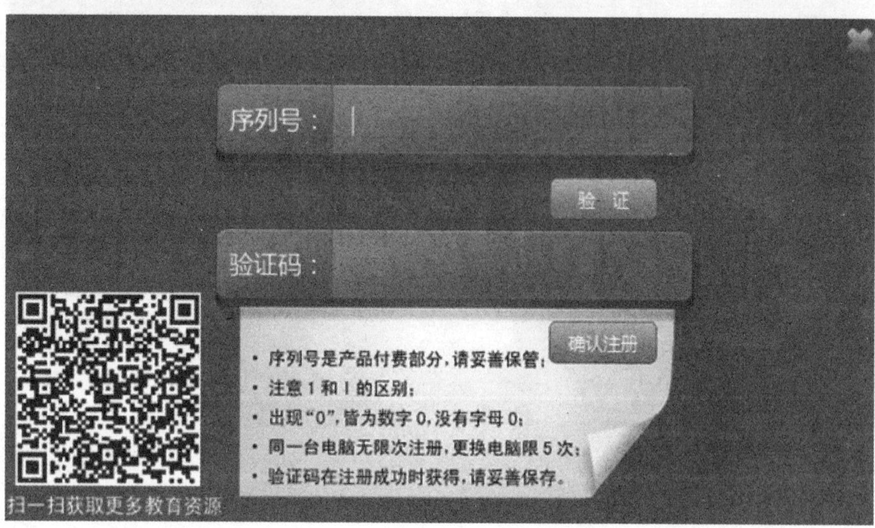

第二步：序列号输入完成，点击“验证”（如下图）。

序列号：
验 证
验证码：
确认注册
· 序列号是产品付费部分，请妥善保管；
· 注意 1 和 l 的区别；
· 出现“0”，皆为数字 0，没有字母 O；
· 同一台电脑无限次注册，更换电脑限 5 次；
· 验证码在注册成功时获得，请妥善保存。
扫一扫获取更多教育资源

第三步：按要求填写个人资料，填写完毕后点击“确认”（如下图）。

用户名：
请用中文、英文或数字。
密 码：
请用英语、数字，不能用特殊符号。
确认密码：
请输入一致。
真实姓名：
真实填写，用于找回账户。
手机号：
真实填写，用于找回账户。
QQ号：
真实填写，用于找回账户。
温馨提示：你所填写的资料将用于找回账户信息，请真实填写。
扫一扫获取更多教育资源
确 认

第四步：如果用户名已被其他用户注册使用，系统提示“用户名已被占用，请修改”，则需重新输入一个用户名，再点击“确认”（如下图）。

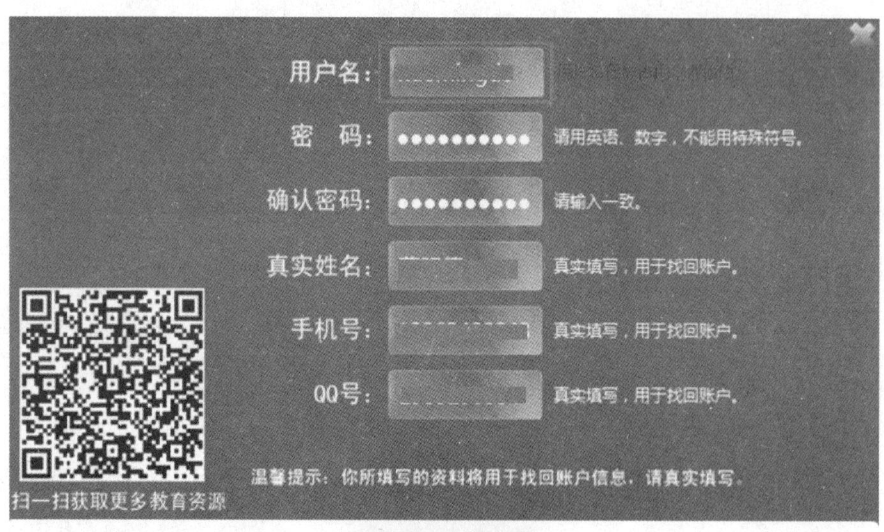

请用英语、数字，不能用特殊符号。

请输入一致。

真实填写，用于找回账户。

确　认

第五步：注册成功，获取验证码，并将验证码抄写到笔记本上妥善保管，点击“返回”（如下图）。

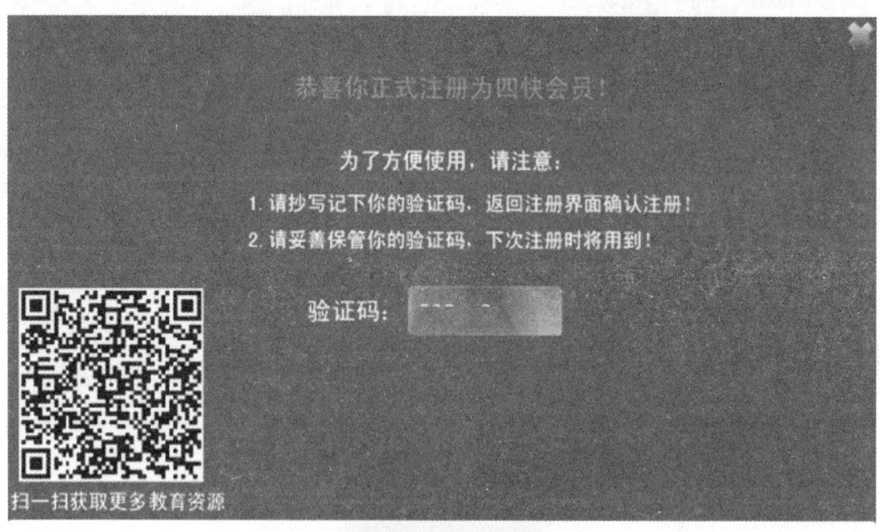

恭喜你正式注册为四快会员！
为了方便使用，请注意：
1. 请抄写记下你的验证码，返回注册界面确认注册！
2. 请妥善保管你的验证码，下次注册时将用到！
验证码：
真实填写，用于找回账户。
真实填写，用于找回账户。
温馨提示：你所填写的资料将用于找回账户信息，请真实填写。
扫一扫获取更多教育资源

返　回

重新安装注册的用户：

指用户之前已经注册成功并使用软件，现在需要重新安装在电脑上，步骤如下：

第一步：软件安装部分请参照软件安装 1 ~3 步骤。

第二步：软件安装完成后，自动跳转到注册界面，点击“注册”，输入产品序列号（如下图）。

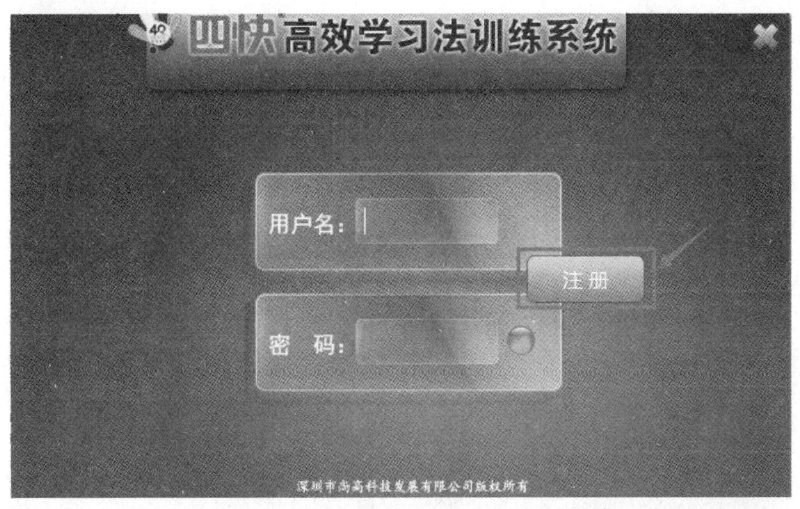

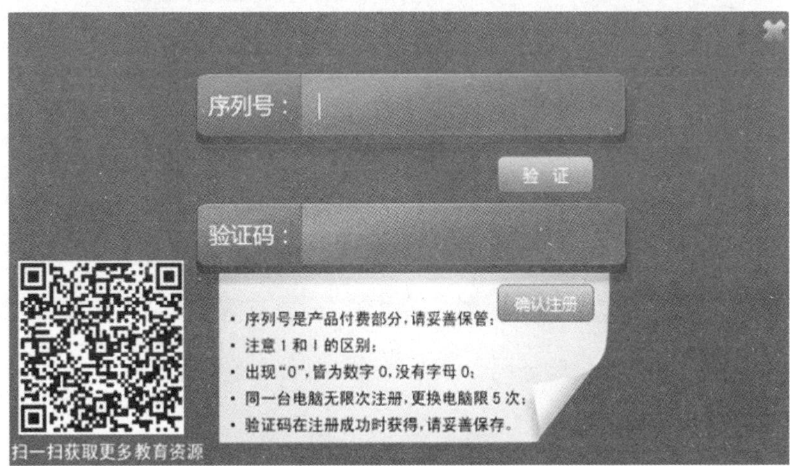

第三步：序列号输入完成，点击“验证”（如下图）。

第四步：系统提示“该序列号已经被注册，请输入您的 6 位验证码”（如下图）。

第五步：输入 6 位验证码，点击“确认注册”（如下图）。

四、忘记密码

第一步：打开软件登录界面，选择“忘记密码”（如下图）。

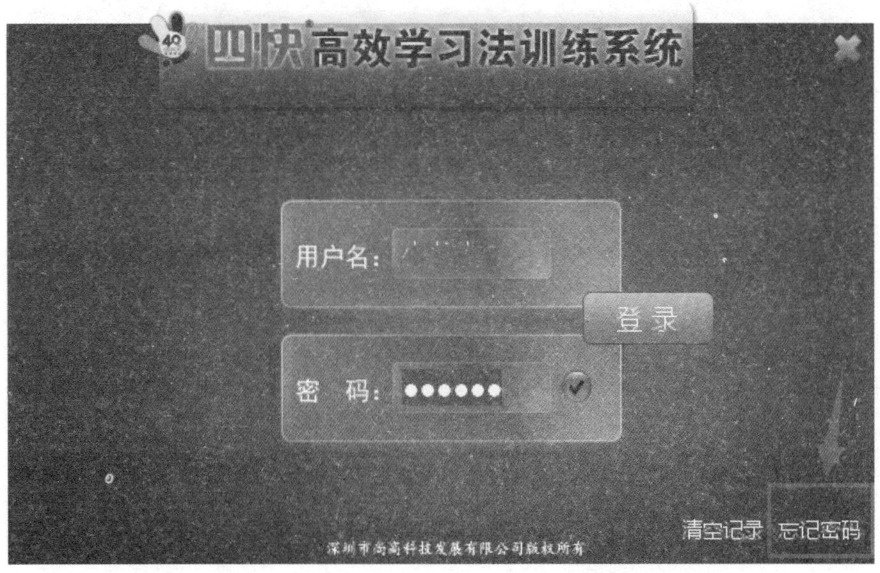

第二步：输入新的密码，输入完成后点击“确认”（如下图）。

第三步：密码修改成功，点击“返回”（如下图）。